法学文库

主编　何勤华

立法论证研究

王　锋　著

2020年·北京

图书在版编目(CIP)数据

立法论证研究/王锋著.—北京:商务印书馆,2019
(2020.6重印)
(法学文库)
ISBN 978-7-100-17625-5

Ⅰ.①立…　Ⅱ.①王…　Ⅲ.①立法—研究
Ⅳ.①D901

中国版本图书馆 CIP 数据核字(2019)第141806号

权利保留,侵权必究。

法学文库

立法论证研究

王锋　著

商务印书馆出版
(北京王府井大街36号　邮政编码100710)
商务印书馆发行
北京艺辉伊航图文有限公司印刷
ISBN 978-7-100-17625-5

2019年9月第1版　　　开本 880×1230 1/32
2020年6月北京第2次印刷　印张 9⅛
定价:46.00元

总　序

商务印书馆与法律著作的出版有着非常深的渊源,学界对此尽人皆知。民国时期的法律著作和教材,除少量为上海法学编译社、上海大东书局等出版之外,绝大多数是由商务印书馆出版的。尤其是一些经典法律作品,如《法律进化论》、《英宪精义》、《公法与私法》、《法律发达史》、《宪法学原理》、《欧陆法律发达史》、《民法与社会主义》等,几乎无一例外地皆由商务印书馆出版。

目下,商务印书馆领导高瞻远瞩,加强法律图书出版的力度和规模,期望以更好、更多的法律学术著作,为法学的繁荣和法治的推进做出更大的贡献。其举措之一,就是策划出版一套"法学文库"。

在当前国内已出版多种法学"文库"的情况下,如何体现商务版"法学文库"的特色?我不禁想起程树德在《九朝律考》中所引明末清初大儒顾炎武(1613—1682)的一句名言。顾氏曾将著书之价值界定在:"古人所未及就,后世所不可无者"。并以此为宗旨,终于创作了一代名著《日知录》。

顾氏此言,实际上包含了两层意思:一是研究成果必须具有填补学术空白之价值;二是研究对象必须是后人所无法绕开的社会或学术上之重大问题,即使我们现在不去触碰,后人也必须要去研究。这两层意思总的表达了学术研究的根本追求——原创性,这也是我们编辑这套"法学文库"的立意和目标。

具体落实到选题上,我的理解是:一、本"文库"的各个选题,应是国内学术界还没有涉及的课题,具有填补法学研究空白的特点;二、各个选题,是国内外法学界都很感兴趣,但还没有比较系统、集中的成果;三、各选题中的子课题,或阶段性成果已在国内外高质量的刊物上发表,在学术界产生了重要的影响;四、具有比较高的文献史料价值,能为学术界的进一步研究提供基础性材料。

  法律是人类之心灵的透视,意志的体现,智慧的结晶,行为的准则。在西方,因法治传统的长期浸染,法律,作为调整人们生活的首要规范,其位亦尊,其学亦盛。而在中国,由于两千年法律虚无主义的肆虐,法律之位亦卑,其学亦微。至目前,法律的春天才可以算是刚刚来临。但正因为是春天,所以也是一个播种的季节,希望的季节。

  春天的嫩芽,总会结出累累的果实;涓涓之细流,必将汇成浩瀚之大海。希望"法学文库"能够以"原创性"之特色为中国法学领域的学术积累做贡献;也真切地期盼"法学文库"的编辑和出版能够得到各位法学界同仁的参与和关爱,使之成为展示理论法学研究前沿成果的一个窗口。

  我们虽然还不够成熟,
  但我们一直在努力探索……

何 勤 华
于上海 · 华东政法大学
法律史研究中心
2004 年 5 月 1 日

General Preface

It's well known in the academic community that the Commercial Press has a long tradition of publishing books on Legal science. During the period of Republic of China (1912—1949), most of the works and text books on legal science were published by the Commercial Press, only a few of them were published by Shanghai Edition and Translation Agency of Legal Science or Shanghai Dadong Publishing House. Especially the publishing of some classical works, such as *on Evolution of Laws*, *Introduction to the Study of the Law of the Constitution*, *Public Laws and Private Laws*, *the History of Laws*, *Theory of Constitution*, *History of the Laws in European Continents*, *Civil Law and Socialism* were all undertaken by the Commercial Press.

Now, the executors of Commercial Press, with great foresight, are seeking to strengthen the publishing of the works on the study of laws, and trying to devote more to the prosperity of legal science and the progress of the career of ruling of law by more and better academic works. One of their measures is to publish a set of books named "Jurisprudential Library".

Actually, several sets of "library" on legal science have been published in our country, what should be unique to this set of "Jurisprudential Library"? It reminded me of Gu Yanwu's(1613—1682) famous saying which has been quoted by Cheng Shude(1876—1944) in *Jiu Chao Lv Cao* (*Collection and Complication of the Laws in the Nine Dynasties*). Gu Yanwu was the great scholar of Confucianism in late Ming and early Qing Dynasties. He defined the value of a book like this: "the subject covered by the book has not been studied by our predecessors, and it is necessary to our descendents". According to this principal, he created the famous work *Ri Zhi Lu* (*Notes on Knowledge Accumulated Day by Day*).

Mr. Gu's words includes the following two points: the fruit of study must have the value of fulfilling the academic blanks; the object of research must be the significant question that our descendants cannot detour or omit, that means even if we didn't touch them, the descendants have to face them sooner or later. The two levels of the meaning expressed the fundamental pursuit of academy: originality, and this is the conception and purpose of our compiling this set of "Jurisprudential Library".

As for the requirement of choosing subjects, my opinion can be articulated like this: Ⅰ. All the subjects in this library have not been touched in our country, so they have the value of fulfilling the academic blanks; Ⅱ. The scholars, no matter at home and or abroad are interested in these subjects, but they have not published systematic and concentrated results; Ⅲ. All the sub-subjects included in the subjects chosen or the initial results have been published in the publication which is of high quality at home or abroad; Ⅳ. The subjects chosen should have comparatively high value of historical data, they can provide basic materials for the further research.

The law is the perspective of human hearts, reflection of their will, crystallization of their wisdom and the norms of their action. In western countries, because of the long tradition of ruling of law, law, the primary standard regulating people's conducts, is in a high position, and the study of law is also prosperous. But, in China, the rampancy of legal nihilism had been lasting for 2000 years, consequently, law is in a low position, and the study of law is also weak. Until now, the spring of legal science has just arrived. However, spring is a sowing season, and a season full of hopes and wishes.

The fresh bud in spring will surely be thickly hung with fruits; the little creeks will coverage into endless sea. I hope "Jurisprudential Library" can make great contribution to the academic accumulation of the area of Chinese legal science by it's originality; I also heartily hope the colleagues in the area of legal study can award their participation and love to the complication and publication of "Jurisprudential Library" and make it a wonderful window showing the theoretical frontier results in the area of legal research.

We are not mature enough

We are keeping on exploring and seeking

He Qinhua
In the Research Center of Legal History
East China University of Politics and Law, Shanghai, P. R. C.
May 1st, 2004

自　序

《立法论证研究》是在我博士论文基础上，经过近两年修改完善而成的。本书的主题是立法学和法理学的一个比较前沿的领域，拟从立法机关和立法者的视角，研究如何通过理性论证证成立法的合宪性、合法律性、合政策性、正当性和合理性，以提高立法的可接受性和可认同性，有效维护国家利益和人民利益。在这一核心主题之下，还对立法论证的主体及立法论证与法律效力的关系，立法论证的思维过程，我国立法论证的体制机制以及完善我国立法论证制度和机制的对策和建议作了论述。本书既是著者从事立法工作十多年对实践和经验的理论思考，也是对如何提高立法质量、提升立法对我国社会实践问题有效应对，实现良法之治的实践关切的一些理论思考。

本书研究的问题意识可以最早追溯至我在西安西北政法学院读硕士期间对于法律论证的认识。当时，法律论证研究的核心主题是法官如何证成其所做的判决。我的硕士论文也是以法律论证理论作为基础材料之一研究法官的法律解释，核心主题是法官如何证成自己在个案中的法律解释。2001年在写作硕士论文的过程中，争分夺秒阅读法律论证理论，苦思冥想构思硕士论文。有一天，从长安南路一家书店出来走在长安南路上，正值秋日，斜阳西照，落叶缤纷，突然灵光乍现，脑海中闪过一个问题：立法领域是否也是法律论证可以运用的领域，是否可以产生一种立法论证的理论？

2002年硕士毕业后，我考入原国务院法制办开始学习立法工作。

正好这一年,舒国滢教授翻译的德国法学家罗伯特·阿列克西所著的《法律论证理论》出版,阅读本书使我对法律论证理论有了更加深入系统的认识。之后陆续几年,凡是在书店发现与法律论证相关的书我都一一收集阅读。参加工作后,在工作之余,依然保持着阅读和思考的习惯。在下班、深夜加班后,走在文津街、西安门大街、北海公园、后海或者乘地铁的途中,时常思考工作中、实践中或者阅读中的一些问题。在阅读法律论证理论以及其他理论书籍,和从事立法工作的过程中,继续深入思考写作硕士论文中灵光乍现的问题:如果法律论证理论能够适用于司法领域并能够对司法实践产生有效影响,那么法律论证理论是否可以在立法领域适用,或者可以在立法领域可以产生一种新的关于立法论证的理论?事实上,在从事立法的实践中,我深刻认识到对立法制度的论证是立法工作的核心内容。在从事公司法、个体工商户条例、武器装备科研许可管理条例、军工关键设备设施管理条例等10多部法律、行政法规的立法过程中,积累了一些立法论证的案例和资料。应当说,硕士期间对法律论证理论的初步涉及为我研究立法论证提供了最初的问题意识,而在原国务院法制办的立法工作和阅读思考则为我研究立法论证提供了丰富的实践经验和更加专门的理论基础。理论的研究不仅需要有敏锐的问题意识,更重要的是,需要有丰富的实践基础和积累。理论的源泉在于实践,脱离实践的理论是无本之木、无源之水。对于立法论证研究的问题意识,虽然部分源于对于西方理论的阅读和思考,但是更多源于对立法实践的思考。本书整个理论框架和概念体系是从我国的立法实践中提炼出来,并拟以此为我国立法论证的实践提供一定的解释,提供一定的理论指引。

2002年年初在原国务院法制办参加面试时,针对当时主考官问我为什么报考国务院法制办的问题,我回答:"如果执法和司法实现的是个案正义,那么立法应当实现普遍的正义。相对于从事实现个案正义的执法和司法工作,我更愿意从事实现普遍正义的立法工作。"事实上,由于自己当时刚刚从学校毕业根本没有从事立法工作的实践经验,对于立法实现普遍正义的认识,仅仅停留于理论层面。随着自己从事立法工作实践经验的积累,对立法实现普遍正义的认识也越来越深刻。在从事《特种设备安全监察条例》的立法过程中,深切认识到包括电梯、压力容器(包括城镇和农村使用的气瓶)、游乐设施、索道等均与人民群众生命健康和安全息息相关,通过立法解决上述设备的安全、预防和遏制事故发生就是实现普遍正义。在制定《武器装备科研许可管理条例》《武器装备质量管理条例》《军工关键设备设施管理条例》等三个有关武器装备的条例过程中,深刻认识到在国际斗争的虎狼世界中,武器装备直接关涉国防安全、国家安全,也关涉人民群众的幸福安康、安居乐业,实现的是中华民族和中国人民的普遍正义。这样的例证,还有许多,不再赘述。普遍正义,如果从利益视角审视,实质上就是国家利益与人民利益,有效保障了国家利益和人民利益事实上就实现了普遍正义。

本书的修改完善主要是在我援藏期间完成的。雪域高原干燥缺氧,无疑增加了写作的挑战和困难,写作过程中,时常吸氧以缓解身心大脑的不适。写作疲惫时,散步室外,休憩身心。夜晚,巍峨的布达拉宫近在眼前,高耸的西藏和平解放纪念碑庄严肃穆,明星点点闪耀长空,清风宜人时时拂面,身心的疲惫瞬间消失;白天,炽热的阳光似乎可以照彻人心,纯净的蓝天、纯净的空气、纯净的白云,瞬间令人心神澄澈。在阳光之城的学习、研究和思考,将是自己一生取之不竭、用之不尽的精神财富。

最后,感谢在本书写作过程中给予指导和帮助的刘作翔教授、舒国滢教授。感谢我供职单位领导和同事们的支持和帮助。感谢王兰萍老师对本书前后多次所提的宝贵指导意见,完善了本书诸多章节,于本书增色良多。感谢我的爱人和岳父母,他们承担了对女儿田田的照顾和教育，承担了本应当由我承担的家庭责任和负担，使我有专门的时间从事思考和写作。感谢远在宁夏的父母兄弟和亲人、朋友，没有他们无私、默默的支持、奉献和关心，作为农家子弟，我不可能有机会读书并思考这些重要而宏大的问题。也可以说，对他们生活和命运的思考是我思考和写作的原动力，也将是我继续思考和写作的动力。

王　锋

2019年1月11日于拉萨

目　　录

导论 …………………………………………………………………… 1
　　一、引子 ……………………………………………………………… 1
　　二、概念界定和限定 ………………………………………………… 4
　　　　（一）论证的语义考察 …………………………………………… 4
　　　　（二）立法论证的概念及其限定 ………………………………… 6
　　三、立法论证的制度与实践 ………………………………………… 9
　　　　（一）我国的立法论证制度 ……………………………………… 9
　　　　（二）实践中的立法论证及其对立法质量和
　　　　　　　实施效果的影响 ………………………………………… 10
　　四、立法论证：法律论证的新领域 ………………………………… 17
　　　　（一）立法论证为什么被忽视 …………………………………… 19
　　　　（二）迈向法律论证的新领域 …………………………………… 30
　　五、本书体例 ………………………………………………………… 34

第一章　立法论证的主体及其与法律效力的关系 ………………… 37
　第一节　立法论证主体 ……………………………………………… 37
　　一、国外立法论证主体 ……………………………………………… 38
　　　　（一）国外立法论证的主导主体 ………………………………… 38
　　　　（二）参与主体 …………………………………………………… 43
　　二、我国立法论证主体 ……………………………………………… 47
　　　　（一）领导主体：党中央和相关党组 …………………………… 47

　　　　（二）主导主体：立法机关 ……………………………… 48
　　　　（三）参与主体 ……………………………………… 51
　第二节　立法论证与法律效力的关系 ……………………… 54
　　一、法律效力的三个层面 …………………………………… 54
　　二、立法论证与法律效力关系 ……………………………… 55

第二章　立法论证的对象和思维过程 ……………………… 57
　第一节　立法论证的对象 …………………………………… 57
　　一、立法论证的对象 ………………………………………… 57
　　　　（一）规范 ……………………………………………… 58
　　　　（二）规范陈述 ………………………………………… 68
　　二、立法论证对象涉及的陈述类型 ………………………… 69
　　　　（一）事实陈述 ………………………………………… 70
　　　　（二）评价陈述 ………………………………………… 70
　　　　（三）规范陈述 ………………………………………… 71
　　　　（四）评价陈述与规范陈述的关系 …………………… 71
　第二节　立法论证思维过程 ………………………………… 72
　　一、从社会实践中归纳出事实陈述 ………………………… 74
　　　　（一）立法所要解决的社会问题的性质和限度 ……… 75
　　　　（二）由社会问题到事实陈述的逻辑方法：归纳与抽象 …… 76
　　二、对事实陈述评价得出评价陈述 ………………………… 77
　　　　（一）美国《保卫婚姻家庭法案》(Defense of Marriage Act)的
　　　　　　　概述和分析 ……………………………………… 78
　　　　（二）如何从事实陈述得出评价陈述：价值立场
　　　　　　　和判断的介入 …………………………………… 80
　　三、由评价陈述得出规范陈述 ……………………………… 81
　　　　（一）从"好（不好）"到"应当（不应当）"的实践分析 …… 81

　　　　（二）从"好（不好）"到"应当（不应当）"的语言和
　　　　　　逻辑分析 …………………………………………………… 83
　　　　（三）规范陈述环节中以规范目的和规范手段为内容的
　　　　　　实践推理 …………………………………………………… 85

第三章　立法论证中的合宪性、合法律性、合政策性 …………… 87
　第一节　立法论证中的合宪性 ………………………………………… 87
　　一、立法合宪性的涵义 …………………………………………… 87
　　二、立法合宪性证成的意义 ……………………………………… 88
　　三、立法合宪性证成的分类 ……………………………………… 90
　　　　（一）对合宪性的证明 ……………………………………… 90
　　　　（二）对合宪性的否证 ……………………………………… 91
　　四、立法合宪性的论证方式 ……………………………………… 91
　　　　（一）立法合宪性的论证方式 ……………………………… 92
　　　　（二）立法合宪性的否证方式 ……………………………… 93
　第二节　立法论证中的合法律性 ……………………………………… 95
　　一、立法合法律性的概念 ………………………………………… 95
　　二、立法合法律性证成的涵义和意义 …………………………… 96
　　三、立法合法律性证成的分类和方式 …………………………… 97
　　　　（一）对拟制定法律相关规范内容合法律性的证成 ……… 97
　　　　（二）对拟制定行政法规相关规范内容合法律性的证成 … 100
　第三节　立法论证中的合政策性 ……………………………………… 104
　　一、合政策性的概念和依据 ……………………………………… 105
　　二、立法合政策性证成的分类和方式 …………………………… 106
　　　　（一）法律的合政策性证成 ………………………………… 106
　　　　（二）行政法规的合政策性证成 …………………………… 110

第四章 立法论证中的正当性 …… 114
第一节 立法正当性探析 …… 114
一、正当性与立法正当性 …… 114
二、理性论证与民主和立法正当性的关系 …… 117
第二节 立法正当性的证成 …… 119
一、立法正当性证成的内容 …… 119
（一）立法目的的正当性 …… 120
（二）立法内容的正当性 …… 137
二、立法正当性的证成方式 …… 139
（一）对立法目的的正当性的证成 …… 139
（二）对立法内容的正当性的证成 …… 140

第五章 立法论证中的合理性 …… 146
第一节 合理性与立法合理性证成 …… 146
一、合理性的概念 …… 146
（一）西方合理性概念分析 …… 146
（二）中国对合理性的论述 …… 150
（三）合理性的含义 …… 152
二、立法合理性证成的内容和要求 …… 153
（一）立法合理性证成的内容 …… 153
（二）规范内容合理性证成的要求 …… 155
第二节 立法合理性证成 …… 164
一、规范选择的合理性证成 …… 165
二、规范内容合理性的证成 …… 167
（一）对规范内容合理性论证的论证形式 …… 167
（二）实例：军工关键设备设施相关制度对于实现立法目的的有效性、可行性的论证 …… 168

第六章　立法论证的机制:以广告法中烟草广告为例 ………………… 175
　第一节　烟草广告的论证全过程 ………………………………………… 176
　　一、第一阶段 ……………………………………………………………… 176
　　　（一）围绕2009年工商总局送审稿的分歧及其论证 ……… 176
　　　（二）围绕2013年7月修改意见稿的分歧及其论证 ………… 178
　　　（三）2014年2月20日公开征求意见阶段的分歧
　　　　　　及其论证 ……………………………………………………… 179
　　二、第二阶段 ……………………………………………………………… 180
　　三、第三阶段 ……………………………………………………………… 181
　第二节　立法论证的共识型机制 ………………………………………… 182
　　一、"开门"程度不同 …………………………………………………… 183
　　　（一）现行"开门"立法的论证机制,有利于集中民智、
　　　　　　回应民需、凝聚共识 ………………………………………… 183
　　　（二）西方国家立法论证机制的局限性 ………………………… 190
　　二、磨合互动还是制衡否决 …………………………………………… 190
　　　（一）我国现行立法论证机制,注重磨合协商、凝聚共识 … 192
　　　（二）西方国家立法论证偏于制衡否决 ………………………… 194
　第三节　共识型机制的基本机制 ………………………………………… 198
　　一、纵向授权统合 ………………………………………………………… 198
　　二、国务院统筹相关部门立法决策 …………………………………… 201
　　三、限制否决,强化接触与沟通 ………………………………………… 203
结论:完善制度和机制的几点建议 ……………………………………… 205
　　一、引入公共辩论制度 ………………………………………………… 205
　　　（一）在立法草案审议过程中,引入辩论环节 ………………… 207
　　　（二）加大立法草案审议过程的公开力度 ……………………… 208
　　　（三）对民众、相关团体等的立法论证意见进行公开回应 …… 209

(四) 对重要立法问题进行全民参与辩论 ……………… 209
    二、均衡参与能力和机会 ………………………………… 211
         (一) 弱势群体参与机会和资源相对不足 …………… 211
         (二) 增强弱势群体参与立法论证的能力和机会 …… 215
    三、成立立法咨询委员会 ………………………………… 222
    四、完善立法论证标准和规则 …………………………… 224
         (一) 完善立法论证的标准和要求 …………………… 224
         (二) 明晰影响立法论证的因素,完善相关制度和机制 … 226

附录:相关法律法规 ……………………………………… 229
    一、北京市关于禁止燃放烟花爆竹的规定 ……………… 229
    二、北京市烟花爆竹安全管理规定 ……………………… 231
    三、上海市犬类管理办法 ………………………………… 236
    四、上海市养犬管理条例 ………………………………… 243
    五、城乡个体工商户管理暂行条例 ……………………… 255
    六、个体工商户条例 ……………………………………… 260
    七、军工关键设备设施管理条例 ………………………… 265

参考书目 ………………………………………………… 270

导　　论

一、引子

　　立法论证研究的问题源自一个日常生活中非常普通的故事。我先简要讲述一个故事,然后引出这一问题。这样的故事,在日常生活中常常发生,对于凡是打过牌的牌客们来说,已是司空见惯,殊无新意。这个故事如下:甲、乙、丙(三者是同乡)与丁(另一地方人)是朋友,一天如约一起打牌。举凡打牌,首要之事就是要确定打牌规则。甲、乙、丙一致说,时间有限,不要再浪费时间讨论规则了,就按照我们的规则来打。起初,丁不太情愿,反驳道凭什么要按你们的规则打。甲、乙、丙说少数服从多数,牌局也就开局了。自然而然,打牌过程中,丁对一些实无道理的规则提出质疑,提出规则为什么要这样定。甲、乙、丙几次被问得答不上来,只好说规则是专断的,没有什么道理可讲。随即,甲、乙、丙又马上进言相劝,说规则面前人人平等,大家都要遵守同样的规则,"我这次这样出牌,下次你也可以这样出。"牌局继续。但是,丁虽然理智上接受了"规则对每个人是平等的"的理由,还是不时发出抱怨和异议。甲、乙、丙被丁的抱怨惹毛了,一致要他闭嘴打牌。甲、乙、丙"钳民之口"的做法,招致了丁更加强烈的不满和反击,最后,丁忍无可忍,准备起身而去。

　　见此情状,牌客甲连忙起身说,朋友打牌何必不欢而散,不如坐下来一起探讨规则?大家何必伤了和气。乙、丙也出言附和,力劝丁:"朋友之间,有话好好说,这下我们一定尊重你的意见,订出让你能够接受的规则。"丁听闻他们三人软言相劝,不觉怒火渐消,又重新回到桌前座上。甲、乙、丙在提出自己规则的过程中,不但对自己提出的规则进行论证,同时还让丁提出意见,并尽可能吸收丁的意见。丁对甲、乙、丙,不似先前依仗人多势众,以势压人,转而能够尊重自己意见,并尽可能吸收自己意见的做法,十分受用。在对打牌规则进行共同论证、协商后,对规则达成了一致意见。甲、乙、丙三人进而还说,如果丁有新的对规则的建议,可以随时向他们提出;只要经过协商、论证,大家达成一致意见,就可以吸收进打牌规则中。于是,在经过共同论证、协商,形成大家都同意和认同的规则后,一场皆大欢喜的牌局又重新开始了。

这个故事虽然非常普通,触及的问题却不普通。这个故事提出这样一个问题:仅仅有规则(立法)就足够了吗? 在这个故事中,打牌的规则事实上构成了这个"打牌共同体"得以顺利合作和运转的基础,是这个打牌共同体的构成性规则。从这个故事来看,仅仅有规则显然是不够的。有规则并不能免除或者消除人们对规则本身的质疑和不满。当牌客丁对规则存在质疑和不满时,导致打牌共同体几近解散。而被质疑的一方,为了维系打牌共同体的存续,自然会千方百计论证其规则。当丁质疑甲、乙、丙选定的规则时,甲、乙、丙提出了规则面前人人平等的理由。不得不承认,这是一个很有说服力的理由,其诉诸规则的普遍性。对于这个理由丁起初也接受了。但是,大家遵循同样的规则还是不能消除丁对规则本身的质疑和抱怨。这些质疑与抱怨就是对规则本身的追问。在这个故事中,我们既可以发现基于暂时共识达成的对规则的短暂认同;又可以发现丁基于对规则的质疑和怀疑,打破在打牌规则上的共识,使牌局几近解散。最终,又由于四人妥协达成共识而重归于好,牌局才重新开张。

由小小牌桌上的打牌规则言及立法,问题就更加复杂。一般而言,法制包括立法、执法、司法和守法等环节，其中执法、司法和守法都属于法律实施环节，并不关涉作为法的源头的立法的问题。也因此，法律形式主义的普遍性和程序公正，并不能也无法消除对法律的不同意见和怨声载道，那是因为法律的实定内容，难以使所有人满意。这就需要法律的强制性来保证法律的普遍性。正如孙国华教授所言，法律是理与力的结合。① 如果人们不能在心理层面（认知、情感和意志）接受法律"理"的层面，并遵守法律，则法律就需要露出其"牙齿"，显示出"力"（强制力）的一面。易言之，"理"构成了法律秩序"软"的、柔性的一面，而"力"则构成了法律"坚硬的内核"。当然，法律秩序中春风化雨、润物无声的柔性成分的份额越大，则法律秩序的根基就越稳固，其所需要的力的份额就越少。而"理"的层面一定程度上都需要立法论证予以实现；通过立法论证，从而提高人们对立法的认同和接受，能够为法律秩序奠定良好的心理认同基础。

如果我们将故事中的打牌规则视为打牌中必须要遵循的"立法"，那么，四人在牌桌上关于规则的论证与反驳，也可视为一场日常生活中的小规模的相对简单的"立法论证"。在上述故事中，牌客甲、乙、丙三人也试图论证自己提出的规则，并意图通过论证和诉诸他们之间的朋友之"情"等因素，说服另一牌客丁，接受他们提出的打牌规则；而丁也提出了反驳和质疑。在上述故事中，由于牌客甲、乙、丙对牌客丁在打牌规则论证中的不同态度和做法，导致丁对规则的接受—否定—认同，从而决定了牌局的变局：牌局开始—几近解散—重归于好。

当然，在社会和政治生活中实际发生的立法论证，远比故事中牌桌上四人之间的"立法论证"复杂，但是，并不妨碍我们从日常生活中牌桌

---

① 此观点见孙国华、黄金华：《法是"理"与"力"的结合》，载《法学论坛》1996年第1期，第3—5页。

上的"立法论证"开始,探讨社会和政治生活中的立法论证。从一定意义上而言,小小牌桌上的"立法论证"已经包含了社会、政治生活中立法论证的相关要素,正所谓大道"不离日用常行内"。

二、概念界定和限定

(一) 论证的语义考察

一般而言,论证是指对某一问题提供理由,进行论述或者说明。在英文中,argument 与 argumentation 均可以翻译作论证。国内外一些学者对论证进行了界定。这些界定有助于我们加深对论证的理解。

逻辑学家陈波指出:"论证是以某些理由支持或者反驳某个观点的过程或者语言形式,通常由论题、论点、论据和论证方式构成。所谓论题就是要证明或者反驳的命题,用以支持或者反驳论题的命题被称为论据,而由论据推出所要证明的论题真假的过程或者形式为论证形式。"[①]台湾学者颜厥安提出:"论证就是举出理由以支持某种主张或者判断,因此,论证广泛存在于各种理性思维活动中,并不仅仅局限于法学。论证既可以证成与经验事物相关的事实命题,也可以用来证立一个价值或者规范性命题。论证对象不同,论证方法不同。"[②]

国外学者哈贝马斯将论证界定为:"是一种言语类型,在论证过程中,参与者把有争议的有效性要求提出来,并尝试运用论据对它们加以兑现或者检验。"[③]荷兰理论家爱默伦对论证作了界定:"一种言语的或者社会的说理行为,通过提出一组主张,在每个理性的'法官'面前对有争议的观点进行证明或者反驳,旨在增强或者减弱听众或者读者对该

---

① 陈波:《逻辑学是什么》,北京大学出版社 2002 年版,第 42 页。
② 颜厥安:《法与实践理性》,允晨文化实业股份有限公司 1998 年版,第 99 页。
③ [德]尤尔根·哈贝马斯:《交往行为理论:行为合理性与社会合理性》(第一卷),曹卫东译,上海人民出版社 2004 年版,第 17 页。

观点的接受程度。"①伦理学家彼彻姆对论证的界定是:"一个论证是一组相互联系的陈述。在这组陈述中,有一陈述是其他陈述的推论,或由其他陈述确证。所谓其他陈述可称为论据、证据、根据或者前提。因此,每个论证均有两个部分构成:一个是称为前提或者证据的陈述;二是假定是由前提推导出来的并靠证据证实的结论。正因如此,论证与证明不同:证明是指一个完满的论证,也就是说,证明是确认其结论为真理的论证。而论证有些是好的,有些是不好的。"②

需要说明的是,上述关于论证的概念已经并非传统意义上的论证。传统的论证内涵比较狭窄,所谓论证"就是用一个(或一些)真实命题确定另一命题真实性的思维过程。"③传统的论证体现为一种单向的、以求真为目的的逻辑思维过程。当代论证理论已经推进了传统论证概念,主要有以下几个方面:

"一是论证基本要素不是传统的'命题'而是'陈述'。在传统逻辑和论证理论下,命题具有真假属性。与传统论证与逻辑不同,在当代论证理论下,人们常常遇到含有要求、命令、禁止等的规范语句。而这些规范语句,并不能以传统逻辑上真假命题概念来理解并加以论证。

二是论证也并不仅仅是用一个(一些)真实命题确定另一个命题真实性的单向思维过程,而是还体现为一种论辩、对话,以及思想的双向互动的过程。在这个意义上,论证就是为某种主张寻找理由,以说服接受者的过程。

三是从结论言之,论证追求的不仅是传统论证逻辑中的'真'的概

---

① *Fundamentals of Argumentation Theory:A Handbook Of Historical Backround and Contemporary Developement*/Eemeren, Frans H. van and Grootendorst, Rob(et al), Mahwah N. J. ,L. Erlbaum,1996, p. 5.

② [美]汤姆·J. 彼彻姆:《哲学的伦理学》,雷克勤、郭夏娟、李兰芬、沈玉译,中国社会科学出版社1990年版,第449页。

③ 吴家国等:《普通逻辑》,上海人民出版社1993年版,第346页。

念,而是扩展至寻求规范或者主张的可接受性。因此,对于规范的论证的结论就不具有绝对的真理性。"①

以上三个方面,体现了当代论证理论与传统理论关于论证概念的变化和不同。

(二)立法论证的概念及其限定

我国学者在立法论证方面的研究成果寥寥可数,只有几位学者和研究人员提出了立法论证的概念。较早提出立法论证概念的是汪全胜教授。他将之界定为:"立法论证是指一定的主体对立法运行中出现的有关问题提供论述与说明,从而为立法机关的立法提供参考与决策的依据。"②在他看来,"立法论证可以是指立法之前对立法必要性和可行性提供论述与说明,也可以是指在立法过程中对立法出现的内容与形式问题提供论述与证明,还可以指在立法完成之后,对立法的实际操作性以及立法的质量评价提供论述与证明。"③立法论证贯穿立法全过程。他认为,立法论证的主体包括立法动议人或者立法提案人、立法机关邀请的专家学者、立法起草机关。王爱声将立法论证定义为:"立法论证是指一定立法主体在立法活动中,运用一定的方法,借助一定的信息,通过一定的步骤,对立法的制度设计和内容安排等需要以法的形式确立的事项加以证成的过程。"④他也认为立法论证贯穿于立法的每一阶段。江龙也提出了立法论证的概念。他认为,"立法论证是指在立法过程中对将要制定的法律法规所进行的论证以及所涉及的论辩,是一种广义的立法论证"⑤。国外法理学学者盖瑞.木塞罗尼、保罗·J.库

---

① 焦宝乾:《法律论证导论》,山东人民出版社 2005 年版,第 61—62 页。
② 汪全胜:《试论立法论证》,载《河南省政法管理干部学院学报》2001 年第 1 期,第 16 页。
③ 同上。
④ 王爱声:《立法论证的基本方法》,载《北京政法职业学院学报》2010 年第 2 期,第 32 页。
⑤ 江龙:《新论辩术背景下立法论证博弈分析》,中山大学博士论文,2010 年,第 77 页。

克界定立法论证如下:"立法论证是立法机关考量与公共政策相关的信息和观点的程序。"①广东省人大常委会关于立法论证的专门性地方法规将立法论证界定为:"是指按照规定的程序,邀请专家、学者、实务工作者和人大代表,对立法中涉及的重大问题、专业性问题进行论述并证明的活动。"②上述概念揭示了立法论证的主体、内容、阶段、程序等,对于推进立法论证的研究具有积极作用。

上述对立法论证的界定有以下几个方面的不足:一是论证的主体过于宽泛。汪全胜的论证主体过于宽泛,包括了专家学者对立法内容的论证。这在事实上模糊了专家学者和立法机关在立法论证中的功能和作用。实践中,立法机关在立法论证居于主导地位,专家学者以及其他相关主体只是立法论证的参与者,在其中并非处于主导地位,其参与立法论证的意见需要立法机关进行考量。二是立法论证的阶段过于宽泛。上述概念中,汪全胜和王爱声均认为立法论证过程囊括整个立法过程。如此,立法论证概念过于宽泛。立法项目是否纳入立法规划的立项论证,是立法前对立法项目必要性的评估,属于立法前评估的内容;而立法通过后对立法实施效果进行的评估,属于立法后评估,两者均非对立法内容本身的论证。因此,不应当纳入立法论证研究的内容。三是国外学者对立法论证的定义仅是从程序进行界定,忽视了立法论证的实质内容,也有偏颇之处。四是广东省人大常委会的定义将立法论证主体仅仅界定为专家、学者、实务工作者和人大代表,而忽略了立法机关的主导作用,忽视了普通群众、相关组织,将立法论证的对象也仅仅限定为立法涉及的重大问题、专业性问题,主体和对象均比较狭窄。

---

① Gary Mucciaroni、Paul J Quirk,"Rhetoric and Reality:Going Beyond Discourse Ethics in Assessing Legislative Deliberation",*Legisprudence*,Volume 4,Number1(2010 May),p. 39.

② 《广东省人民代表大会常务委员会立法论证工作规定》第 2 条。

党的十八届四中全会提出,"健全有立法权的人大主导立法工作的体制机制,发挥人大及其常委会在立法工作中的主导作用""加强和改进政府立法制度建设,重要的行政管理法律法规由政府法制机构组织起草""健全立法论证机制""健全立法机关主导、社会各方有序参与立法的途径和方式"。① 第一次明确提出了立法机关主导立法,健全立法论证机制,具有重大的理论意义。立法论证构成了立法过程的重要组成部分,立法机关主导立法自然包含了立法机关主导立法论证。为此,本书主要从立法机关主导立法的视角,以提高立法的认同度和可接受度为目的,对立法论证进行研究。所谓立法机关主导下的立法论证,就是立法机关主导下,在专家学者、社会公众、行业团体等其他相关主体参与下,通过了解和吸纳各方面的信息,对立法涉及的制度内容的证成,其目的在于提高立法的认同度和可接受性。据此,本书所称立法论证不包括立法项目是否纳入立法规划的立项论证和立法通过后对立法实施效果的立法后评估。本文研究范围限定于对立法实质问题的论证。这里需要说明的是,本书所称立法,包括了立法的制定、修改、废止以及立法解释。因此,发生在上述过程中的立法论证,均属于本书的研究范围。立法论证的质量决定了立法质量。在此意义上,立法论证是立法过程的重要构成部分,构成了立法决策的重要和核心部分,是立法决策的重要支撑。良好的立法论证是科学立法、民主立法的有效实现途径。

只要存在立法,就存在立法论证。因此,立法论证普遍存在于所有类型的立法过程中。在不影响研究整体质量和结论有效性的前提下,为了集中研究焦点,简化研究问题的复杂性,本书所研究的立法论证涉

---

① 《中共中央关于全面推进依法治国若干重大问题的决定》辅导读本,人民出版社2014年版,第10—11页。

及我国的,除举例涉及北京市、上海市、广东省、国外相关立法外,一般均限定于中央立法机关主导下对法律和行政法规的立法论证,不涉及规章及地方立法的立法论证。之所以如此限定,主要有以下几个方面的考虑:一是囿于研究者经验所及。本书的研究主要立足于立法工作实践,在此基础上对立法论证作理论化的研究。本人主要从事法律、行政法规的立法工作,对部门规章和地方立法及其相关程序和机制直接经验不足。如果进行全面研究,不免有所隔膜。同时,如果没有切身、深入的实践基础,研究难免空泛。二是限定范围也是为了简化研究的复杂程度。如果本书研究扩展至部门规章和地方立法,就会在立法论证体制和机制部分涉及部门规章和地方立法的体制机制问题,无疑会增加本文的研究复杂程度。为了简化难度,本书作了限定。但是,这些限定并不影响本书相关研究秉持的普遍性。

三、立法论证的制度与实践

(一)我国的立法论证制度

在制度上,我国《立法法》和《行政法规制定程序条例》的相关条文规定了寥寥可数的立法论证的内容。《立法法》第 36 条规定,列入常委会议程或者专业性较强的法律案,应当采取座谈会、论证会、听证会等多种形式听取意见。[①]《立法法》第 67 条规定,行政法规草案也应当通过座谈会、论证会、听证会等形式听取社会各方面意见。[②]《行政法规

[①] 《立法法》第 36 条规定:"列入常务委员会会议议程的法律案,法律委员会、有关的专门委员会和常务委员会工作机构应当听取各方面的意见。听取意见可以采取座谈会、论证会、听证会等多种形式。法律案有关问题专业性较强,需要进行可行性评价的,应当召开论证会,听取有关专家、部门和全国人民代表大会代表等方面的意见。论证情况应当向常务委员会报告。"

[②] 《立法法》第 67 条规定:"行政法规在起草过程中,应当广泛听取有关机关、组织、人民代表大会代表和社会公众的意见。听取意见可以采取座谈会、论证会、听证会等多种形式。"

制定程序条例》第 12 条规定,起草行政法规应当通过座谈会、论证会、听证会等多种形式听取社会各方面意见。① 该条例第 21 条规定,涉及重大疑难问题的行政法规,国务院法制机构可以召开座谈会、论证会,听取意见,研究论证。② 第 22 条规定,涉及人民群众切身利益的行政法规,国务院法制机构可以通过听证会,听取意见。③ 上述中央层面的法律、行政法规关于立法论证的内容,主要是规定了立法论证的方式,即立法机关可以通过召开论证会等形式广泛听取相关机关、组织和公民的建议和意见,对相关问题进行论证。这些关于立法论证的规定,对于保障立法的公开性、公正性和民主性具有重要作用。

在地方层面,有地方专门出台了立法论证的制度规定。如广东省人大常委会 2013 年专门通过了《广东省人民代表大会常务委员会立法论证工作规定》。该规定对立法论证的概念、方式和程序、立法项目立项论证、起草论证和审议论证作了规定。广东省关于立法论证的专门规定,是我国对立法论证专门作出规定的地方性法规,对立法论证作了比较全面的规定。

上述制度规定,需要从理论上进行研究,以为进一步完善我国立法论证制度提供理论支持。

(二)实践中的立法论证及其对立法质量和实施效果的影响

在我国立法过程中,立法论证主要体现在草案起草、草案审查修改、草案审议(国务院常务会议审议和全国人大及其专门委员会或者其

---

① 《行政法规制定程序条例》第 12 条规定:"起草行政法规,应当深入调查研究,总结实践经验,广泛听取有关机关、组织和公民的意见。听取意见可以采取召开座谈会、论证会、听证会等多种形式。"需要说明的是,该条例 2017 年进行了修订。本书仍依旧条例

② 《行政法规制定程序条例》第 21 条规定:"行政法规送审稿涉及重大、疑难问题的,国务院法制机构应当召开由有关单位、专家参加的座谈会、论证会,听取意见,研究论证。"

③ 《行政法规制定程序条例》第 22 条规定:"行政法规送审稿直接涉及公民、法人或者其他组织的切身利益的,国务院法制机构可以举行听证会,听取有关机关、组织和公民的意见。"

常委会审议)过程中。在其他西方国家,立法论证也贯穿于草案起草(提案)、审查①与草案审议(议会审议、辩论)过程中。在上述立法过程中,立法机关处于主导地位,负责对立法的制度内容进行证立。

立法论证构成了立法过程的重要部分。立法论证质量越高,则立法质量就越高。经过良好立法论证的立法,人们对立法的接受和认同度较高,更加容易获得实施;而未经过立法论证,或者立法论证质量较低的立法,则容易遭到人们的抵制和反对,可能导致立法难以实施。试以几个立法中的实例,说明实践中立法论证对立法质量和立法实施的影响。

1. 北京市烟花爆竹立法由"禁止改为限制"

2005年②,北京市人大常委会通过了《北京市烟花爆竹安全管理规定》,自当年12月1日起实施。该法的颁布实施,终止了1993年实施的《禁止燃放烟花爆竹的规定》。由此开始,全面禁止燃放改为限制燃放。

这一由"禁止改为限制"的变迁过程,充分体现了立法论证对于立法执行和实施,以及民众对立法接受和认同的作用和意义。1993年的立法,受制于当时立法决策水平的限制,立法机关只看到移风易俗、减少烟花爆竹危害的重要意义,未在认真、充分听取民众意见的基础上对《禁止燃放烟花爆竹的规定》进行充分论证,就仓促出台了完全禁止燃放烟花爆竹的规定。新法颁行,虽然客观上减少了燃放烟花爆竹对人身安全和环境的危害,但是全面禁止完全斩断了传统习俗,为立法危机

---

① 如日本法务省民事局主要负责起草、修改、废止有关民事、商事以及民事诉讼方面的法律。之后修改草案还要由法务省提交内阁法制局审查修改。另外,修改草案还要事先与大的政治团体交换意见,以取得他们的支持,这样才能顺利通过国会审议。

② 当年省会城市中,限制燃放的城市15个,可燃放的6个,禁止燃放的10个。当年春节,282个禁止燃放的城市中的106个已经改为限制燃放。参见肖敏:《春节燃放烟花爆竹之正当性》,载《法学杂志》2008年第1期,第25页。

埋下了伏笔。最终,全面禁止的立法,遭到人们的抵制和反对,逐渐陷入难以实施的困境。

为了回应民意,解决全面禁止烟花爆竹燃放的立法难以实施的问题,北京市人大常委会决定起草新的立法。"新的立法采取了多种方式听取人民意见:一是召开四个由驻京单位、专家、人大代表参加的座谈会。委托区县人大常委会在18区县召开座谈会218个,参加人员5252人。二是进行民意调查。发放60000份问卷,回收57431份。三是征求人大代表意见。反馈意见261份。上述征询意见显示,三分之二以上多数意见赞成适度放开。"①在充分吸收人民意见,充分研究论证的基础上,北京市人大常委会既顺应民意,尊重民间习俗,适度放开烟花燃放;同时,为了加强规范和管理,采取了限时、限地、限品种的三限措施,确保燃放安全,减少扰民和污染。

经过慎重论证、吸纳民意,出台后的新法规得到人民群众的赞同和认可。2005年至今,该法规实施情况良好。

2. 上海市养犬立法从限制到规范

上海市对养犬的立法规制经历了"高收费限制养犬"到"规范养犬"的转变。

1993年实施的《上海市犬类管理办法》,以养犬许可、捕杀无证犬为手段,通过收取高额许可费,限制市民养犬。但是,高收费并没有达到限制养犬的目的,反而由于收费过高,导致养犬人规避办证,无证犬泛滥成灾。"据统计,至2010年,办理许可证的犬为14万只,而无证犬类为60余万条,且还在持续增加。"②此种状况,使执法部门陷入了无

---

① 鲁来顺:《施行"三限"严管理,确保祥和安全》,载《中国人大》2005年9月10日,第32—33页。

② 朱琦:《养犬立法:从限制养犬到规范养犬》,载《上海人大》2010年第12期,第14页。

力监管的境地；无力监管又导致无证养犬被发现处罚的几率微乎其微，更加促使不缴费、不办证成为养犬人的"理性"选择，导致无证养犬数量进一步增加。由此形成恶性循环。同时，无证犬的泛滥也给狂犬病的预防控制带来了隐患和风险，原因是无证犬不能通过正规渠道进行防疫。

法律实施出现此种情况，显然是由于立法论证存在严重问题，根本还是由于立法论证质量不高。立法机关显然没有对通过收取高额办证费来限制养犬这一制度进行充分的立法论证，或者其意图就是通过高额收费来限制养犬。仅从手段—目的的角度进行论证，就可以发现上述制度手段不是合理有效的手段。虽然，高收费可以促使部分人放弃养狗，但是这必须建立在执法部门能够全面严格执法基础上。但是，对于上海这样一个大城市，养狗人数巨大，执法力量显然难以做到严格全面执法。既然执法难以全面严格，那么人们自然就会选择逃避缴费养狗。因此，上述手段难以达到限制养犬的目的。无证养狗越多，执法就更加难上加难，造成执法瘫痪，最终导致法律难以实施，损害立法威信。如果，当时立法经过良好的立法论证，并充分听取民众意见，则不会出现立法后立法者不能预见的结果：本来试图通过高额收费限制养犬，结果反而导致养犬数量越来越多。

鉴于1993年立法实施所造成的严重后果，2010年上海市人大常委会开始制定新的《上海市养犬管理条例》（以下简称条例）并于2011年2月通过，5月15日起正式实施。新的条例吸取了1993年条例的经验和教训，经过慎重论证，最终取消了许可制度，改为登记制度，养犬人仅仅"承担接种疫苗、电子标示和相关证件和管理服务费用。"[①] 同时，鉴于单靠执法部门显然力不从心，规定了"政府监管和基层组织参

---

① 《上海市养犬管理条例》第20条。

与、社会公众监督、养犬人自律结合"①的监督管理方式。对捕杀无证犬的旧条例规定,也作了修改,规定由犬只收容所进行收容。②

条例实施以来,政府有关部门依据条例规定的职责分工,强化工作力度,取得了良好效果。"截至 2012 年 6 月底,全市累计免疫犬 40.2 万余条,较条例实施前的 14 万余条,增加了 187%;办理《养犬登记证》26.5 万余张,较条例实施前的 14 万余张,增加了 90%;收容流浪犬 14000 余条。问卷反映,28.52% 的人认为政府有关部门养犬管理工作明显加强,41.74% 的人认为有所加强,总体上获得群众的认可。经过广泛宣传,依法文明养犬的社会认同度得到提高。问卷中,26.86% 的被调查人认为市民养犬文明程度普遍提高,40.08% 的人认为有所提高。据公安部门统计,条例实施以来共处理群众举报电话 5220 起,信访 179 件,较 2010 年总体下降 60%。"③

这个案例说明了良好的立法论证对于法律实施和提高人民对立法认同度的重要作用。

3.《个体工商户条例》取消从业人数限制

个体工商户从业人数问题是 2010 年个体工商户条例立法论证中的重要问题。对此问题,1987 年《城乡个体工商户管理暂行条例》规定,个体工商户最多可以雇佣 7 人。④ 这样规定,主要是考虑到个体工商户的主要特征是以个人或家庭劳动为主,对城乡个体工商户雇工人数限定为 7 人;私营企业可以雇工 8 人以上。

立法机关经过调查研究,慎重论证,认为应当根据实际情况和扩大

---

① 《上海市养犬管理条例》第 3 条。
② 同上第 32 条。
③ 上海市人大常委会专项调研组:关于《上海市养犬管理条例》贯彻实施情况的调研报告,载《上海市人民代表大会常务委员会公报》2012 年第五号(总第 237 号),第 53 页。
④ 《城乡个体工商户管理暂行条例》第 4 条规定:"个体工商户可以根据经营情况请一二个帮手;有技术的个体工商户可以带三五个学徒。"

就业的需要,取消个体工商业户从业人数限制。主要理由是:一是随着市场经济的发展,关于个体工商户雇工人数界限已经不符合实际情况,在实践中已经被突破,同时也构成了对扩大就业的人为限制。实践中,餐饮业、娱乐业和服务业中存在一定数量经营规模较大、从业人员较多的个体工商户,有的个体户餐饮店雇工人数可达上百人。事实上,已经大幅度突破了原条例雇工人数的限制。例如:北京阿银美容美发中心2002年开业时有从业人员5人,包括理发师2名、勤杂工2名和美容师1名。经过8年发展,从业人员达到14人,其中理发师4名、勤杂工4名、美容师3名以及学员3名。该美发中心个体业主介绍:开业以来经营规模不断扩大,服务性行业人员流动性强,因而雇工需求量较大。而设立公司在资金、纳税、财务等方面要求更严格,经营成本较高,所以目前并不打算改为公司制经营,如果增设分店,将考虑注册个人独资企业。二是取消限制,符合大多数人的意见。在立法调研、征求意见过程中,大部分意见赞同取消个体工商户从业人数的限制,少量意见认为应当规定个体工商户从业人数上限,控制个体工商户规模。基于以上两个理由,经过慎重研究,考虑到我国个体经济发展的实际情况和当前扩大就业的需要,在立法中取消了个体工商户的从业人数限制的规定。

  2011年新通过的《个体工商户条例》取消了个体工商户从业人数的限制,该条例第20条规定,个体工商户可以根据经营需要招用从业人员。[1] 这一规定符合实践情况,凝聚了大多数人的共识,社会反映良好。条例通过后,《人民日报》、《吉林日报》、《淮海商报》、《黑龙江晚报》、《山西日报》等众多报纸,新浪、网易等新媒体均作了积极评价,有助于个体工商户扩大规模,促进就业。

---

[1] 《个体工商户条例》第20条。

4. 对授权开发区工商局核准登记外商投资企业的立法解释

这一案例涉及对公司登记的相关行政法规如何具体适用的立法解释。

事件的起因是：2007年，主管部门反映，近年来一些国家级开发区工商局通过所在省、自治区、直辖市工商局向主管部门提出申请，要求授权其核准登记外商投资企业。主管部门认为，授予开发区工商局外商投资企业核准登记权，将有助于外商投资企业就近办理工商登记，有利于进一步改善和优化开发区的投资环境。同时提出，1995年，主管部门曾经授权上海浦东新区、海南洋浦开发区工商局核准登记外商投资企业，取得了良好效果。就授权的法规依据问题，主管部门认为，可以根据《公司登记管理条例》，授权符合条件的开发区工商局核准登记外商投资企业。就此问题，主管部门向立法机关请求予以解释。①

立法机关经过论证，认为可以依据相关行政法规授权开发区工商局核准登记外商投资企业。主要理由是：一是作出授权具有法律依据。《公司登记管理条例》第6条规定，外商投资的公司由国家工商总局负责登记。②同时，《公司登记管理条例》第7条、第8条均规定了国家工商总局可以就公司登记管辖对地方工商局作出授权。③《企业法人登记管理条例》第5条规定："中外合资经营企业、中外合作经营企业、外资企业由国家工商局或者国家工商局授权的地方工商局核准登记注册。"④但是，就是否可以授权开发区工商局对外商投资公司进行登记，《公司登记管理条例》和《企业法人登记管理条例》并没有明确规定。这

---

① 《行政法规制定程序条例》第六章行政法规的解释第23条规定，对于行政工作中具体应用行政法规的问题，国务院有关部门法制机构请求国务院法制机构解释的，国务院法制机构可以研究答复。

② 《公司登记管理条例》第6条。

③ 同上第7条、第8条。

④ 《企业法人登记管理条例》第5条。

两个条例虽然没有明确国家工商总局是否可以授权开发区工商局登记外商投资公司,但开发区工商局属于条例规定的"地方工商局",因此,国家工商总局可以根据条例对开发区工商局进行授权。二是实践中,主管部门已经作出的授权,实施效果良好。当时,国家工商总局在全国范围内共授权了包括上海浦东新区、海南洋浦开发区工商局等国家级开发区工商局在内的 316 个地方工商局对外商投资企业进行登记。从授权效果来看,授权开发区工商局对外商投资企业核准登记后,便利了外商投资企业就近办理工商登记,进一步改善和优化了开发区投资环境,取得了良好效果。

基于以上理由,立法机关同意主管部门提出的依据《公司登记管理条例》和《企业法人登记管理条例》的有关规定,对符合条件的国家级开发区工商局作出授权的意见。主管部门据此对相关开发区工商局赋予了核准登记外商投资企业的授权。根据立法机关的以上立法解释,主管部门作出上述授权,显然有利于外商投资公司就近登记,有利于相关立法的实施。

以上只是立法论证实践中的几个例子,实践中,立法论证的案例还有很多。这几个案例可以说明,立法论证质量的高低,在一定程度上决定了立法质量的高低,决定了人们对于立法的认同和接受,决定了立法实施的效果。

虽然,我国存在制度和实践上的立法论证,但是对立法论证实践的理论研究几乎空白。因此,需要通过对立法论证实践的深入研究,为提高立法论证质量和立法质量提供理论支持。

四、立法论证:法律论证的新领域

法律论证理论成为独立的理论研究领域已有 40 多年。荷兰学者伊芙琳.T.菲特丽丝认为,20 世纪 70 年代,法学家和论证理论家对法律论证理论的兴趣日趋高涨。法律论证理论不再被视为其他更为广泛的研究领域的一部分，而是成为一项独立的研究课题。① 国内研究法律论证理论的重要学者焦宝乾教授也认为，法律论证理论是近 40 年来欧美学界兴起并获得很大发展、取得重要地位的研究领域。② 而西方立法论证理论的兴起较晚，其兴起的标志是 2010 年 A. 丹尼尔·奥利弗-拉勒那发表在《立法法理学》的上的一篇文章《迈向立法论证理论》。③ 这篇文章是专门刊发立法论证文章的立法法理学专刊的前言。

我国法律论证理论的兴起，源于随着 20 世纪 90 年代末以法院为中心的司法改革的推行，法学理论界开始翻译引入了西方的法律论证理论。④ 我国学者开始以国外法律论证理论为资源，发表和出版了大量的译著与专著。⑤ 论文更是不胜枚举。这些专著和论文的发表，推进了我国法律论证领域的理论研究，为司法改革和司法实践提供了有力的理论支持。正如立法论证领域的著名学者 A. 丹尼尔·奥利弗-拉勒那所认为的："如果司法实践和教义学推理已经从法律推理

---

① ［荷］伊芙琳·T. 菲特丽丝：《法律论证原理——司法裁决之证立理论概览》，张启山、焦宝乾、夏征鹏译，戚渊校，商务印书馆 2005 年版，第 9 页。

② 焦宝乾：《法律论证导论》，山东人民出版社 2005 年版，第 8 页。

③ A Danial Oliver-lalana, "Towards a Theory of Legislative Arguement", *Legisprudence*, Volume 4, Number1 (2010 May), pp. 3—12.

④ 王锋：《由司法论证转向立法论证——中西比较视域下我国立法论证的思考》，载《烟台大学学报》2015 年第 6 期，第 47 页。

⑤ 译著和专著主要有：［德］罗伯特·阿列克西：《法律论证理论——作为法律证立理论的理性论辩理论》，舒国滢译，中国法制出版社 2002 年版；［荷］伊芙琳·T. 菲特丽丝：《法律论证原理——司法裁决之证立理论概览》，张启山、焦宝乾、夏征鹏译，戚渊校，商务印书馆 2005 年版；焦宝乾：《法律论证导论》，山东人民出版社 2005 年版；［美］格拉斯·沃尔著：《法律论证与证据》，梁庆寅、熊明辉等译，中国政法大学出版社 2010 年版；焦宝乾：《法律论证：思维与方法》，北京大学出版社 2010 年版；戚渊等：《法律论证与法学方法》，山东人民出版社 2005 年版；Robert Alexy, *A Theory of Legal Aguementation: The Theory of Rational Discouse as Theory of Legal Justification*, Oxford: Clarendon Press, (1989); Macormick, N, *Legal reasoning and Legal Theory*, Oxford, (1978).

和论证理论中获益匪浅。当然,也可以设想立法论证理论也必将对立法的实践产生影响。"①目前,我国学者对立法论证的研究文章寥寥无几。②

(一)立法论证为什么被忽视

我国学界对司法论证领域和立法论证领域的研究存在巨大的差距,这一现象值得深思。俞吾金先生关于研究者与其所处问题域关系的理论,对于分析这一问题具有重要的启示作用。他认为,任何研究者均有其所在的问题域,这一问题域是特定的理论观念或者哲学观念支配下形成的问题领域。研究者一般只能提出和思考其所置身的问题域所能看到的问题。如果超出了其所处的问题域,则构成了研究者研究问题的盲区。研究者所在的问题域对研究者而言会形成制约和导向。③ 从科恩的科学研究的范式理论中,我们也能得到认识这一问题的启发。在《科学革命的结构》一书中,科恩提出了范式的概念,将范式界定为科学共同体内的成员所共有的东西。它提供了科学家从事研究的指导方向、基本看法、原则假设和对于自然的观念。科恩认为,在科学研究的一定阶段,就会在科学共同体内形成统一的范式,科学共同体

---

① A Danial Oliver-lalana, "Towards a Theory of Legislative Arguement", Legisprudence, Volume 4, Number1(2010 May), p.12.

② 目前,我国学者在立法论证方面仅有数篇文章。较早的是汪全胜的《立法论证探讨》。该文对立法论证的概念和功能以及主体、内容和任务进行了研究,其观点主要是对我国制度实践的简要描述和总结。王爱声在《立法论证的方法》中对立法论证的方法做了研究,提出立法论证的逻辑、对话、修辞以及实证的方法,其方法的前三种直接引用了伊芙琳·T.菲特丽丝总结的法律论证的三种方法,实证的方法分为分析法、综合法、例证法、引证法、验证法。李晓辉在《立法论证,走向立法民主的新阶段》一文中对立法论证与民主的关系进行了探讨,并提出完善参与立法的代表构成,改变由法律委员会统一审议法律议案的职责分工形式,关注民主立法程序的细节,改进审议与讨论等议事规则的设置等完善立法论证的建议。江龙:《新论辩术背景下立法论证博弈分析》,中山大学博士论文,2010 年;张学庆:《图尔敏论证模型述评》,山东大学硕士论文,2006 年。

③ 俞吾金:《问题域外的问题》,上海人民出版社 1988 年版,第 1—2 页。

的成员均在此范式的指导和约束下从事研究活动。一般的科学研究,仅是限于印证、扩充或者解释范式。他认为,在自然科学史上,真正的革命性变革很少。当范式与客观现象无法调和,而又无法作小的调整的场合,科学革命就逐渐产生了。这种危机促使科学家对科学根本的哲学问题以及科学本身的问题进行深入质疑辩论,经过长久动荡,才能产生新的范式。所谓科学革命就是要对旧的范式进行整体更新,就是以新的范式取代旧的范式。正如科恩所言:"拒斥一个范式的决定总是同时也就是接受另一个范式的决定。"①对于研究者而言,范式的转换也就是在新的范式指导下进行研究。

基于以上两种理论,法律中心主义和法院中心主义构成了研究者对立法论证难以深入关注的旧的范式和问题域。囿于法律中心主义和法院中心主义的问题域和范式,导致研究者总体上对立法论证研究的忽视和匮乏。正如强世功所言:"简单回顾和总结过去三十多年的法治工作,就会发现,所谓中国特色社会主义法治的理论话语和具体实践,始终围绕着'律法中心主义'和'法院中心主义'展开,这两种法治话语实际上在建构一种'法律帝国'的法治理想图景。"②此外,立法论证面对的研究对象也比司法论证更加复杂。以上种种因素,导致的结果是:研究者将法律视为人们必须服从的规范体系,强调国家制定法的压倒性作用和地位,并主要关注法官、法院在法律制度中的作用,由此很大程度上导致对立法者和立法论证的忽视。

1. 法律中心主义

法律中心主义是一个理想类型意义上的概念,它强调在法治建设

---

① Thomas Kuhn, *The Structure of Scientific Revolution*, Chicago University Press, 1970, p.77.

② 强世功:《法治中国的道路选择》,载《文化纵横》2014 年第 4 期。

过程中,始终强调国家正式制定法的压倒性地位和作用,法治工作必须围绕国家制定法的制定、完善和落实而展开,其他与国家制定法不一致的规范和活动很容易被看成是非法或者违法而遭到批评或抵制。①

法律中心主义的观念首先体现在立法、司法、执法和人们的日常观念中。自十一届三中全会以来,中央就确立了"有法可依、有法必依、执法必严、违法必究"的社会主义法制十六字方针,其中居于首位的就是"有法可依"。自此之后,立法就成了我国法治建设的重心。党的十四大明确提出,社会主义市场经济体制的建立和完善必须有完备的法制来规范和保障②,十五大更是提出了形成中国特色社会主义法律体系的宏伟目标③,十七大明确提出要完善中国特色社会主义法律体系④。2011 年 3 月,时任全国人大常委会委员长的吴邦国在第十一届全国人大四次会议第二次全体会议上宣布,中国特色社会主义法律体系已经形成,国家经济、政治、社会、文化、生态建设各个方面均实现了有法可依。体现在执法和司法过程中,所执行和适用之法就是国家制定法。这一观念还支配着我们的日常用语和思维观念,当我们说到法治、法律、法制、依法治国、依法办事等的时候,所能想到的全是国家正式制定的法律。在这种观念支配下,党的政策、党内法规、民间法、道德规范等均不属于法律或者法治关注的对象,而反倒可能成为法治或者法律所要克服的对象⑤。

法律中心主义还造成了在法律实践和理论研究中的过于偏重国家

---

① 强世功:《法治中国的道路选择》,载《文化纵横》2014 年第 4 期。
② 中央党校编:《十一届三中全会以来党和国家重要文献选编》,中央党校出版社 2008 年版,第 262 页。
③ 同上书,第 359 页。
④ 同上书,第 744 页。
⑤ 强世功:《法治中国的道路选择》,载《文化纵横》2014 年第 4 期。

制定法的后果。在法律教育层面,注重国家制定法的研究,法学专业学生所受到的训练,主要是法条分析、逻辑推理、法律解释、法条适用等反复的技术层面的训练。此外,就是注重对国家制定法规则的熟悉程度的训练。而在法学学生进入法律职业界后,所面对或者关切的法律问题,也绝大多数是国家制定法问题。所谓从事法律事务,就是在国家实定法中寻找解决问题的办法。由于法律职业分工日益细化,法律实务所面对的问题往往是类似事件的不断反复。这导致了法律本位主义和法律末节主义的产生。前者是指法律人士只能从法律专业的角度,不能从其他角度分析问题;后者是指法律人士甚至不能从法律整体角度分析处理问题。① 总体而言,法学教育和法律实务中,关注焦点在于国家制定法及与法律实务相关的法律解释、法律推理,以及司法论证等理论,对于涉及立法正当性、合理性的立法论证则缺乏关注。

　　法律中心主义秉持了这样一种信念:任何社会问题都被认为可以用法律的形式予以解决。规则越多,纠纷越少②。我国在法治建设中实现有法可依,在一定程度上就是秉持该观念。这一信念基于规则是控制和解决冲突的合适工具。从观念史而言,其源于自17世纪以来就居于主导地位的机械宇宙观:在宇宙中的星辰相互之间既不存在斗争也不存在冲突,是因为它们遵循规则。如果宇宙中星辰是遵守规则的,那么社会也可以通过规则加以组织。规则,就如同在自然科学中,是以可认知的方式运行的。因此,遵守规则或者在冲突情况下适用规则,仅

---

① 黄维辛:《法律与社会理论批判》,中国台湾时报文化出版企业有限公司1991年,第11页。
② 这一信念是自18世纪以来的西方思想界的主导理念。参见 Luc J. Wintgens, "Strong Legalism or the Absence of the Theory of Legislation", in Luc J. Wintgens, *Legisprudence: Practical Reason in Legislation*, Burlington: Ashgate Publishing Company, 2012, pp. 144—145.

仅被认为是通过认识规则就可以实现。在这一过程中,对于规则的认识并不包含价值判断①。这种对规则的认识基于一种主客严格二分的镜式哲学。主客二分哲学始自笛卡尔,提出了一个著名的哲学命题,"我思故我在",确立了理性主体的不可怀疑性。客体独立于理性主体,于其外存在。主体可以凭借一定手段、方法认识、把握客体。在此过程中,基于对主体的肯定,以及主体自我认知能力的肯定,就有了衡量客体存在的准尺,知识确定性有了保障。我们所界定、考察的对象独立于我们自身而存在,我们的情感、偏好、经验对于认识对象而言是毫无意义的。这是一个单向的认知和理解模式,认知主体与被认知的客体之间存在着一道鸿沟,存在一套不受主体影响的客观方法或程序,去达致客观认识。我们认识它,就是对它毫无偏差地镜式反映。② 基于这种认知模式,人们可以像通过认识自然界从而控制自然界一样,通过认知和制定法律规则实现对社会的规范和控制。而这种研究方法,是以自然科学通过观察事实,从经验研究中发现客观规律的实证研究方法为尚,模仿自然科学,目的在于研究社会客观事实,并发现规律。法律中心主义提供了下述的线性法治图景:法律规则是由主权者或者国家制定的,必须被遵守,如不遵守就需要使用强制力。在这里只有国家能够制定法律,是法律规范唯一的来源,并被视为法律产生的不可置疑的权威。因此,法律理论的主要任务就是对现行法律进行描述或者体系化。一个不容忽视的历史事实是,19世纪和20世纪的法律理论主要关注

---

① 事实与价值的分离思想从思想史而言可以追溯至笛卡尔哲学。自笛卡尔哲学开始,理性与可证实同义。价值是不能证实的,因此也是非理性的。尽管事实与价值的分离是休谟哲学最广为接受的观念,但是笛卡尔哲学也以此为前提。参见 Luc J. Wintgens,"Strong Legalism or the Absence of the Theory of Legislation"in Luc J. Wintgens, *Legisprudence: Practical Reason in Legislation*, Burlington: Ashgate Publishing Company, 2012, p. 146。

② 主客二分的认识方法,参见王锋、张纬:《事实与规范之间——对法官解释的研究》,载《法律方法》2003年第2卷,第403页。

法律的概念分析、描述和体系化①。正如立法法理学的重要学者温特根斯所指出,在法律科学或者法律教义学看来,立法是政治事务,而政治是非理性的。政治是权力游戏,其致力于在立法中达成妥协。② 在此基础上,法律中心主义秉持法律与政治分离的观点:将法律视为政治决定的结果,一旦法律生效,就与政治相分离;将法律视为"就在那里"的事物,作为一种特殊和基本的规范来研究,而不是将法律作为立法活动的产物来研究。因此,从这一立场出发,法律理论几乎不可能有效地影响立法程序,无论是在立法前,还是在规则制定过程中。由此,法律理论就被局于法律科学或者法律教义学,总体上并不关注立法过程和立法者。

2. 法院中心主义

法院中心主义是一个理想意义上的法治概念,它强调实施法律最主要和最具有权威性的机构就是法院。因此,法治工作的中心就是要围绕法院体制和法院审判工作展开。③ 法院中心主义是主导我国法治实践的后设观念。随着我国立法工作的进展,逐渐实现了有法可依到有法必依的转变,有法必依的任务也相应向法院集中。据统计,从十一届三中全会至1997年底,全国人大及其常委会制定、修订法律和作出有关法律的决定328个,国务院制定行政法规770个,地方人大及其常委会制定地方性法规5200个。④ 尤其是在1990年代,我国进行了大规模市场经济立法。在法治建设取得初步成效,基本实现有法可依后,最高人民法院1999年发布《人民法院五年改革纲要》(1999—2003),以

---

① Manual Atiezna, "Reasoning and Legislation", in Luc J. Wintgens(eds), *The Theory and Practice of Legislation*, Burlington: Ash-gate Publishing company, 2005, pp. 297—298.

② Luc J Wintgens, "Rationality in Legislation: Legal Theory as Legisprudence: An introduction", in Luc J. Wintgens(eds) *Legisprudence: A New Theoretical Approach to Legislation*. London: Oxford, 2002, p. 1.

③ 强世功:《法治中国的道路选择》,载《文化纵横》2014年第4期。

④ 蔡定剑:《历史与变革——新中国法制建设的历程》,中国政法大学出版社1999年版,第163页。

法院为中心的司法改革也提上了日程①。此后,法治建设以法院改革为中心,其目标是突出法院与其他实施主体的差异性,将法院从其他实施主体中区别出来,试图确立法院凌驾于其他主体的超越性。正如强世功所言:"法治概念在某种意义上完全围绕法院展开,法治概念差不多被逐渐压缩为司法独立和司法审查的代名词。"②在党的十八届三中全会的决定中,虽然在经济和政治体制改革等环节中也体现了依法办事的精神,但是在第一次提出法治中国的情形下,主要聚焦于行政执法改革和司法改革,其中司法改革最具有突破性③。而在司法改革中,重点论述的是法院改革。即使在十八届四中全会的决定中,虽然内容涉及立法、执法、司法和守法,但最具突破性的仍然是司法改革,尤其是法院改革依然为重中之重。这些无疑体现了法院中心主义的观念。这种以法院为中心的法治建设,建构出了一种"法律帝国"的法治图景。

法院中心主义在法学理论研究领域表现为,法学研究将注意力放在法官和法院的角色上和作用上,更加注重法官和法院的角色。昂格尔在分析法官相对于与法官类似的官僚或者非官僚的独特地位时,认为:"即便现代法律程序理论将司法仅仅作为法律主体之一来看待,但是它仍然相对于其他同僚居于首要地位,位于合理阐述的金字塔的塔尖。"④杰米·沃顿指出了法学研究的一个现象:在现代法哲学中,相对于对司法判决的研究,对立法机关和立法的研究几近于无。⑤ 在我国的研究

---

① 此后,最高人民法院又分别于 2004 年、2009 年和 2014 年相继出台了第二个、第三个和第四个五年改革纲要,对人民法院改革作出了部署。相对于最高人民法院,最高人民检察院仅仅在 2000 年、2005 年下发了检察改革两个三年实施意见,2009 年出台了深化检察改革的工作规划。人民法院的司法改革更加具有系统性,社会和学界关注和反响更大。
② 强世功:《法治中国的道路选择》,载《文化纵横》2014 年第 4 期。
③ 同上。
④ 罗伯特·曼戈贝拉·昂格尔:《法律分析应当为何》,李诚予译,中国政法大学出版社 2007 年,第 156 页。
⑤ Jenemy waldnon, *The Dignity of Legislation*, Cambridge University Press, 1999, p. 1.

中,也普遍存在重视法官和法院,而忽视立法者和立法机关的倾向。"在法院为中心的法治理想中,社会的一切纠纷都应当到法院通过诉讼解决,而且在各种纠纷解决机制中,法院是压倒性的唯一具有权威性的机构。"①从方法层面而言,法律方法问题也与法律解释和法律适用问题相关。在我国,伴随着20世纪90年代末以法院为中心的司法改革的推行,法学理论界开始引入了法学方法论和法律论证理论。两种理论均以法官和法院如何证成司法判决为中心问题,目的在于提高司法判决的正当性和可接受性。而上述法律理论都关注法官和法院的角色和作用。

3. 研究本身的原因

对法律规范进行的证成要远远比对司法判决的证成更加困难。分析一个法官对司法判决的证成,研究者只要收集与判决相关的材料就可以;而立法的讨论程序通常更加开放,并且更少被结构化和模式化。易言之,司法推理和论证的发生具有严格的限制,因此对其的分析也相对容易;但是立法论证则恰恰相反。这也是为何司法论证的理论工具难以被运用于立法推理的原因。具体而言有以下几个方面:

(1) 研究对象的不同

在司法论证的场域中,法官面对的群体主要是原告、被告以及其他当事人。在司法论证过程中,法官居于比较中立的地位,在听取双方主张、举证和质证基础上,根据事实和法律作出其司法论证,并作出正当化的判决。而在立法论证的场域中,立法者面对的情况要更加复杂:立法涉及的相关群体非常广泛,既涉及政府部门,也涉及企业、事业单位、行业协会等社会团体组织,还涉及个人等;不仅涉及国内群体,甚至还引起其他国家的团体和社会组织的关注和介入,等等,远比司法论证涉及的群体广泛复杂。由此产生的结果是,立法论证要处理来自社会方

---

① 强世功:《法治中国的道路选择》,载《文化纵横》2014年第4期。

方面面的信息,信息来源众多,信息数量巨大;而司法论证只要处理来自当事人在法庭上提供的信息。

(2)论证模式不同

司法推理与论证司法推理和论证指向过去发生的事实和已经生效的法律规范。其推理模式是涵摄性质的推理:需要确认特定的事实是否符合法律规范的构成条件,由此,得出一定的法律规范规定的法律后果是否能够适用的结论。

试以一例言之,我国刑法规定以暴力、胁迫或者其他方法抢劫公私财物为抢劫罪①。那么,一名男子将刀架在一位女子脖子上,然后夺走她的首饰、钱包和手机的行为,能否构成抢劫罪?其中的根本问题是将刀架在一位女子脖子上是否是上述刑法规定的方法。那种将法律的适用仅仅简单机械地认为是把相关法律条文适用于相关案件事实,同时认为对法律条文的解释可以与案件事实行为分离的看法,是难以成立的,也不符合司法推理的实际过程。如果将法律解释和事实认定视为分离的行为,对上述抢劫案件的判定就会毫无进展。在此,对上述行为的不同的"法律前理解",其结果大相径庭。如果将刀架在一位女子脖子上的行为前理解为企图杀害这个女子,那么关于是否构成抢劫罪的问题就毫无意义。只有在把将刀架在一位女子脖子上"前理解"为可能胁迫进而构成严重抢劫犯罪时,是否构成抢劫罪的设问才是有意义的。从上述分析可以看出,如果缺乏对案件事实的有意义的前理解,则不可能获得对于案件事实和相关法律问题的有效判断和界定。在这里,法律与事实之间存在一个解释学上循环:只有在法律上明晓何谓严重抢劫的情况下,才可能把将刀架在一位女子脖子上抢走财物的具体案件理解为严重抢劫案;而什么是严重抢劫,如不具体分析案件事实,也是无从判定的。正如德国法哲学家考夫曼指出的那样:"案件与规范分属

---

① 参见我国《刑法》第263条。

于不同层面的范畴中。规范属于抽象性——普遍性上定义之应然,具有未终了诸多事实的案件,则属于杂乱无章的无定形之实然。只有在用经验来丰富规范,用规范来丰富案件之后,它们才能相互适应,并应对这种适应,通过论证加以说明。"①

立法推理与论证立法中的推理模式指向将来,更加复杂和开放。立法推理不是仅仅涉及履行规范所规定的必须要做的行为,或者不做规范禁止的行为的问题。立法推理过程中,权衡和平衡,以及对手段和目的的考量,具有重要决定性作用。立法推理是一种实践推理。实践推理的概念最早由亚里士多德提出。实践推理可以分为大前提、小前提和结论三部分。大前提是行动者 A 有个产生 p 的意图;小前提是 A 认为除了去做 a 之外,没有其他的方法可以实现 p。这时,A 就会使自己去做 a。② 对于立法而言,实践推理中的大前提中行动者就是立法者,意图就是立法者想要达到的立法目的;小前提中的 a 就是所拟采取的立法措施;结论就是为了实现相应立法意图,立法者采取相应立法措施。在这个推理过程中,立法者需要对采取的立法措施是实现立法目的的有效手段进行论证。

在实践推理过程中,法律规范是被视为达致某种目的或者目标的手段;如果有一个目的需要达到,那么就必须表明该目的在多大程度上优于其他目的,并且何种立法手段或者方法能够最有效地实现该目的。在确定目的和选择手段的过程中,都需要自由裁量。试以一例言之。如在武器装备科研生产许可条例中,拟对单纯从事武器装备科研的行为予以行政许可,即只有经过主管部门许可才能从事武器装备科研,否

---

① 阿图尔·考夫曼、温弗里德·哈斯默尔主编:《当代法哲学与法律理论导论》,郑永流译,中国政法大学出版社 2002 年,第 184 页。

② 颜厥安:《说明与理解——对 GH. von Wright 的方法论观点》,《规范、论证与行动——法认识论论文集》,元照出版公司 2004 年,第 147 页。

则就构成违法。在对是否设置此许可的论证中,就需要检视设置此许可是否能够促进武器装备科研生产能力的提高。于此,设置许可就是作为立法目的的提高武器装备科研生产能力的工具和手段。当然,在这个过程中,目的已经不需要再加以权衡和论证,剩下的问题就是论证设置许可是否能够提高武器装备科研生产能力。进行论证的结果是设置许可将会限制或者压制武器装备科研,进而不利于武器装备科研生产能力提高。具体有两个方面的理由:一是援引科研自由原则。科学研究是人类的一种高级智力活动,不应当人为划定禁区或者事先加以限制。只有在自由的环境下才有助于科研成果的孕育和产生。二是如果设置许可,可能产生有害的社会后果。一旦设置许可,必然导致"外行指挥内行",会造成行政官员判断哪些科研项目具有科研的价值,这显然超出了行政官员的能力,必将对武器装备科研造成不必要的限制和阻碍。经过论证,最终取消了原来拟设的许可。当然这只是立法推理和论证的一个简单例子,但足以说明其与司法论证的不同。

(3)其他不同

一是两者指向不同。司法论证指向过去发生的事实和已经生效的法律规范。司法论证是要确定过去发生的事实是否能够纳入既定的法律规范,从而适用该规范。而立法论证指向将来拟产生效力的立法规范。立法论证所要证立的是可能产生法律效力的法律规范本身。

二是两者性质不同。司法论证是涵摄性质的推理。司法论证中的推理是将已经发生的事实涵摄在既定法律规范之下,通过解释和推理,确定其是否符合一定法律规范,最终确定是否适用该法律规范。而立法论证是实践推理,关涉所论证规范的正当性、合理性。在推理过程中,立法规范是解决一定社会问题、调整一定社会关系或者达到一定立法目的的合理的工具或者手段。论证过程中,不仅要评价论证立法目的,还需要联系目的对手段进行评价衡量。通过评价衡量,证成立法的正当性和合理性。

三是两者目的不同。司法论证是为了证成司法判决，司法论证是对法官解释和推理过程的阐明，通过将已经发生的事实涵摄在既定的法规范之下，以证成其对当事人发生效力的判决。而立法论证则是证成具有普遍效力的立法规范。通过立法论证，立法规范获得正当性和合理性。立法论证的质量越高，则立法的质量就越高。

四是两者应对的问题不同。与司法推理相关的问题是：特定事实是否发生？其是否符合某法律规范的构成要件？某法律规范的构成要件是如何规定的？如果特定事实符合某法律规范的构成要件，其法律后果是什么？司法推理的过程主要围绕这些问题进行。立法推理涉及的问题如下：如何描述被视为问题的状况（如交通拥堵的状况）？这一状况应当如何解释（这一状况为何会发生）？应当采取什么措施（降低交通拥堵）？需要达到的目的是什么（除了提高交通效率外，是否还有其他目的）？如何在这些不同的目的之间进行平衡？立法推理主要就是在对这些问题的回答中进行的。

（二）迈向法律论证的新领域

目前，我国对于法律论证的研究仍然主要集中于司法领域，关注的问题是对司法判决的证成。① 如果，司法领域的司法判决需要通过法

---

① 著作主要有：[德]罗伯特·阿列克西：《法律论证理论——作为法律证立理论的理性论辩理论》，舒国滢译，中国法制出版社 2002 年版；[荷]伊芙琳·T.菲特丽丝：《法律论证原理——司法裁决之证立理论概览》，张启山、焦宝乾、夏征鹏译，戚渊校，商务印书馆 2005 年版；焦宝乾：《法律论证导论》，山东人民出版社 2005 年版；[美]格拉斯·沃尔茨：法律论证与证据，梁庆寅、熊明辉等译，中国政法大学出版社 2010 年版；焦宝乾：《法律论证：思维与方法》，北京大学出版社 2010 年版；戚渊等：《法律论证与法学方法》，山东人民出版社 2005 年版；Robert Alexy, *A Theory of Legal Aguementation*: *The Theory of Rational Discouse as Theory of Legal Justification*, Oxford: Clarendon Press, (1989); Macormick, N, *Legal Reasoning and Legal Theory*, Oxford, (1978). 论文有：蔡琳：《裁判的正当化：法律论证理论及当代中国法院判决书的分析》；张钰光：《"法律论证"构造与程序之研究》等。

律论证予以证成,那么,自然就可以提出一个追问,即立法作为司法论证的前提,是否也能够成为法律论证理论适用的领域。目前,西方的法律论证研究已经迈向了对立法论证的研究,主要涉及以下几个问题。

一是立法论证的理论空间。立法论证可否证成立法,其可能性和理论空间如何,是立法论证研究的首要问题。立法中的现实主义和怀疑主义的方法,在政治理论和法理学中,仍然占据支配地位。对此,盖玛·玛塞拉认为:"如果法律论证(司法论证)是普遍实践论证的一个特例,那么立法的合理性可以被视为是法律解释和适用的合理性的前提,可以通过对相互冲突的理由进行权衡,从而找出最佳理由。"①A. 丹尼尔·奥利弗-拉勒那认为:"这并不意味着事实上支撑立法的任何理性讨论没有多少空间。因此,最好不要断定立法机关不能证成其立法,或者屈服于所谓的立法是不可避免的政治武断的观点;相反,我们需要对作为法律证成源泉的立法论证作深入的研究和考察。对立法论证的证成潜力可以从三个方面阐释:一是法律规范作为具有普遍约束力的决定,每个法律都需要有充足理由支持并在论证程序中获致的可证成性。第二立法的正当性具有渐进性和复杂性,其不能在实际的民主程序和既定立法中完全实现。三是法律的质量与支撑其的论证之间存在关系。立法论证的质量越高,基于其的法律质量就越高。总之,法律的正当性实质上依赖于立法论证。"②

---

① Gema Marcilla,"Blancing as a Guide to Legislative Reasoning",*Legisprudence*,Volume 4,Number1(2010 May),pp. 93—99.

② A Danial Oliver-lalana,"Towards a Theory of Legislative Arguement",*Legisprudence*,Volume 4,Number1(2010 May),pp. 3—4. 转引自王锋:《由司法论证转向立法论证——中西比较视域下对我国立法论证的思考》,载《烟台大学学报(哲学社会科学版)》2015年第6期,第50页。

二是立法论证与民主正当性的关系。立法论证与民主正当性之间的关系是研究立法论证的重要问题。简·西克曼认为:"民主的概念应当是商谈的,不仅应当包括形式,也应当包含实质因素。在此意义上,民主决策应当致力于考量所有相关者的利益。如果要实现以公民中最大限度的接受为形式要求的实质民主正当性,一个实质条件是受决策影响的人们的正当利益应当被平衡,并且在他们中间能够达成公平的妥协。这在一定程度上也暗示了理性论证与民主正当性的关系。立法论证必须符合理性论证的要求。"[1]

三是立法论证的要求和标准。立法论证应当遵循的要求和标准,是立法论证的重要问题。简·西克曼认为:"立法论证应当符合理性论辩的要求,除了理性的普遍要求外,还必须符合通过平衡方式全面充分考量所有相关利益的要求。普遍要求包括:一是对正当性的宣称。正当并非是符合客观真理,而是考量所有相关方面和利益;二是逻辑上避免矛盾并包含唯一的确定结论;三是所宣称的前提在经验上是正确的;四是正确确定论证基础,即与论证相关的方面和利益;五是充分衡量相关观点;六是无偏私并尽可能地吸收其他论者的观点。"[2]这些要求应当在立法论证中得到满足。

四是影响论证的因素。影响立法论证的质量的因素是立法论证理论研究的核心问题。马克·斯丁伯格等提出了下述六个相关因素。这些因素,是哈贝马斯的商谈理论和其他商谈模式的因素的相互融合。这六个因素分别是:"一是证立水平(是否提出了立场和要求并给出理由,如果给出了理由,理由是否明智)。二是证立内容(论者是以公共利

---

[1] Jan Sieckmann,"Legislative Arguementation and Democratic Legitimation",*Legisprudence*,Volume 4,Number1(2010 May),pp. 70—75. 转引自王锋:《由司法论证转向立法论证——中西比较视域下对我国立法论证的思考》,载《烟台大学学报》2015 年第 6 期,第 51 页。

[2] 同上书,第 50 页。

益还是团体利益或者其代表的利益的名义进行证立)。三是对团体的态度(论者对涉及群体是贬斥、中立还是赞许或者同意的态度)。四是对主张的态度(论者对其他言说者的观点是贬斥、中立还是赞许或者同意)。五是对对立观点的态度(论者对与其对立的观点是贬斥、中立还是赞许或者同意)。六是建设性策略(论者是坚持其立场或者寻求替代性或者妥协意见)。"①哈贝马斯,认为这六个方面构成了有效商谈的根本和基础。马克·斯丁伯格等还认为,制度、问题、团体的构成,以及所属党派及成员性格都会对立法论证产生影响。②

五是面临难题和研究前景。立法论证所面临的难题和研究前景也是重要问题。有研究者发现,立法论证的实践经常并不遵循和符合理性辩论要求。简·西科曼基于实证研究,发现国会立法辩论经常并不符合理性论辩要求,同时分析了原因:一是议员有重新当选,以及面临来自利益集团、政治团体施加的压力;二是国会论辩所面对的不都是以遵循理性论辩规则为标准的观众。③ 尽管存在诸多难题和困境,A.丹尼尔·奥利弗-拉勒那对该理论的前景依然满怀信心。他认为"立法论证是一个大有前途的领域。同时认为,如果司法实践、教义学推理已从法律论证理论中获益良多。自然,也能够推想立法论证理论必然会对立法实践发生影响。"④

---

① Axel Tschentscher, André Bächtiger, Jürg Sterner and Marco Steenbergen, "Deliberation In Parliaments, Research Objective And Preliminary Results of The Bern Center For Interdisciplinary Deliberation Studies", *Legisprudence*, Volume 4, Number1 (2010 May), pp. 25—26. 转引自王锋:《由司法论证转向立法论证——中西比较视域下对我国立法论证的思考》,载《烟台大学学报》2015年第6期,第50页。

② 同①,p.28.

③ Jan Sieckmann, "Legislative Arguementation and Democratic Legitimation", *Legisprudence*, Volume 4, Number1(2010 May), p.85.

④ A Danial Oliver-lalana, "Towards a Theory of Legislative Arguement", *Legisprudence*, Volume 4, Number1(2010 May), p.12.

改革开放后,我国立法进入了高速发展时代。2011年,吴邦国委员长宣布建成中国特色社会主义法律体系,标志着我国立法高速发展时代的顶峰。应当说,在上述30多年里,相对于司法活动,立法活动无疑取得了更加可喜的成绩。然而,在法学研究层面,却出现了相反的景象,即与司法论证领域硕果累累的研究相比,我国学界在立法论证领域的研究尚缺。为此,需要对立法论证进行深入研究,吸取西方立法论证实践和理论成果为我所用。通过对立法论证的深化研究,为中国法治建设提供理论支持。

五、本书体例

第一章主要研究立法论证的主体及其与法律效力的关系问题。第一节国外和我国立法论证的主体,并区分了立法论证的领导主体、主导主体和参与主体,认为立法机关是立法论证的主导主体,而专家学者、社会公众、利益集团是立法论证的参与主体。第二节立法论证与法律效力的关系。提出并论证了立法论证不影响立法的规范效力,但是对于立法的事实效力和道德效力具有影响。

第二章主要研究立法论证的对象及立法论证思维过程。第一节立法论证的对象。本书将立法论证的对象限定为立法的实质内容。从陈述类型而言,立法的实质对象涉及的陈述类型包括规范陈述、相关的事实陈述以及评价陈述。第二节立法论证的思维过程。论证了立法论证的推理结构和过程,可以分为如下几个相互续接的环节和内容:从社会问题中归纳出事实陈述——对事实陈述进行评价得出评价陈述——由评价陈述得出规范陈述。在第三个阶段还存在立法目的与立法手段之间的实践推理,并要论证立法措施是实现立法目的的有效手段。

第三章主要论述了立法论证中的合宪性、合法律性、合政策性证成。第一节结合立法案例论述了立法论证中的合宪性证成,包括合宪性的涵义、立法合宪性证成的意义、立法合宪性证成的分类、立法论证证成立法合宪性的方式。第二节结合立法案例,论述了立法论证中的合法律性证成,包括立法合法律性成的概念、立法合法律性证成的涵义以及意义、立法合法律性证成的分类和方式。第三节结合立法案例,论述了立法论证中的合政策性证成,主要包括立法合政策性的概念和依据、立法合政策性证成的分类和方式。

第四章主要研究立法论证中的正当性证成。第一节正当性与立法正当性的概念,并对理性论证与民主、立法正当性的关系进行了分析论证。第二节结合立法案例主要研究了如何通过立法论证证成立法正当性。

第五章主要研究立法论证中的合理性证成。第一节合理性的涵义与立法合理性证成的内容和要求。第二节结合立法案例论述了如何通过立法论证证成立法合理性,主要包括规范选择的必要性论证、规范内容的可行性、有效性论证。

第六章论述了立法论证的共识型机制。第一节阐述广告法修改中烟草广告的论证全过程及问题,为以下分析和论证立法论证的共识型机制确立了基础。第二节主要回答了我国立法论证机制为什么属于共识型机制的问题。主要从"开门"程度不同、注重磨合还是制衡否决两个方面进行了论证。第三节主要论述了立法论证共识型机制的基本机制,主要包括三个机制:一是纵向授权统合;二是国务院统合横向部门的立法决策;三是体制内限制否决,强化接触与沟通。总体认为,我国立法论证的共识型机制与西方制衡否决机制相比具有独特的优势,体现了我国制度和体制的优越性,也为进一步完善这一机制提供了理论的基础和路径。

结论部分主要论述了如何完善我国立法论证制度和体制。主要分为四个方面的内容:一是引入公共辩论制度;二是均衡参与立法论证的能力和机会;三是成立立法咨询委员会;四是明确立法论证的规范性标准和要求,明晰影响立法论证的因素,明确衡量立法论证水平的尺度。

第一章 立法论证的主体及其与法律效力的关系

第一节 立法论证主体

立法论证涉及的主体众多，既包括立法机关，也包括参与立法论证的专家学者、社会团体以及其他相关单位和个人。在这些参与立法论证的主体中，立法机关居于主导地位。

这里需要对立法主体和立法论证的主体的关系进行辨析。目前，我国学者对立法主体有两种观点：一是广义的观点。这一观点的代表人物是周旺生教授。他认为："立法主体是在立法活动中具有一定职权、职责的立法活动的参与者，以及虽不具有这样的职权、职责，却能对立法起实质性作用或者能够对立法产生重要影响的实体。"[1]这一观点既包含形式标准，又包含实质标准。形式标准是指是否具有法定职权、职责，实质标准是指是否在立法中起到实质作用，并对立法产生重要影响。这一观点虽然立法主体的范围比较广泛，不拘泥于是否享有法定职权的形式标准，从而不会在研究中忽略对立法具有实质影响的立法参与者，但是过于泛化，将参与并影响立法的主体也纳入立法主体的范围。另外一种观点是狭义的观点。张根大教授持此观点，他认为："立

---

[1] 周旺生：《立法论》，北京大学出版社1994年版，第288页。

法主体是指有权制定、认可、修改、废除法律的国家机关。"①这一观点,将立法主体限定为有权立法的国家机关,在范围上相当于第一种观点中的具有职权、职责的主体。后一种观点将立法主体限定于具有立法权的国家机关,未将参与立法的主体视同为立法主体,是可取的。为了不使立法主体的概念泛化,应当在概念上区分立法主体和参与立法的主体。本文所称立法主体是指具有法定立法职权、职责的国家机关,而立法参与的主体则指参与并能够影响立法的主体。

根据以上论述,可以得出结论,立法论证的主体要大于立法主体。立法主体仅仅相当于本文所称立法论证的主导主体,即立法机关。

一、国外立法论证主体

(一)国外立法论证的主导主体

国外立法论证的主导主体主要有议会(议员)以及行政机关。这两者构成了国外立法论证的主导主体。

1.议会与议员

议会和议员是国外立法论证的主导主体。政党对立法的主导作用是通过议会实现的。西方议会制国家,"政党通过选举进入国家(包括议会),进入国家后严格按照法律进行治理。易言之,国家机器在政治中始终处于主导地位,而党只有通过选举才能进入国家机器,临时性地领导国家。"②议会是立法机关,是当然的立法论证的主导主体。

随着现代社会的复杂化和社会分工日益细化,相关领域的技术性、专业性的增加,立法事项对相关人员的要求也日益增加,因此,议会对相关事务的处理也需要按照专业和领域进行分工,议会中的专门委员

---

① 张根大、方德明、祁九如:《立法学总论》,法律出版社1991年版,第143页。
② 强世功:《党章与宪法:多元一体法治共和国的建构》,载《文化纵横》2015年第4期,第22页。

会随之而来。从大多数国家的议会来看,均设有相关的专门委员会,以承担议会中的相关具体工作,其中之一就是对立法议案的审议。相关专门委员会承担着立法议案的初审工作。如美国议会,"国会的立法工作主要是在委员会而不是在全院大会上进行,因此委员会在立法过程中发挥着极其重要的作用。"① 目前美国众议院设有 19 个常设委员会,参议院设有 16 个常设委员会②,同时还设有特别委员会。众议院也可设立对特别问题进行研究并提供报告的特别委员会。按照规则,每个委员会具有对特定事务的管辖权,涉及不同领域的法案分别由不同的特别委员会进行初审。在 1975 年以前,众议院议长只可以将议案提交一个委员会,之后议长可以决定将议案提交多个委员会进行审议。在这种情况下,议长必须确定一个主要委员会负责审议,对其他委员会可以规定审议时间。委员会对初审议案向众议院提出报告,并在其中提出赞成、搁置或者对议案不采取行动进而阻止议案的建议。鉴于相关委员会能够决定议案的命运,因此各利益集团都用尽手段影响委员会的审议或者决定。当然,众议院也可以越过专门委员会,对议案进行直接审议。其他国家如日本参议院有 17 个常设委员会,众议院有 19 个常设委员会。在日本,每项议案需要先通过常设委员会的审查,才能够提交议会审议通过。③ 在意大利,众议院设有 14 个常设委员会,参议

---

① 北京市人大常委会、新华社国际部:《百国议会概览》,北京出版社 2000 年版,第 732 页。
② 美国参议院和众议院主要有拨款、司法、外交、武装部队等专门委员会,见薛小建主编:《外国宪法》,北京大学出版社 2007 年版,第 137 页。在参议院,重要的常设委员会有外交、军事、财政、拨款、司法、商务等委员会;在众议院,重要的常设委员会有筹款、拨款、军事和外交委员会,参见尹中卿等著:《国外议会组织架构和运作程序》,中国民主法制出版社 2010 年版,第 236 页。
③ 日本参议院与众议院共有的委员会有 17 个,即内阁委员会、地方行政委员会、法务委员会、外务委员会、大藏委员会、文部委员会、厚生委员会、农林水产委员会、商工委员会、运输委员会、通信委员会、劳动委员会、建设委员会、预算委员会、决算委员会、议院运营委员会、惩罚委员会。众议院比参议院多科学技术和环境两个委员会,共 19 个委员会。参见尹中卿等著:《国外议会组织架构和运作程序》,中国民主法制出版社 2010 年版,第 543—545 页。

院设有 11 个常设委员会。常设委员会有权代表本院批准法律,此外还可起草法律。①

大多数国家的宪法都规定了议员具有立法提案权。根据世界议会联盟统计,83 个国家中,有 82 个国家的议员具有立法提案权。② 从相关国家立法的实际情况来看,议员提出议案相比政府而言数量较少,同时,其通过率也大大低于政府提出的议案。

2. 行政机关

政府也是立法论证中的主导主体,其主导作用主要体现在几个方面:一是其在立法准备阶段和立法审议阶段对议会立法的影响。二是政府依据议会的授权进行的授权立法,也即行政立法。三是政府首脑可以影响立法并能够制约议会立法。通过上述几种方式,政府对立法论证活动实现了有效的影响和约束。

首先,政府通过向议会提出法律议案影响议会立法。由于法律议案是政府提供的,政府自然是立法论证的当然主体。"政府提出法律议案是多数国家立法的通例。这在许多国家的宪法或者宪法性法律中都有明确规定。在日本,内阁和国会议员都具有提案权,但是实际情况是绝大部分法律议案均是由日本内阁提出的。在英国,政府和议会议员均享有立法提案权,但是 80% 以上的立法议案均是由政府提出的。法国宪法规定了政府负责起草拟议法案。德国也是如此,每年向联邦议会提出的议案中,政府议案占大多数。美国的法案由行政机关所属的立法指导办公室起草,经相关机构协商,可向国会提出。爱尔兰的立法程序明确规

---

① 意大利众议院的常设委员会有宪法、司法、外交事务、国防、预算和国营企业、内政与宗教事务、财政、教育、公共工程、交通通讯、农业、商业、劳工、卫生保健等 14 个常设委员会;参议院设有宪法、预算委员会,并将公共工程和交通通讯合为一体,共 11 个常设委员会。参见尹中卿等主编:《国外议会组织架构和运作程序》,中国民主法制出版社 2010 年版,第 444—449 页。

② 易有禄:《各国议会立法程序比较》,知识产权出版社 2009 年版,第 22 页。

定,由政府提出立法议案。还有一些国家规定某些法案只能由政府提出。许多国家如俄罗斯、葡萄牙、瑞典、西班牙、挪威、加拿大、丹麦、西班牙等在宪法和法律中对政府提出法律议案作了规定。"①从上述国家的立法实践来看,政府通过提出立法议案的权力以及对立法议案审议的影响,对立法参与和介入具有逐渐扩大的趋势,并且发挥着日益重要的作用。

国外政府还通过主导议会立法的方式主导立法论证。如在法国,议会立法受到政府的直接领导。"依照法国1958年制定的宪法,法国政府不但具有其他国家的政府在立法准备阶段享有的权力,而且其影响和制约议会立法的权力更是其他国家所不可比拟的。该宪法不仅规定了政府可以制定立法计划、负责起草拟议法案外,其还可以支配立法议程。依照该宪法,法国议会两院的议程设置,应当根据政府确定的优先顺序,并优先安排讨论政府法案或者议案。在此之外,议会方可决定其他议程。"②"在英国,政府提出的议案被称为公法案,相对于其他私法案具有优先审议的地位。公法案占英国议会进行审议法案的绝大多数,大概在3/4左右;审议公法案的时间也占议会工作时间的一半以上。自1902后,政府大体上控制了议会日程表。"③政府可以根据需要安排日程,或者在辩论中延长时间,或者停止审议。再加之,英国政党是刚性政党,政府、议会为同一政党掌握,所属议员必须受制于党的意志约束,因此,议案的通过基本上取决于政府。

其次,在西方国家,政府立法论证主导作用的另一个重要的方面就是根据授权进行立法。在这种情况下,政府就是立法论证的直接主体。"行政立法,一般是指立法机关通过法定形式将某些立法权授予行政机

---

① 曹海晶:《中外立法制度比较》,商务印书馆2004年版,第275页。
② 王保民:《政府在现代议会立法中的角色研究》,陕西人民出版社2009年版,第38、40页。
③ 同上书,第38、58页。

关,行政机关得依据授权法创制法规的行为,或者行政机关根据授权法所创制的法规本身。"①一般认为,授权立法源自英国,具体以 1832 年修改济贫法为标志。尽管授权立法不时受到质疑,但是已经成为现代立法不可缺少的部分,并发挥着显著的作用。西方国家自 19 世纪末开始强化行政立法,行政立法的数量大增。从 19 世纪起,英国行政立法也急剧增加。"1894 年至 1913 年,平均每年 1238 件;1914 至 1918 年间,平均每年 1461 件;1919 年至 1929 年,平均每年 1677 件;1940 年至 1945 年间,平均每年为 2049 件,1950 年,为 2144 件。行政立法比议会立法超出 30 倍②。美国截至 1975 年,载入《联邦法院汇编》的法规,已达 127 卷,65249 页,5000 万字"③。无论是在英国、美国还是法国,授权立法都在以不同的形式得到充分发展,授权立法的数量远远超过了议会立法数量。"关于法规的制定,包括一般法律与较详细的规章的制定,在所有民主政体中,行政部门都掌握优势。"④琼·布隆德尔指出,大约有 1/3 立法属于美国国会的特权,反之英国国会与大部分西欧国会,其制定法规的比例,大约不超过 4% 或者 5%。⑤

再次,"许多国家规定国家首脑可以向议会提出法案,同时还规定国家首脑对表决通过的法律行使批准权,并在宪法或者宪法性法律中规定,国家首脑可以直接制定法律。"⑥如在美国,除了通过提出国情咨

---

① 李林:《行政合法原则与行政立法》,转引自《政府在现代议会立法中的角色研究》,陕西人民出版社 2009 年版,第 52—53 页。
② 李林:《立法机关比较研究》,人民日报出版社 1991 年版,第 81 页。
③ [美]伯纳德·施瓦茨:《行政法》,徐炳译,群众出版社 1992 年版,第 31 页。
④ [美]艾伦·李伯特:《当代民主——类型与政治》,陈坤森译,桂冠图书股份有限公司 1993 年版,第 84 页。
⑤ Jean Blondel, *An Introduction to Comparative Government* (London: Weidenfeld and Nicholson, 1969), pp. 355—356. 转引自 [美]艾伦·李伯特:《当代民主——类型与政治》,陈坤森译,桂冠图书股份有限公司 1993 年版,第 84 页。
⑥ 曹海晶:《中外立法制度比较》,商务印书馆 2004 年版,第 104 页。

文等方式向国会提出立法建议,使之制定为法律。美国总统还可以通过对议案进行搁置或者拖延的方式来阻止或者否决立法议案,并进而影响议会立法。两院将立法议案提交总统后,总统如果表示同意,则在议案上签名,并签署批准字样和日期。总统签署立法议案的通知会发送到提交该议案的相关议院,该议院再行通知另一议院。立法议案自批准之日或者通过之日起成为法律,除非法律规定了另外的生效日期。如果总统不批准立法议案,其应当将该议案和否决书一并返回提出该议案的议院,该院应当将该否决书记载于国会议事录中,然后进行复议。如果经过复议,该院议员 2/3 多数同意该议案,则该院需将此法案并否决书一同送于另一议院进行复议。如果也经过另一议院 2/3 的议员通过,该法案就可成为法律。同时,依照宪法规定,美国总统如果在 10 天内(不包括星期日)未将议案与反对意见同时返回,则相关议案则无需其签名而成为美国法律。"在法国,两个议院通过的法律议案提交总统后,总统可以根据情况做出处理:如果其同意,则会在 15 日内予以公布;如果持不同意见,则可以要求议会复议,也可送宪法委员会审查。"[①]

(二) 参与主体

1. 利益集团

在西方,利益集团(interest group)最早起源于 18 世纪末的北美 13 州,随后在欧洲大陆法国、英国等国出现。19 世纪中叶,伴随着产业革命,政府职能不断扩大,各种利益集团大量出现,影响法律和政策制定。20 世纪以来,尤其在"二战"以后,利益集团更是成为西方国家中不容忽视的重要力量。利益集团渗透在西方政治领域的方方面面,是一个客观存在的现象。利益集团的功能和作用,既有积极方面,也有消极方面。其积极方面在于能够代表并反映社会中某一利益群体的共同

[①] 曹海晶:《中外立法制度比较》,商务印书馆 2004 年版,第 276 页。

利益；其消极方面在于强大的利益集团凭借其掌握的巨大资源，可能会损害其他社会群体的利益。"据统计，在 2005 年，欧盟的利益集团数量已达 5000 个。"①在西方国家的立法中，都有利益集团、游说团体的身影。利益集团不仅在选举活动中最为活跃，但是其并不满足于将自己满意的政客送上总统或者议员的宝座。他们还不遗余力地在立法过程中参与立法论证和决策，影响立法决定。虽然利益集团并不以执政为目的，但是其目标是代表某些特殊利益集团对立法部门施压，促使其通过对自身有利的立法。其中尤以美国为甚。

在美国，利益集团主要通过游说活动对立法论证施加影响。他们高薪聘用前政府高官、议会议员或者相关专业人士对立法部门进行游说，竭尽全力促使政府、议会提出或者通过对自己有利的立法，否决或者搁置不利于自身的立法。实力强大的利益集团往往具有隶属于自身的游说组织，而实力较小的利益集团大多通过雇佣游说公司进行游说活动。华盛顿大名鼎鼎的 k 街，聚集了美国最为著名的能够翻云覆雨的自称为"顾问公司"的游说团体。

上述的游说公司之所以具有非常巨大的能量，其原因在于大量的前政府高官或前国会议员被其雇佣。具有议员或者政府高官背景的人员进入公司效力后，享受比他们担任政府职务时远为丰厚的待遇。比如，曾任美国众议院拨款委员会前主席的鲍勃·利文斯顿（Bob Livingston）进入游说公司后第一年就获得 100 多万美元的酬劳，比其在众议院的职位薪酬多出几倍。为了对国会议员和政府高官离职后进入游说公司任职进行限制，"美国《游说公开法》(Lobbying Disclosure Act)规定，国会议员必须在离任一年后才可以加入游说公司，2007 年《正直领导和公开政府法》(Honest Leadership and Open Government

---

① 彭萍萍：《欧盟利益集团与政策制定》，中央编译出版社 2012 年版，第 75 页。

Act),将参议员的限制年限增至 2 年。"①在限制期内,游说公司可以聘请他们担任临时顾问,一俟期满,马上可以为游说公司效力。"对于行政官员而言,在 1999 年前,需等五年才可以服务于游说公司,而之后只需等待一年就可,与国会议员平等了。"②"据统计,1992 年到 2004 年间,198 位卸任的国会议员中就有 86 人摇身一变成为特殊利益集团的受雇说客,占 43.4%。在这十二年间,66.7% 的离任共和党议员成为专业说客,而前民主党议员中,32.4% 成为职业说客。"③这就是美国人所说的"旋转门(revolving door)",就是从这边进入国会,然后从另一边进入游说公司。

这些专业说客所做的事情,就是为了替客户影响立法论证和决策。如打通能够影响或者决定立法的关键议员、官员的环节,对立法的全过程进行监控,以保护雇主利益不受侵害;给议员起草供其参考使用的法案;撰写专门报告,对立法后果作出论证;通过影响舆论等方式,引导或者操纵赞成或者反对相关立法的民意,等等。

2. 公民

在国外,公民主要通过以下几种方式参与立法:一是参与立法听证。立法听证制度是公众参与立法论证的重要形式,在国外广泛应用。"所谓立法听证是指立法机关为了确保立法活动的顺利进行和法律内容的公平合理,以多种方式组织利益相关人员和社会各方人士在立法过程中发表对法案的意见的活动。"④立法论证中引入听证制度是民主立法发展的结果。现代西方国家大多都建立了立法听证制度。二是除

---

① 方鲲鹏:《院外游说法律及其漏洞》,载《检察风云》2012 年第 5 期,第 12—13 页。
② 这里需要说明的是,2007 年《正直领导和公开政府法》,将政府部长的限制年限变为 2 年,见方鲲鹏:《院外游说法律及其漏洞》,载《检察风云》2012 年第 5 期,第 13 页。
③ 王绍光:《民主四讲》,三联书店 2008 年版,第 235 页。
④ 曹海晶:《中外立法制度比较》,商务印书馆 2004 年版,第 270 页。

了听证制度外,公民还可以采取参加论证会,通过信件、传真、电子邮件等方式发表意见,从而参与立法论证。

3. 专家学者

在现代社会,由于科学技术和社会分工的发展使得对日常生活的规制和管理比从前需要更多的专业知识,从而在立法中也需要和依赖专家的介入。国外立法论证中专家学者也是重要的参与群体,通过其专业的知识、权威的身份参与立法论证。国外专家学者参与立法论证主要有以下几种方式:一是作为议员的助理参与。"西方国家很早就开始为议员设立辅助人员,并逐步成为一种国家制度。在美国,二十世纪80年代开始,众议院议员每人平均拥有16个助理,参议院议员每人平均拥有35个助理,其费用全部由国库开支。"[①]二是参与国会立法辩论。如,1997年,荷兰三位国会议员提出在荷兰刑法典中增加一条对尾随行为加以刑事处罚的条文的提案。在该法案被众议院通过后参议院讨论前,二位学者对法案的论证理由提出了批评,认为众议院的讨论观点存在五个方面的谬误。在荷兰参议院的讨论中,一些参议员针对学者的批评观点进行了辩论,否定了两位学者的观点。参与国会辩论是专家学者直接参与立法论证的一种方式。[②] 三是参与政府咨询机构。如日本成立了审议会,由专家学者组成。在日本公司法的修改中,日本法务省法制审议会下设的专门负责公司法修改的分会(主要由专家学者以及经济界等方面代表组成),具体承担公司法的修改审议工作。专家学者依托此类机构参与立法论证。总体上,相对于一般公众而言,专家学者具有更多的机会、资源和渠道,参与并影响立法论证。

[①] 朱力宇、熊侃:《专家参与立法若干问题研究》,载《法学杂志》2010年第2期,第23—24页。

[②] Plug,"Institutional Boundary on the Evaluation of Argumentation in Legislative Discussions ",*Legisprudence*,Volume 4,Number1(2010 May),pp.59—66.

二、我国立法论证主体

（一）领导主体：党中央和相关党组

在我国①的中央层面的立法论证主体中，党居于领导地位。这一领导地位是由我国历史和实践决定的，在我国中国共产党先于中华人民共和国产生，在中国共产党的领导下，新中国国家政权得以建立。党的领导地位，决定了党对立法工作的领导。对于党的领导地位，宪法序言做了表述："中国新民主主义革命的胜利和社会主义事业的成就，是中国共产党领导……中国各族人民将继续在中国共产党领导下，……"②。2000年颁布实施2015年修改的《中华人民共和国立法法》第3条规定，"立法应当坚持中国共产党的领导。"③宪法和立法法的上述规定，确认了中国共产党对于立法工作的领导地位。

在实践中，党中央对立法论证的领导主要通过以下途径和方式：一是党制定方针政策，确定指导思想，审定立法规划，指导立法。具体表现在：重要立法依据党的政策而制定；在七届全国人大之后，每一届全国人大立法规划都经过党审定、批准。二是党建议宪法和重要法律的制定、修改和审定、批准重要立法。三是党通过推荐国家权力机关的领导人选和代表人选来实现对立法的领导。四是要求党员贯彻实施党的政策。党员落实党的方针政策是党章的要求，是党员的义务。五是通过党组在具体立法中发挥领导作用。如早在1940年，董必武（1886—1975）同志就提出："党在政府中实现它的政策，是经过和依靠着在政府内工作的党员和党团。党只能直接命令它的党员和党团在政府中作某

---

① 需要说明的是，本文导言部分已经对立法论证作了限制，仅限于中央立法主体对于法律、行政法规的论证。
② 《宪法》序言。
③ 《立法法》第3条。

种活动,起某种作用,决不能驾乎政府之上来直接命令政府。"①党的十六届四中全会也明确指出:"发挥党委对人大、政府、政协等各种组织的领导核心作用,发挥这些组织中党组的领导核心作用。"②党的十八届四中全会《中共中央关于全面推进依法治国若干重大问题的决定》提出:"坚持党领导立法,善于使党的主张通过法定程序成为国家意志,凡立法涉及重大体制和重大政策调整的,必须向党中央报告。"③上述方式有效保证了党中央、党组对法律、行政法规的立法论证的领导。

(二) 主导主体:立法机关

在中央层面,我国的立法论证的主导主体是我国全国人大代表大会及其常务委员会、其他专门委员会,以及中央政府及其部门。

1. 全国人民代表大会及其常务委员会,以及相关委员会及其组成人员

(1) 全国人大及其常委会

我国全国人民代表大会及其常务委员会是我国法律立法论证的主导主体。1954年《宪法》规定,"全国人民代表大会行使国家立法权"④,1982年《宪法》增加规定了"全国人大常务委员会也可以行使国家立法权。"⑤《立法法》规定,全国人大修改基本法律,在其闭会期间,人大常委会在不违背基本原则的前提下可对基本法律进行修改补充。⑥

---

① 董必武:《董必武政治法律文集》,法律出版社1986年版,第2—3页。
② 《中共中央关于加强党的执政能力建设的决定》,载《十一届三中全会以来党和国家的重要文件选编》,中共中央党校出版社2008年版,第554页。
③ 《中共中央关于全面推进依法治国若干重大问题的决定》辅导读本,人民出版社2014年版,第19页。
④ 1954年《宪法》第22条。
⑤ 1982年《宪法》第58条。
⑥ 《立法法》第7条规定:"全国人大制定和修改刑事、民事、国家机构和其他的基本法律。在全国人大闭会期间,全国人大常委会可以对全国人大制定的基本法律进行补充和修改,但不得同该法律的基本原则冲突。"

第一章 立法论证的主体及其与法律效力的关系

(2) 全国人大专门委员会和全国人大常委会法制工作委员会

全国人大专门委员会和全国人大常委会法制工作委员会也是我国法律立法论证的主体。"第一届到第五届(不包括第四届)全国人大,设有民族委员会、法案委员会、预算委员会、代表资格审查委员会。"① 1982年《宪法》70条规定:"全国人大代表大会设立民族、法律、财政经济、教育科学文化卫生、外事、华侨和其他需要设立的委员会。"②在人大闭会期间,受全国人大常委会领导。其职责是拟订、研究和审议相关议案(包括法律议案)。除了上述委员会外,第七、八、九届全国人大还设立了内务司法、环境与资源保护、农业和农村委员会,至此,专门委员会增加至9个。专门委员会成员一般从全国人大代表中产生,多数属于本领域的专家、学者和具有实践经验的人士。

全国人大常委会法制工作委员会(简称法工委)也是法律立法论证的主导主体。全国人大常委会设立工作委员会,并非源自宪法,而是源于1982年通过的《全国人民代表大会组织法》。该法第28条规定:"常务委员会可以根据需要设立工作委员会。工作委员会的主任、副主任和委员由委员长会议提请常务委员会任免。"③目前,共有法制工作委员会、预算工作委员会、香港基本法委员会和澳门基本法委员会。"法制工作委员会在立法方面的职责包括:一是受委员长会议委托,拟定有关法律方面的议案草案。二是为全国人大及其常委会审议法律议案服务,对提请全国人大及其常委会的审议的有关法律议案草案进行调查研究,征求意见,提供资料,提出修改建议。"④由于全国人大法律委员

---

① 尹中卿等著:《中国人大组织构成和工作制度》,中国民主法制出版社2010年版,第74—76页。需要说明的是第四届人大没有设立委员会。
② 1982年《宪法》第70条。
③ 《全国人民代表大会组织法》第28条。
④ 参见中国人大网,http://www.npc.gov.cn,2015年10月9日访问。

会没有专门的工作机构,法工委事实上也承担了为法律委统一审议法律草案服务的工作。

(3)全国人大代表、全国人大常委会委员

在我国,全国人大代表和作为全国人大常委会组成人员的委员构成了全国人大及其常委会立法论证的直接主体。按照宪法和相关法律的规定,全国人大代表和委员们要直接参与全国人大及其常委会的立法论证工作,由他们审议法律。

2.国务院及其组成部门

(1)法律

依据我国《立法法》第14条、第26条规定,国务院可以向全国人大及其常委会提出议案。① 实践中,大部分法律议案都是由国务院报送的,具体起草部门多为国务院各相关部委(有些普遍性法律由国务院法制办起草,如公司法、行政许可法等)。因此,国务院及其部门在法律议案提交人大及其常委会审议之前,是法律议案立法论证的主导主体,之后是参与主体。

(2)行政法规

国务院及其相关部门是行政法规的立法论证的主导主体。《宪法》第89条规定,制定行政法规是国务院的职权。②《行政法规制定程序条例》具体规定了行政法规制定的程序。按照条例规定,行政法规由国务院组织起草,具体由国务院相关部门起草,也可由国务院法制机构起草(有些重要的行政法规由法制办直接起草,如行政法规制定程序条例、规章制定程序条例)。起草后,需要由国务院法制机构进行审查修改。经审查修改后,认为可以报请国务院常务会议审议的,报请国务院

---

① 《立法法》第14条、第26条。
② 《宪法》第89条。

常务会议审议。相关部门和国务院法制机构主要承担在起草、审查、常务会议审议阶段对行政法规的立法论证工作。

国务院在行政法规立法论证方面的主导作用体现在：国务院具有对重大问题的决定权。在起草、审查、审议过程中，国务院具有对重大问题的决定权。《行政法规制定程序条例》第14条规定，在起草行政法规的过程中，起草部门对涉及需要国务院决策的重大问题，要提出方案，报国务院决定。① 第23条规定，在报国务院常务会议审议前，国务院法制机构应当对各部门的分歧意见进行协调，不能协调一致的，要报国务院决定。② 通过起草和审议环节对重大问题的决定权，国务院实现了对行政法规立法论证的领导和统合。

（三）参与主体

1. 社会组织

在我国立法论证过程中，企事业单位、行业协会、商会等各种社会团体是立法论证的重要参与主体。其参与立法论证一般通过以下几种方式：一是通过参与听取、征求意见方式参与立法论证。《立法法》第36条规定，列入常委会议程的法律案，应当听取各方面意见，并征求相关组织意见。③《行政法规制定程序条例》第19条规定，国务院法制机构应当就行政法规草案征求相关组织意见。④ 上述法律、行政法规也

---

① 《行政法规制定程序条例》第14条规定："起草行政法规，起草部门对于涉及管理体制、方针政策等需要国务院决策的重大问题要提出解决方案，并报国务院决定。"

② 同①第23条规定，对国务院有关部门在主要制度、方针政策、管理体制和权限分工等方面存在的分歧进行协调，国务院法制机构要力求协调一致；不能协调一致的，要将争议问题、有关部门的意见，以及国务院法制机构的意见报送国务院决定。

③ 《立法法》第36条规定："列入常务委员会会议议程的法律案，法律委员会、有关的专门委员会和常务委员会工作机构应当听取各方面的意见。常务委员会工作机构应当将法律草案发送相关领域的组织征求意见。"

④ 同①第19条规定："国务院法制机构应当将行政法规送审稿或者行政法规送审稿涉及的主要问题发送有关组织征求意见。"

规定了,听取意见可以召开座谈会、论证会、听证会等形式。在立法机关听取意见过程中,社会组织可以向立法机关反映其立法主张并提出理由。二是主动向立法机关反映意见和主张。如果说第一种方式是立法机关"开门"请进来,那么第二种方式就是社会组织主动进入立法过程。在立法论证中,进来的群体主要是指相关研究机构以及相关有组织的利益群体,如一些社会团体、行业协会等社会组织也会积极、主动参与立法论证。社会团体由于具有较多的资源、较强的参与能力和参与意识,是立法论证的积极参与群体。

2. 专家学者

专家学者也是我国重要的参与立法论证的主体。专家学者参与立法论证主要通过以下几种方式:一是通过参加召开的座谈会、论证会。座谈会、论证会是在我国立法中被广泛采用的方式。其形式比较灵活。如:全国人大常委会的法律案、国务院法制机构的行政法规草案都要召开有关方面参加座谈会、征求意见。此类会议,法律草案分别由全国人大法律委员会、全国人大相关专门委员会和全国人大常委会法工委,联合或单独召开;行政法规草案,则由国务院法制机构召开。而论证会则主要针对相关法律、行政法规草案中的专门性、技术性问题,邀请相关领域专家进行研究论证,以供参考。二是起草并论证建议稿。起草法律案、行政法规草案建议稿业已成为专家参与立法论证的重要方式。如2003年,全国人大常委会委托中国政法大学应松年教授,主持起草行政程序法;工信部委托社科院法学所陈甦教授起草稀土管理条例,等等。三是成立立法专家组。在一些立法中,成立专门的专家组,为立法论证提供决策咨询。如在公司法、反垄断法的起草过程中,国务院法制机构均成立了由相关领域著名专家组成的专家组,引入"外脑",为立法论证服务。四是就有关专门问题委托专家进行课题研究与论证。委托专家进行专题课题论证也是专家参与立法论证的重要和常见方式。如在 2004 公司法起草过程中，曾就公司刑事责任问题、揭开公司面纱问题、中小股东利益保护问题、公司治理结构完善等问题委托中国政法大学、中国人民大学、武汉大学等高校和研究机构进行专题研究，为公司法的有关问题的立法论证提供了研究支撑。五是向立法决策机构上书。专家学者可以通过向立法决策机构上书的方式，提出其立法意见和建议。这些方式，充分说明了专家学者参与立法论证的途径广泛，也表明了专家对立法论证的积极参与。

3. 人民群众

人民群众也是我国立法论证的参与群体。人民群众参与立法论证主要通过以下方式：一是通过参与征求意见方式参与立法论证。2002 年，《物业管理条例》作为我国第一部行政法规公开征求全社会意见。2007 年党的十七大报告提出，"制定与群众利益密切相关的法律法规和公共政策原则上要公开征求意见。"①自 2008 年起，法律、行政法规草案要在网上或者中央媒体公开征求意见。如，个体工商户条例，2009 年 7 月 16 日在国务院法制办上网公开征求意见，截止日期为 2009 年 8 月 28 日。期间，共收到 8000 余条网民意见，其中有效意见总计 4164 条。缺陷汽车产品召回管理条例（征求意见稿）2012 年 2 月 3 日，上网公开向社会征求意见，共收到反馈意见 561 条。相关民众通过参与公开征求意见，通过信件、邮件、网络留言向立法机关反映意见和主张，参与立法论证。二是通过立法机关"走出去"的方式参与立法论证。立法机关走出庙堂，深入基层，走进群众，深入民间，深入调研，听取意见，是中国共产党的优良传统。虽然我国立法论证过程中也会将普通群众请

---

① 《高举中国特色社会主义伟大旗帜，为夺取全面建设小康社会新胜利而奋斗》（中国共产党十七大报告），载《十一届三中全会以来党和国家的重要文件选编》，中共中央党校出版社 2008 年版，第 743 页。

进来,但是机会较少。普通群众由于信息封闭,资源缺乏,他们主动进入立法论证或者被邀请的可能性比较低。对于普通群众而言,他们更加欢迎的还是立法人员和决策者"走出去",走进他们。通过这种方式,人民群众可以几乎无成本地参与立法论证,反映他们的意见和主张。如在个体工商户条例制定过程中,国务院法制机构就到浙江、上海等地深入个体户中进行调研,深入听取和了解他(她)们的意见和建议。三是被立法机关"请进去"参与立法论证。社会公众和普通群众参与立法论证的第三种方式就是被立法机关"请进去"。这种情况比较少见。如在个体工商户条例、企业信息公示条例调研过程中,召开座谈会时会邀请相关群众参与,听取他们的意见。

当然,参与主体参与立法论证的效果尚有待提升。对参与主体的意见目前还没有有效的回应反馈吸纳机制,是否吸纳参与主体意见并无明确的反馈途径与机制。本书在结论中引入公共辩论制度中第三项建议中提出了对策。[①]

第二节 立法论证与法律效力的关系

一、法律效力的三个层面

法律效力按不同的标准可分为三个层面[②],包括规范效力、事实效力和道德效力。所谓规范效力是指法律具有的对其所规范的对象的普

---

① 梁治平:"野生动物保护法修订有多'民主'——写在《野生动物保护法修订草案》二审之际",载梁治平:《变化中的法律与社会》。
② 本文关于法律效力概念的分析参考了魏德士法理学书中的分类,但是作了改变。这里所称法律效力包括规范效力、事实效力和道德效力。参见[德]魏德士:《法理学》,丁晓春、吴越译,法律出版社 2005 年版,第 148—151 页。

遍约束力,也就是说法律所规范的对象均应遵守法律规范的效力。这一层面的效力是形式层面的效力,只要法律规范是根据有效的立法程序公布的,并且未被废除,就是具有效力的。法律的事实效力是指,法律规范是否或者在多大程度上得到人们的遵守。这种意义上的法律的现实层面的效力也被称为法律的实效或者功效。法律效力第三个层面的涵义指的是法律的道德效力,其涵义是人们对法律的遵守是出于对共同认可的社会道德的基本价值的共同确信,这一层面的法律效力表明了人们遵守法律的道德基础。如果人民对于法律的遵守是出于对于法律的确信,那么法律就具有道德效力。法律的道德效力是以人们对于制定法的接受和认同为前提。

法律效力的三个层面事实上可能存在张力。一部按照法定程序通过的有争议的法律,其规范效力是毋庸置疑的。但是,其道德效力则会受到质疑。如果部分人们认为制定的法律是不正义的或者是违背道德的,该法律在道德上对上述部分人们而言就没有效力,他们就不会自觉遵守该法律,这类法律就只有靠国家强制力予以强制实施。如果法律在现实中不被遵守,其事实效力也就丧失了。国家的法律制度只有被人民认同和接受,并在现实中遵守,国家的秩序才是稳定的。仅仅依靠强制力,无法保障和支持一国法律秩序的稳定和持续。

二、立法论证与法律效力关系

立法论证在何种程度上、在什么意义上影响法律效力,是研究立法论证与法律效力关系需要解决的问题。根据以上对法律效力的阐述和分析,立法论证与三个层面的法律效力之间具有下述几种关系:

首先,立法论证与立法的规范效力并没有直接的关系。也就是,无论是否经过立法论证,或者立法论证质量的高低,都不会影响立法的规范效力。只要立法是经合法的程序通过的,那么立法颁布实施后对所有法律所规范的对象都具有约束力。这一点与法律实证主义所主张的恶法亦法，具有相通之处。即使是经过合法程序通过的恶法，也不能否认其规范效力。

其次，立法论证质量可以影响法律的事实效力。良好的立法论证能够吸纳社会各个层面对立法的意见和建议，能够通过求同存异，最大限度地凝聚共识，使立法决策不至于陷入主观主义和片面化，使立法不至于被利益集团所绑架，从而能够提高社会各个阶层对于立法的认同和接受程度，进而能够提高法律的事实效力。一部经过良好的立法论证的法律法规，能够提高人们对相关立法的认同与接受，自然在实践中人们也会倾向于自觉遵守这样的立法。当然，制约法律的事实效力的因素很多，立法论证的质量只是其中的一个因素。也即是说，良好的立法论证质量，能够但并不必然导致法律事实效力的提高；但是，立法论证质量不高，必然损害法律的事实效力。

再次，立法论证能够在一定程度上影响法律的道德效力。对于人们在价值观方面存在的分歧，通过立法论证可能并不一定能够完全解决，但是可以通过论证和辩论使相关价值立场得以呈现，并可以促成不同价值立场的相互了解，从而可能找到为大多数人所能接受的方案。因此，立法论证对立法的道德效力具有一定的影响。

第二章 立法论证的对象和思维过程

第一节 立法论证的对象

一、立法论证的对象

立法论证可以分为形式论证与实质论证。形式论证是指,对立法内容的文字表述、体例和结构等形式性因素进行的论证。实质论证是指,对立法的实质内容包括权利义务分配、利益分担、权力配置等立法涉及的制度内容进行的论证。形式论证与实质论证相辅相成,构成了形式和内容的关系。两者关系是实质论证决定了形式论证,而形式论证为实质论证服务。

本文将立法论证的对象限定为立法的实质内容,主要包括法案的主要制度(如对工业产品生产许可证条例中的产品许可制度)、法案中的重要议题(如对武器科研是否应当进行许可)等。之所以做如此限定,主要考虑到,虽然立法的文字表述等形式内容也非常重要,但是立法的制度内容涉及利益负担分配、权利义务划分等实质内容,是立法论证更加应当关注的对象。在立法实践中,人们也主要是就立法的制度内容进行论证。就其根本而言,无论是主要制度,还是重要议题,实质上就是将来拟发生法律效力的规范。

(一) 规范

1. 规范的概念

规范属于应然领域。规范体现了人们对于理想、应然的社会生活的价值向往和追求。这里的人们绝不是抽象的,而是在一定的社会物质生活条件下的人们。在阶级社会和利益分化的条件下,人们关于理想、应然的社会生活的价值判断、向往和追求,必然存在不一致甚至对立。只有体现占据统治地位的人们或者阶级的价值向往和追求的规范才能上升为国家的规范。马克思在《共产党宣言》中对于资产阶级的观念和法律的本质进行了深刻的揭示:"你们的观念本身是资产阶级的生产关系和所有制关系的产物,正像你们的法不过是被奉为法律的你们这个阶级的意志一样,而这种意志的内容是由你们这个阶级的物质生活条件来决定的。"①马克思关于资产阶级观念和法律本质的论述,深刻揭示了在阶级社会条件下,法律和规范只能是占据统治地位的阶级的意志的体现。只有占据统治地位的阶级,体现他们价值判断和取向的规范才能获得国家强制力量的保障。当然,不占据统治地位的阶级和人们,也可以在自身群体内、一定范围内具有亚规范,但是这种规范一般不可能获得国家强制力的保障和维护。

规范是调控人们行为的具有普遍约束力并且普遍适用的指示和指示系统②。首先,规范是人们应当为什么或者不为什么或者可以为什么的指示和指示系统。规范以包含"应当"、"不得"、"禁止"、"可以"等规范词③,

---

① 马克思、恩格斯:《共产党宣言》,载《马克思恩格斯选集》,人民出版社 2012 年版,第 417 页。

② 这一界定受启发于徐梦秋先生。参见徐梦秋等著:《规范通论》,商务印书馆 2011 年版,第 14 页。

③ 需要指出的是,有些规范为了简略而省略了规范词,如起居有常、饮食有节。如果,加上规范词,表述就是"起居应当有常,饮食应当有节",但是,如此表述比较啰唆,也无必要。

告诉人们应当做什么（这即是命令性规范，如保守国家秘密等），不应当做什么（这即是禁止性规范，不得在高速公路逆行等），可以做什么（这即是选择性规范，年满十八岁的公民有选举和被选举的权利等）。其次，只有具有普遍约束力的指示和指示系统才能成为规范。并非所有的指示都可以成为规范，如单位上级给下级的指示，父母给孩子的指示，老师给学生的指示，仅仅在上下级、父母孩子、老师学生之间具有效力，一旦超出了单位、家庭和学校的界限，就不存在效力。从时间的角度而言，上述指示，也受制于时间因素，仅仅在当下或者有限的时间内发生效力。因此，这种存在于特定对象之间的指示不是规范。最后，此种指示或者指示系统必须依靠物质或者精神力量加以保障或者支持。这里所谓的物质力量包括私刑、暴力、军队、警察、监狱、法庭、宗教裁判所等无组织或者有组织的暴力或者暴力的威慑。这里的精神力量是指对宗教权威或者世俗权威、社会舆论和规范内在价值和道义等的敬畏、信服。精神力量使规范获得人们的信仰或者相信。在人们信仰或者相信规范的情况下，规范获得最有效的遵守。如果人们内心不相信规范或者抵制规范，规范的实施就需要强制力的保障。但是，任何规范仅仅依靠物质力量支撑是难以维系的。

　　规范不仅是行为的指示，也是行为的标准。规范在人们行为前，是一种指示要求，其先于行为而存在，期待人们按照规范的指示行为并出现规范要求的结果。现代汉语词典对标准的界定是："衡量事物的准则[①]"按照这一界定，在行为发生后，规范就变成衡量人们的行为是否符合规范的标准，并以此对人们的行为进行评价。如工人和工程师在施工过程中遵循的技术规范和技术规程，在施工结束后，就成为验收工程是否合格的标准；民事规范在法庭上就成为厘定和承担民事责任的

[①] 中国社会科学院语言研究所词典编辑室编：《现代汉语词典》，第 89 页。

标准;道德规范通过道德评价活动就成为评价人们行为是否符合道德的标准。

规范一般仅仅对人的行为进行调整约束,有的规范还对人的心态进行规束。有的规范仅仅能够作用于人们的行为,对于人们的内心状态一般是不过问的。如法律规范一般情况下只对人们的行为进行规范,如在高速上一旦有逆行的行为就要受到法律处罚,一般不问出于何种动机或者心理。但是,在刑法中,犯罪嫌疑人的心理状态和行为动机对构成犯罪和量刑是有影响的,比如出于主观故意的犯罪要比同样的过失犯罪承担的刑事责任要严重。还有一类规范不仅对人们的行为提出要求,同时还对人们的心态包括思想、情感、欲望和动机提出要求。这类规范主要包括道德规范、宗教戒律和社会礼仪等。如孝就不仅仅是对行为的规范,也是对心态的要求,不仅要求有赡养父母、陪伴父母等客观上孝的行为,而且这种孝必须发自内心,包含对长辈的尊敬、爱护等心态的要求。宗教戒律中的戒盗、戒淫、戒杀等戒律,不仅要求不能作出上述盗、淫、杀的行为,更加要求不能有盗、淫、杀的心念。

2.规范的功能

规范系统由许多子系统,如道德规范系统、政策规范系统、党纪规范系统、法律规范系统、宗教规范系统等所构成。上述规范子系统既有自身特殊的功能与作用,又具有规范的一般功能和作用。一般而言,规范具有以下几个方面的基本功能:一是指导行为,二是评价行为,三是预测行为。

(1)指导行为

规范的基本功能之一就是指导人们的行为,对人们的行为进行调整和规束。规范的指导功能的发挥,基于规范能够告诉人们应当做什么,不能或者禁止做什么,可以做什么,从而使人们在行为时有所遵循,选择规范所期待、鼓励或者允许的行为,拒绝或者排斥规范所反对、禁止的行为。因此，所谓规范的指导功能就是规范指导人们选择行为的功能①。

规范指导人的行为并非直接作用于人本身，而是通过人的心灵发挥作用。那种认为规范能够直接决定人的行为的想法是简单化的想法。事实上，规范也只是影响人心的因素之一，并不能完全决定人心，影响人心的因素还有人们的欲望、需求、文化和意识形态等因素。人们的欲望与需求在一定程度上与规范共同影响人们是否作出规范指示的行为。如果规范的要求与人们的需求、欲望一致，人们就更加倾向于作出规范所要求的行为；否则，就倾向于不作出规范要求的行为；抑或由于恐惧规范的惩罚，约束或者压制欲望、需求从而作出规范要求的行为。因此，规范是在与人们的欲望和需求的互动中并通过人心而得到遵守或者不被遵守。此外，文化和意识形态也是影响人心的重要因素。如果说建立规范并以强制力为后盾来约束人的行为，是属于"硬权力"，那么通过文化和意识形态来濡化、教化人心则是"软权力"。使用硬权力要比使用软权力更加简单，也比软权力的深入人心相对容易。规范指导人们的行为，并不能仅仅依靠强制的硬权力，而更要靠文化和意识形态的教化与濡化功能，使人们相信规范。当然，这必须建立在规范代表和反映人民利益的基础上；否则，多少教化，也是无用。幻想制定规范就能天下遵从，忽视人心的复杂，那是不切实际，甚至是危险的。

需要说明的是，规范具有普适性和概括性，不可能对行为的具体细节和方式一一作出规定。这就需要行为主体根据实际情况，按照规范的指示和要求，具体决定规范的行为模式所要求的具体行为方式和细节。同时，指导人的行为，也不是规范的最终目的，通过调整和指导人们的行为，其最终目的在于调整与人相关的各种关系，如人与自然的关

---

① 徐梦秋等著：《规范通论》，商务印书馆2011年版，第55页。

系、人与人之间的关系、人与自身、人与超越存在物的关系等。通过调整上述关系，实现人与自然、人与人、人与社会的和谐、共存与发展，最终实现人类的可持续、永续生存和发展。

(2) 评价行为

规范还有评价人的行为的功能。这种评价功能体现为两个层面：一是在行为主体行为之前，行为主体可以以规范为标准对自身行为及其可能后果作出预先的评价。在此意义上，此时的评价又兼有指导行为的功能。二是在行为过程过程中和完成后，行为主体或者他人可以以规范对行为主体的行为及其后果作出评价，判断行为是否符合规范以及依据规范其行为后果如何。如刑法规范在当事人实施涉嫌犯罪的行为后，就成为定罪量刑的标准；施工的技术规范和技术规程在工程完成后就成为评价工程质量的标准，等等。

规范评价功能的有效发挥建基于评价者和行为者以共同认可的规范作为评价标准。以共同认可的规范作为评价标准，也容易达成共识。如果一个社会，人们各是其是、各非其非，没有基本的是非标准和共同遵守的规范，那么这个社会很难形成基本的社会秩序，甚至可能造成社会分裂。在现代社会，法律是全体社会成员必须遵循的基本行为规范，越来越成为社会的基础构成性规则。其他规范的地位、功能和作用不能与法律相提并论。如，宗教规范、习俗等只能在信众范围内有效，其他非信众的人们应当尊重宗教规范与习俗。同时，非信众的人们的规范与习俗也应当受到尊重，宗教信众不能以其宗教规范和习俗非议非信众的人们规范和习俗，或者强制其他非信众的人们遵守其规范和习俗，否则构成对其他非信众的人们规范和习俗的侵犯。这是在处理宗教规范和习俗问题上，必须持守的界限。这也与我国宪法"宗教信仰自由"的原则一致。

(3) 预测行为

规范还可以用于对人们行为进行预测。规范的预测功能的发挥是建立在规范的普遍适用性和普遍有效性基础上的,易言之,就是规范普遍适用于相关范围内的社会公众并为其所共同信守。只有在此基础上,人们才能够根据人们普遍遵守的规范预测他人的行为。只有人们相信对方会信守"诚实信用""借钱还钱"的道德规范和法律规范,人们才会借钱该对方,并预测对方会按照约定还钱;只有国际贸易的各方主体都相信并预测其他各方会遵守国际贸易的规则,国际贸易才会顺利运转。正如徐梦秋教授所言:"正因为人们深信遵守规范是常态,所以,人们敢于根据相应的规范来预测并期待相应的行为。"[①]历史和实践也证明,只有在一个共同体有稳定的规范系统并且其成员能够信守规范的前提下,一个共同体才能存在和发展。

需要说明的是,规范只是预测人的行为的重要因素之一。人们不按照规范要求行事,不信守规范的事,也是司空见惯的。规范只是影响人心的因素之一,而人心才决定人的行为。我们的先哲早就深刻意识到人心的微妙难测,所谓"道心惟微,人心惟危"。预测他人的行为,必须考量规范之外的其他因素,如利益因素等。

3. 规范的类型[②]

(1)社会规范与自然规范(技术规范)

该分类是依据调整对象的不同而做的分类。社会规范是指调整人与人之间的规范。而自然规范是指调整人与自然关系的规范。自然规范中还有一类规范是技术规范,即调整人与自然力、劳动对象、劳动工具、劳动成果关系的规范[③]。

[①] 徐梦秋等著:《规范通论》,商务印书馆2011年版,第58页。

[②] 这部分内容参考了徐梦秋等的著作《规范通论》(同上)相关内容,对有些分类作了归并,对有些分类名称作了修改,如将目标性规范改为目的性规范,将先在性规范修改为构成性规范,将提倡性规范修改为倡导性规范,将操作性规范修改为工具性规范,并将肯定性规范、否定性规范并称为命令性规范,增加一种分类即命令性规范、倡导性规范和授权性规范等。

[③] 同①书,第61页。

社会规范还可以根据调整对象的不同分为调整个人与个人之间关系的规范(不得侮辱他人)、调整个人与群体之间关系的规范(不得损坏公物,这里的群体是国家或者集体)、调整群体与群体之间关系的规范(如反不正当竞争法、反垄断法就调整作为群体的公司与企业之间的关系)。社会规范还可以根据调整领域的不同,分为政治领域的社会规范、经济领域的社会规范和文化领域的社会规范。

自然规范从不同的角度也可以进行不同的分类。如根据对自然的分类,可以分为调整人与天然自然的关系的规范(打雷天气不得打手机)、调整人与人造自然的关系(不得践踏公园草坪)和调整人与人体自然的关系(女子宜藏,中医认为女子不应当衣着暴露)。根据对自然关系的不同,还可以分为人对自然适应关系的规范(天寒加衣、天热减衣)、人对自然改造关系的规范(水电站应当建在水流落差大的河流区域)、人对自然利用关系的规范(不能吃未经有效处理的河豚)和人对自然保护关系的规范(不可乱砍滥伐树木,不得过度放牧)。

自然规范中还有一类技术规范。如"火线进开关、零线进灯头",就是指导电工如何处理电力、开关和灯头关系的规范,以保证正确安装和电工人身安全。技术规范是人们在长期的科学实践和劳动实践中科学成果和实践经验的总结,是人们对自然的科学认识和人们价值目标相互结合的产物。

(2)目的性规范和工具性规范

根据目的和手段的分类标准,还可以将规范分为目的性规范和工具性规范。所谓目的性规范就是规定规范目的和目标的规范,其基本功能在于为人的行为提供目标和导向。如中华人民共和反不正当竞争法第1条就规定了该法的目的:"为了促进社会主义市场经济健康发展,制止不正当竞争行为,保护经营者和消费者的合法权益"[①]。中国共产党党

---

① 《反不正当竞争法》第1条。

章第 2 条规定:"中国共产党党员必须全心全意为人民服务,……为共产主义奋斗终生"①上述规范,均指明了行为主体的目的和价值取向。

为了实现规范所规定的目的,必须有相应的手段、程序和方法,后者就是工具性规范。从两者关系来看,工具性规范服务和从属于目的性规范,其功能和作用在于保障规范目的的实现。如反垄断法中针对垄断协议、滥用市场支配地位、经营者集中和滥用行政权力排除和限制竞争的具体规范相对于反垄断立法的目的而言就是工具性规范。还如,反不正当竞争法中,对针对具体不正当竞争行为的具体规范相对于反不正当竞争法的立法目的而言就是工具性规范。

(3) 构成性规范和后起性规范

根据规范与所调控行为、组织或者活动的先后关系、依赖关系,可以将规范分为构成性规范和后起性规范。

构成性规范是先于相应的行为、活动和组织而存在,是后者能够产生和存在的必要条件,是后者的构成性规则。如打牌规则、足球规则和其他游戏规则就是打牌、足球以及其他游戏活动得以开展的构成性规则,这些规则在先,并对游戏互动进行调控。还如,组织的活动规则或者章程在先,后组织依据活动规则或者章程而开展活动,这些活动规则或者章程是组织活动开展的基础和依据。

后起性规范则是行为存在在先,为了规束这些行为而产生的。比如垄断行为在前,反垄断法产生在后;不正当竞争行为在前,而反不正当竞争法在后。后起性规范的存在依赖于其所规束的行为;一旦被规束行为消失,则后起性规范也无存在必要。

(4) 倡导性规范、命令性规范和授权性规范

根据规范要求的强弱和态度,可以将规范分为倡导性规范、命令性

---

① 《中国共产党章程》第 2 条。

规范和授权性规范。

倡导性规范希望、提倡、鼓励人们做出或者不做出某种行为，但是并不强制人们做或者不做。如勤俭节约、国家鼓励捐资办学等等就属于倡导性规范。倡导性规范表明规范制定者期待人们努力或者追求的方向，即使未按照规范要求行为，也没有相应的否定性后果。

命令性规范是要求人们必须做出或者做出某种行为的规范。根据对行为态度的不同，可以分为两类，即肯定性命令规范和否定性命令规范。前者，要求必须做出某种行为，典型表达形式是"应当如何"，如"应当保守国家秘密""应当孝敬父母""国防资产处置应当经过批准"等等，都属于肯定性命令规范。肯定性命令规范的功能在于引起其所肯定的某种行为。与肯定性命令规范相反，否定性命令规范禁止人们做出某种行为，典型表达形式是"不应当如何""禁止如何""不得如何"，如"不得泄露国家秘密""广告不得损害国家尊严或者利益""音像制品禁止含有反对宪法基本原则的内容"等等，均属于否定性命令规范。否定性命令规范的功能在于抑制其所否定的行为。这两种规范，都指向人们应当履行的某种义务，也可称为义务性规范。

授权性规范是将是否做出某种行为的权利授予当事人，由当事人决定做与不做。该类规范以授权的方式表达，典型形式是"可以如何""有何种权利"，如"大学生在校期间可以结婚""18岁的公民有选举权和被选举权"等等。授权性规范规定的权利，当事人可以自主选择是否行使，其功能在于授予个人或者群体某种权利。

(5)强制性规范与非强制性规范

根据规范是否获得强制力量支持或者保障其实施，可以将规范分为强制性规范和非强制性规范。

强制性规范是通过强制性力量来保障实施的规范。法律是所有规范中强制性最强的规范，它以国家强制力包括有组织的暴力为后盾。

党内法规也是具有强制力保障的规范类型，违反党内法规要受到党的纪律制裁。这里需要说明的是，道德规范也是具有一定强制力作为保障的规范，其主要依赖个体良心和外在舆论压力为保障。在熟人社会和单位团体内，道德可以通过舆论压力保持强大的强制力。在陌生人社会，由于舆论压力的降低甚至几乎可以忽略，此种情况下，道德规范的强制力就下降。

非强制性规范是不以强制力为后盾或者保障的规范。这类规范的典型例子是倡导性规范。即使人们不做出倡导性规范所要求的行为，也不会受到强制从而实施规范要求的行为。

(6)框架性规范与依附性规范[①]

根据规范在场合和规范体系中的作用，可以将规范分为框架性规范和依附性规范。

所谓框架性规范是指构成场合或者规范体系的基础性、构成性规范，一旦取消这些规范，场合就会瓦解或者规范体系就会崩溃。框架的本义是指建筑物的基本结构，它决定了建筑物质量与寿命，抽调框架，则建筑物轰然倒塌。比如，在争上游中的场合中，胜出规范(即谁先走完牌，谁就胜出)就是框架性规范，如果取消了这一规范，则争上游的牌局就无法开展。争上游中的大小规范(确定牌大小的规则，规定了扑克牌之间的大小比较关系，如单张大王最大，双张对5最大，等等)和跟牌规范(跟牌规范决定了扑克牌之间的组合关系，如单张跟单张，双张跟双张，三带一跟三带一，四带二跟四带二等等)也属于框架性规范，如果取消了这些规范，牌局也就无法开展。框架性规范是作为场合的牌局能够正常进行的基础和前提条件，易言之，后者依赖前者。如果从框架

[①] 此一分类受启于俞江先生，参见俞江：《规则的一般原理》，商务印书馆2017年版，第204—206页。本书没有采用区分性规范的表述，而是新创了依附性规范的表述。

性规范在规范体系中作用而言,框架性规范构成了规范大厦的基础和结构,如果抽掉框架性规范,其他规范就成为无本之木、无源之水,整个规范体系的大厦就会倒塌。如对于一国法律体系而言,宪法规范就是框架性规范,其他规范都依附于宪法性规范,如果擅自原则性改变宪法规范或者否定宪法,则整个法律规范体系也必然发生改变,轻则受损重则崩塌。

依附性规范则是指,不是框架性的,其依附于框架性规范而存在,有助于框架性规范更好地发挥作用的规范。依附性规范就如同建成大厦中的隔离墙或者其他装饰物或者构造物,发挥隔离或者装饰等功能或者作用,也使大厦更加美观舒适,更好发挥大厦的整体功能和作用。在一国法律体系中,其他规范相对于作为框架性规范的宪法规范而言,就是依附性规范,其依附或者根据宪法规范而产生或者存在。相应的宪法规范不存在,其依附性规范也失去存在价值,必然被修改或者取消。

(二)规范陈述

如果从陈述的角度而言,立法论证的对象就是将来发生效力的规范陈述以及与规范陈述相关的陈述。所谓规范陈述就是主体应当为什么、可以为什么或者不为什么的陈述。规范陈述的显著标志是含有"应当"、"不得"、"禁止"等规范词,而且是针对一般主体行为的。无论是我们上面所说的立法涉及的基本制度或者基本议题,都体现为或者可以转化为规范陈述。如果将前述两个例子转换为规范性陈述就分别是:生产工业产品,应当取得许可;进行武器装备科研生产,应当取得许可。规范陈述的逻辑结构一般包含以下两个方面:一是逻辑常项,即应当、禁止等词;二是逻辑变项,即关于具体行为的规定,如保守国家秘密等。那么,在立法论证中涉及的陈述,除了规范陈述外,可能会涉及什么陈述?这几种陈述之间的关系是什么?如何从相关陈述推出规范陈述?

这是立法论证必须研究的重要问题。

如前所述,立法论证的对象之一是规范陈述。那么,除了规范陈述外,立法论证还涉及那些陈述？规范陈述从何而来？

规范陈述并非从空而来,而是有其实践依据。这一根据就是,规范或者规范陈述本身是为了解决实践中存在的社会问题,具有鲜明的实践指向。一方面,规范陈述的产生,必然要涉及规范陈述所针对的实践问题,而这一实践问题,一般可以用事实陈述加以表述。如北京存在交通拥堵就是一个社会实践问题,这一社会实践问题如果表述为事实陈述就是:北京市存在严重的交通拥堵。另一方面,规范陈述又与立法者对交通拥堵的评价相关。立法者如要通过立法解决交通拥堵问题,就要对交通拥堵作出评价。如果立法者认为,交通拥堵不利于人们生活和城市发展,那么就会得出"交通拥堵不利于人们生活和城市发展"的评价陈述。立法者综合以上关于交通拥堵的事实陈述和评价陈述,就可以得出应当对交通拥堵进行治理和规范的规范陈述,至于通过限制购买机动车还是通过征收拥堵费等手段已经是进行交通拥堵治理的具体规范手段了。从这个例子,可以得出初步结论,立法论证所涉及的陈述主要有三类:分别是事实陈述、评价陈述和规范陈述。①

二、立法论证对象涉及的陈述类型

以下,对这三种陈述进行详细分析,以为进一步分析如何从事实陈述推出评价陈述、从评价陈述推出规范陈述奠定基础。

---

① 孙伟平在《事实与价值》一书中,提出规范判断是从事实判断和评价判断中推导出来的。他认为,这由两个相互联系的过程构成,先有事实判断到评价判断,再由评价判断到规范判断。本人认为判断含义窄于陈述,不足以表述立法中所涉及的事实陈述、评价陈述和规范陈述,因此采用陈述的概念,而未用孙伟平的判断概念。参见孙伟平:《事实与价值——休谟问题及其解决尝试》,中国社会科学出版社 2000 年版,第 219—231 页。

(一)事实陈述

所谓事实陈述就是对现实状况进行描述和说明的陈述。因此,在此意义上,事实陈述也即是描述性或者说明性陈述。事实陈述具有以下几个方面的属性和特质。

首先,事实陈述是人们包括立法者对客观现实情况(客体)及其规律和本质的认识、描述与把握,其目的在于掌握客体的真实状况、规律和本质,因此,事实陈述是以真实认识客体为目的和指向的。对于事实陈述,如果是正确的,那么其对于所有人都具有普遍性。如北京市存在严重交通拥堵就是一个事实陈述,而这一事实陈述客观反映了北京市交通的真实情况,该陈述属于事实上的真理,它对于所有人都是成立的。

其次,事实陈述的目的在于达致对客观现实情况(客体)及其规律和本质的客观、全面的认识。因此,在对客体的认识过程中和结果上,都需要摒弃或者摆脱认识主体的主观情绪、情感、态度等主观和非理性因素,尽可能做到价值中立、情感中立。

再次,事实陈述的功能在于认知现实,关心的是客观现实的本来面目。事实陈述一般不涉及主体应当如何行为的问题。这一点与价值陈述构成了强烈的对比。如果说事实陈述关注事物是什么的问题,那么价值陈述则关心事物应当怎样的问题,具有理想性和超越性,体现了人们超越和变革现实的追求和志趣。

最后,事实陈述是具有真假的。判断事实陈述的真假,标准只有一个,那就是事实陈述是否与客观现实情况相符。如果与客观真实情况符合,就是真陈述;否则,就是假陈述。

(二)评价陈述

评价陈述就是指主体认为客体有无价值、有多大价值、有什么价值的陈述。评价陈述反映了主体的根本利益、需要和目的,往往以"……是好、善、有利等(反面就是坏、恶、有害等)的"之类的表述出现。评价陈述对于人们进行价值思考、价值判断和作出价值行为具有重要的指导和导向作用。如前文所述的交通拥堵不利于人们生活和城市发展就是一个评价陈述，表达了人们对交通拥堵的否定评价。

评价陈述可以分为一般评价陈述和优先评价陈述。一般评价陈述可以根据是否包含其他陈述分为简单评价陈述和复合评价陈述。简单评价陈述不包含其他判断，直接表达价值关系的陈述，如前述交通拥堵不利于人们生活和城市发展就是一个简单评价陈述。简单评价陈述通过连接词"并且"、"或者"、"如果……那么"等，将评价陈述和事实陈述、其他的评价陈述连接起来，可以构成复杂评价陈述，如交通拥堵不仅不利于人们出行，而且加剧空气污染。而优先评价陈述，则是主体对不同客体对于主体的价值的差异作出判断或者选择，如交通顺畅要比交通拥堵更加有利于人们的生活。当然，优先评价陈述也可以和其他事实陈述、评价陈述结合，构成复杂优先评价陈述。

（三）规范陈述

规范陈述是指对人们行为作出规定的陈述，该类陈述规定了人们应当做什么或者不做什么。如任何人都应当保守国家秘密，就是一个规范陈述。此类陈述一般包含应当、禁止或者不得等词语。此外还包含了对于具体行为模式的规定，如保守国家秘密等。

规范陈述对于人的行为具有导向作用。在行动之前，规范陈述主要通过引导或者约束行为来实现对行为的调节；而在行为之后，则成为评价行为的准则。当然，这种导向或者调节作用也不是截然分开的。就法律规范而言，当一种动机产生时，尽管此时行为还未发生，但是行为主体的行为动机必然要受到法律规范的调节；而行为产生后，对已发生行为的评价，必然也制约着行为主体将来发生的行为。

（四）评价陈述与规范陈述的关系

一般而言，规范陈述可以从评价陈述中推导出来，评价陈述需要转化为规范陈述来实现。易言之,规范之"应当"以"好"(有利于等)为基础(反之"不应当"以"不好"、不利等)为基础。正如德国哲学家舍勒所指出的:"凡是有价值(善)的,就是应当实现(应当做的)。"[1]如从吸烟有害身体健康的评价陈述中就可以推导出应当限制或者禁止吸烟的规范陈述。但是,由评价陈述转化为规范陈述也不应简单看成是一个简单的过程,规范并不总是能够及时、有效、适当地反映评价。如,囿于现实中复杂的原因,人们虽然长久认识到吸烟是有害健康的,但是却在长时间里难以通过立法来限制或者禁止吸烟,就充分说明了由评价陈述转化为规范陈述是一个复杂、曲折的过程。

由评价陈述转化为规范陈述,并不简单地是立法者思维过程的产物;从根本上而言,这个过程是一个社会实践的过程。在这个过程中,针对社会事实,不同价值立场的人们秉持不同的价值判断和选择,为更加符合其利益的理想和应然世界而斗争。在这个过程中,如果人们的价值立场一致,就容易达成共识;而如果价值立场不同,则容易陷入价值分歧与斗争,严重者甚至可能引起社会分裂。

第二节　立法论证思维过程

立法论证的思维过程,体现为主导和参与立法论证的主体运用陈述并通过推理得出结论的过程。这一思维过程普遍存在于所有参与立法论证的主体中。这一思维过程是抽离了在立法论证过程中的交互、论辩和对话的抽象、静态的思维过程。立法论证的思维过程在陈述构

---

[1] Max. Scheler, *Formalism in Ethics and Non - Formalism Ethics of Value*, Northwestern University Press, 1973, pp. 201—211. 转引自杨国荣:《人类行动与实践智慧》,三联书店 2014 年版,第 273 页。

成、逻辑结构和推理方式上呈现出共同的特征。这一思维过程的重要的共同特质就是，从事实陈述、评价陈述推出规范陈述，并提供理由予以论证。这一推理过程具体如何实现，具有怎样的结构，是本节所要解决的问题。通过揭示和说明这一结构和过程，将有助于立法者更加有效地、合乎逻辑地进行立法推理，有助于人们更加深刻地了解立法论证推理的过程，也有助于人们对立法者的推理过程进行批判和讨论。

前面所述的北京市交通拥堵的例子已经初步说明了，如何从事实陈述、评价陈述得出规范陈述。下面，我们需要结合这个例子和其他例子，进一步深入说明如何从事实陈述、评价陈述到规范陈述的推理过程、结构和推理方法，以此说明立法论证的思维结构和推理过程。

立法论证中立法者的推理又是一种实践推理。"实践推理可以分为大前提、小前提和结论三部分。大前提是行动者意图实现 p；小前提是 A 认为除了去做 a 之外，没有其他的方法可以实现 p。这时，A 就会使自己去做 a。对于立法而言，实践推理中的大前提中行动者就是立法者，意图就是立法者想要达到的立法目的；小前提中的 a 就是所拟采取的立法措施；结论就是为了实现相应立法意图，立法者采取相应立法措施。"[①]在这个推理过程中，立法者需要对采取的立法措施是实现立法目的的有效手段进行论证。而对此的论证，已经是在形成和论证规范陈述的过程中了。因此，在从事实陈述、评价陈述到规范陈述的推理过程中，还需要在规范陈述环节中研究规范目的和实现规范目的的手段的实践推理。

综上所述，立法论证的推理结构和过程可以分为如下几个相互续

---

① 颜厥安：《说明与理解——对 GH. von Wright 的方法论观点》，载《规范、论证与行动——法认识论论文集》，元照出版有限公司 2004 年版，第 147 页，转引自王锋：《由司法论证转向立法论证——中西比较视域下对我国立法论证的思考》，载《烟台大学学报》2015 年第 6 期，第 48 页。

接的环节和内容:从社会问题中归纳出事实陈述——对事实陈述进行评价得出评价陈述——由评价陈述得出规范陈述(在这个阶段还存在立法目的与立法手段之间的实践推理,并要论证立法措施是实现立法目的的有效手段)。这是立法论证思维过程的基本逻辑阶段和结构以及其相应的内容。当然,这只是一种初步的思考和分析,不免有不足和疏漏之处。但是,可以作为进一步丰富和完善的框架和基础。

一、从社会实践中归纳出事实陈述

我们当下居身其中的世界和社会,风险和不确定无处不在、无时不在。"生态安全、金融风险、食品安全等,已经成为不可回避的客观性事实,变成了悬在人们头上的利剑。"[1]上述风险和危机,已经不只是一些学者、专家的先知先觉,而是已经作为一种融入日常生活的存在,为普通民众所感知。"为了有效应对和解决上述问题,人们不仅从技术层面想方设法应对上述危机,同时也从制度层面为应对上述问题设计了防范风险和确保安全的制度。"[2]应当说法律制度已经成为人们约束和控制社会风险和冲突的不可缺少的手段和方式,用美国著名法学家庞德的话来说,就是法律已经成为现代社会实现社会控制的重要手段。[3]

面对纷繁复杂的社会问题,立法论证的第一步就是要从纷繁复杂的社会现象中发现需要立法解决的社会问题。在这个过程中,需要明确立法者所能通过立法解决的社会问题具有什么性质和范围?发现社会问题的逻辑方法是什么?

---

[1] 王锋:《制度与德性之间》,载《天涯》2014年第4期,第50—51页。
[2] 同上书,第51页。
[3] [美]庞德:《通过法律的社会控制》,沈宗灵译,楼邦彦校,商务印书馆2010年版,第14页。

（一）立法所要解决的社会问题的性质和限度

1. 立法所要解决的社会问题的性质

立法涉及政治共同体内社会成员的权利与义务、利益与负担、权力与责任等的分配。因此，立法所要解决的问题是具有一定社会普遍性的问题，不具有普遍性的个别、孤立事件与问题不能成为立法要解决的社会问题。考夫曼认为，"立法的任务就是对类型加以描述。类型是建立在一般与特殊间的中间高度，是一种相对具体的，一种在事物中的普遍性。类型化的思考源于法律的意旨及事物的本质。它们是立法以及法律发现程序的中介。"① 博登海默指出，"真正意义上的法律必须包含一般性的规则，而那些只处理个别和具体情势的措施不能被认为是法律或者立法机关创制的法令。"② 马克·范·胡克指出，"法律规范的一般性意指可适用于某一类型的事实情势。一般性就是指规则的主体或者规则适用的场合的数量而言。"③

从以上论述可以看出，立法应对的是一般性、类型化的问题，其所要实现的是普遍正义，不是涉及个案的个别正义。所谓普遍性问题必须是在国家和社会范围内普遍存在的影响国家和社会普遍利益、公共利益的问题。如，前述北京市乃至全国范围内存在的城市交通拥堵问题就是一个具有社会普遍性的问题，还如大气污染问题也是我国目前面临的普遍社会问题。这些问题之所以具有普遍性，乃是因为这些问题均已经影响到了国家和社会公共利益，对大范围的社会群体的生活

---

① ［德］亚图·考夫曼：《类推与事物本质——兼论类型理论》，吴从周译，颜厥安校，台湾学林文化事业有限公司1999年版，第192页。

② ［美］博登海默：《法理学——法哲学及其方法》，邓正来等译，中国政法大学出版社1999年版，第418页。

③ ［比］马克·范·胡克：《法律的沟通之维》，孙国东译，刘坤轮校，法律出版社2008年版，第132页。需要说明的是译本中将 category 译为范畴，不甚准确，我认为译为类型更为准确。

质量和身体健康等造成了不利影响和威胁。如果不通过立法的强制手段解决这些问题,必然要危及社会公共利益,损及政府的政治合法性,甚至危及其后代的生存。

2.立法所要解决的社会问题的限度

解决社会问题的手段,包括政策、道德、法律等不同的手段,也并非所有的具有普遍性的社会问题都适合通过立法手段解决。正如博登海默指出的那样:"虽然在有组织的社会的历史上,法律作为人际关系的调节器一直发挥着巨大的和决定性的作用,但在任何这样的社会中,仅仅依靠法律这一社会控制力量显然是不够的。"[①]许多社会问题,通过立法并不能产生良好的规制效果,而是适合通过其他的手段予以解决。如,中小企业因为经济下行导致利润减少、生存困难,这种情况下,就需要国家通过减税、减少收费等综合政策对中小企业给予政策上的支持。由于这种支持政策是暂时性、一定时间段内采取的,就不适合通过立法来解决,适合通过灵活及时的政策工具来解决此类社会问题。还如爱情等亲密关系也不是法律所能规范的领域,虽然由于爱情引发的社会问题也很多,但这一领域除非发生人身、财产侵害,否则法律对感情领域是无能为力,并不能用法律的强力保证、增进男女之间的爱情。这一领域是道德的领域,等等。因此,对立法解决社会问题的性质和限度要有充分的认识。

(二)由社会问题到事实陈述的逻辑方法:归纳与抽象

由于立法所要解决的社会问题是具有社会普遍性的问题。因此,由社会问题到事实陈述的逻辑方法就是归纳和抽象的方法。如对于北京市的拥堵问题,每个到过或者生活在北京的人是感同身受的。如果

[①] [美]博登海默:《法理学——法哲学及其方法》,邓正来等译,中国政法大学出版社1999年版,第357页。

要精确地分析北京市的拥堵问题,我们可以采取科学的方法和指标进行调查研究和统计分析。2013年底,北京市机动车保有量为543.7万辆,驾驶员822万人。"根据测算,每天有近500万辆机动车上路。根据中国社会科学院测算,交通拥堵每天造成的经济损失为4000万元,每年经济损失为146亿元。可以说交通拥堵不但影响到广大居民的正常出行,还影响到当地社会经济发展、环境保护等重大问题。"[①]根据经验感受、调查研究和数据分析,我们可以归纳、抽象并分析出北京市存在严重交通拥堵的事实陈述。这一事实陈述是对北京市交通状况的客观反映。这一陈述属于事实上的真理,对所有人都是有效的。

二、对事实陈述评价得出评价陈述

将社会问题归纳、抽象为事实陈述,实质上是对立法所要解决的社会问题进行高度归纳和抽象后的理性认识和客观反映。在获得事实陈述后,立法者所要做的是对事实陈述,进行价值评价和判断,进而得出评价陈述。这一过程中,需要介入立法者的价值判断。当在一个国家或者社会共同体内部,对相关社会事实持相同或者可以相容的价值立场时,则易于达成规范共识;而价值立场冲突或者对立时,则难以达成规范共识,这时,基于占优势地位的价值立场的规范选择会被拟制成为制度事实。其中,立法者的价值立场和选择必然影响到立法者对事实问题的价值评价,并可能因为价值评价的不同,得出立场截然相反的评价陈述。这里需要对立法中价值判断的性质、作用,以及其对立法者评价陈述形成的影响和作用进行深入的分析。本部分将结合美国婚姻家庭保护法案对不同的价值判断导致得出不同的评价陈述的过程和机制

[①] 参见朱明皓:《城市交通拥堵的社会经济影响分析》(北京交通大学博士学位论文,指导老师李学伟),引言第1页。

进行分析。

之所以选择美国婚姻家庭保护法案作为分析案例,主要考虑到,该法案的立法过程包含了共和党和民主党对于同性恋这一事实问题所持的对立的价值判断和价值立场,并充分展现了两党基于不同的价值立场和价值判断从而由相同的事实陈述得出不同评价陈述的机制和过程。在社会实践中,基于共同的价值共识即相同的价值立场和判断从而对社会事实作出相同的评价陈述,并得出相同的规范陈述的案例固然具有分析价值,但是相对于存在价值立场和价值判断冲突的案例要更加简单,不能充分展现在冲突价值判断和价值立场介入的情况下由事实陈述推导出评价陈述的复杂性。在此意义上,这一案例要比不存在价值立场和价值判断对立的案例更加具有分析由事实陈述推导出评价陈述的复杂性的价值。

(一)美国《保卫婚姻家庭法案》(Defense of Marriage Act)的概述和分析

1996年5月,美国《保卫婚姻家庭法案》被共和党提交国会,该法案禁止同性婚姻。共和党引入该法案的动机是赢得即将到来的国会和总统选举。1994年后,民主党失去了美国国会两院的多数党地位,共和党成为美国国会两院的多数党派。共和党确信作为其选票基础的社会保守力量不会受此法案影响,同时考虑到民主党整体上对同性恋表示认同和赞成,引入该法案可使民主党限于孤立,并在11月的选举中丧失成功机会。

民主党和共和党对禁止同性婚姻法案的争议的历史和社会背景是:兴起于20世纪50年代并在90年代壮大的同性恋运动,和出现于70年代并在80、90年代壮大的维护传统家庭价值的新宗教权利运动,两者之间势同水火,互不相容。同性恋运动争取同性婚姻的合法化,新宗教权利运动极力反对之。同性恋运动的参与者是民主党的支持者,而新宗教权利运动的参与者是共和党的支持者。

针对该法案的国会辩论,主要围绕是否允许同性婚姻合法化而展开,共和党和民主党议员进行了激烈辩论。此法案的支持者共和党议员认为,如果允许同性婚姻,必将会威胁已经式微的一夫一妻的传统婚姻制度。而法案的反对者民主党议员则认为允许同性婚姻,并不威胁传统婚姻制度,并对该法案的合宪性和在国会选举年提出该法案的动机提出质疑。该法案的争议中,概念的分歧和对实践论辩和协商而言必要的妥协的缺失表明了,在同性恋和异性恋的支持者及其代表这两者的政治力量之间缺乏认同,在社会力量的非对称关系中达成共识和妥协的条件难以生成。在该争议中,立法者并未就任何公共利益和公共之善达成共识,双方也未相互靠拢以达成妥协。

1996年9月22日,民主党的克林顿总统签署了该法案,该法案正式成为美国法律。①

需要说明的是,该法案已经被美国联邦法院以违宪为由否决。对这一法案发起挑战的第一个联邦最高法院的判决是"美国诉温莎案",2013年,联邦最高法院在该案判决中,"以五比四的票数裁决《保障婚姻家庭法案》第三条违反了美国宪法第五、第十四宪法修正案中的正当程序和平等保护条款,并认定该法案剥夺了同性恋者的自由,重新界定了婚姻概念,婚姻不再限定于异性之间。"②2015年6月26日,联邦最高法院在"奥博格费尔案"中,"又一次以五比四的票数裁决,根据宪法第十四修正案,同性恋具有结婚的权利。"③此案判决后,意味着一夫一

---

① 关于本法案,参见 Lynn Evette Clarke,"*Struggles for Definition in Legislative discourse:A Case Study of the Defense of Marriage Act 1996*",可访问国家图书馆数字资源外文数据库下学位论文。

② United States v. Windsor,133 S. Ct. 2675(2013).

③ Obergefflll v. Hodges,Opinion of the Court,pp. 3—28. 另见乔新生:《同性婚姻合法不会造成社会危机》,2015年7月1日《法制日版》第7版。杨向峰:《去政治化之后,同性恋全面合法》,2015年7月1日《21世纪经济报道》第4版。张喆:《美国怎样逐步认可同性婚姻》,2015年6月28日《东方早报》第A12版。

妻的传统婚姻制度在美国已经不再是唯一合法的婚姻制度。这无疑表明了美国社会在婚姻问题上的分裂。

(二) 如何从事实陈述得出评价陈述：价值立场和判断的介入

通过对美国《保卫婚姻家庭法案》的分析，我们已然发现不同的价值立场对于立法者产生的影响。美国国会两党议员基于对同性恋的不同价值立场，对同性恋婚姻问题作出了不同的价值评价，导致他们对保障婚姻家庭法案抱持不同的立场和态度，产生势同水火、互不相容的分歧和论争，并导致他们不能相互妥协达成认同。

如果深入分析，就同性恋事实层面的问题，两党议员并无实质分歧。原因是，如果没有两党对美国存在同性恋的事实问题的共同理解和认可，他们就不可能对同性恋婚姻问题进行讨论和辩论。也就是说，对美国社会的同性恋这一社会问题，无论是共和党还是民主党的国会议员而言，都是共同承认的事实，构成了两党议员对同性恋婚姻进行讨论和辩论的事实基础。因此，对于"美国社会存在同性恋"这一事实陈述，两党的国会议员是共同承认和认同的。

需要我们深入分析的是，为什么基于共同认同的事实陈述，却得出了不同的价值评价和选择。根源就在于共和党议员和民主党议员及其社会支持者，对同性婚姻所持的价值立场不同。如前所述，共和党的社会基础和支持群体比较保守，对同性恋婚姻持反对态度，其背后还有维护传统家庭价值的新宗教权利运动作为支撑；而民主党则在总体上比较开放和包容，对同性恋婚姻持支持态度，其后还有同性恋运动作为支撑。基于价值立场的不同，共和党得出了同性婚姻会威胁已经式微的传统婚姻家庭制度的评价陈述；而民主党则得出了同性婚姻不会威胁传统婚姻家庭制度的评价陈述。

通过以上的分析和叙述，已经清楚地显明和揭示了如何从事实陈述得出评价陈述的过程和步骤。其中，最关键的就是立法者（议员）价值立场和价值判断的介入。在价值判断和立场介入的情况下,立法者基于不同的价值立场对社会事实问题(表述为或者体现为事实陈述)作出了不同的价值评价,并由此得出了不同的评价陈述。

三、由评价陈述得出规范陈述

由事实陈述、评价陈述到规范陈述的立法论证思维过程的第三个环节是,从评价陈述到规范陈述。这一阶段的推理过程体现为,由评价陈述的好(不好)推出应当(不应当)。这一推理过程是在价值陈述层面进行的,与事实陈述已经属于不同的层面:前者属于应然、理想层面;后者属于实然、事实的层面。可以说正是通过评价陈述,才实现了从事实陈述层面的"是什么"跃升到"应该做什么(是什么)"。"如果"是什么"属于认知-理解层面,而"应该是什么(做什么)则属于追问存在的价值意义。"①

那么这一过程是如何实现的? 其推理模式如何?

(一) 从"好(不好)"到"应当(不应当)"的实践分析

从根本上而言,从"好(不好)"导出"应当(不应当)",即从评价陈述推出规范陈述,是作为主体的人在社会实践活动过程的实践选择。人们在具体、历史的社会实践中,根据自身需要、利益和目的,在对外在于自身的客体世界进行认知-理解形成事实陈述的基础上,会对事实陈述作出评价,形成评价陈述,并将评价陈述转化为以"应当(不应当)"为联结词的规范陈述,从而确定行为选择、规范行为方式。需要说明的是,并非所有被主体评价"好"的行为,一定都是主体应当从事的行为。如损人利己的行为,可能被一些主体认为是对自身"好"的行为,但却不是应当从事的行为,这其中体现了个体性价值与社会性价值的冲突。同

---

① 杨国荣:《哲学的视域》,三联书店 2014 年版,第 375 页。

时,也确实存在大量的"好"的行为,其中蕴藏着"应当"的理由和根据,有必要将此类评价陈述转化为规范陈述。这至少包括了以下几种情况(未必穷尽了所有此类情况):

一是从人类、社会共同体的根本需要、根本利益、根本目的出发,从人类永续存在的目的出发,被评价为"好"的或者"坏"的事情,不为此事或者为了此事,可能危及人类的根本利益和需要。在这种情况下,就应当为此事或者不为此事。试以一例言之,核武器是极具毁灭性的大规模杀伤性武器,现有世界上的核武器就足以毁灭地球数百次。如果不能有效控制和规范核武器的使用,自然会对人类的存续存在造成极大威胁或者毁灭性影响。因此,为了人类整体的根本利益和人类的存续存在,可以从核武器的使用对人类具有毁灭性影响这一评价陈述中推出,任何国家都应当禁止使用核武器的规范陈述。

二是在实现社会人民利益和国家利益等公共目的的过程中,受制于各种主客观条件,存在一种方法、一条途径能够实现这一目的,在这种情况下,此种手段或者方法就是应当的,人们别无选择,不采取这种方法,就不能实现相应目的。如,环境污染问题对人类的生存和发展构成了严重威胁,如果不采取环境保护的措施,必然危及当代和后代人的生存。甚至在一定意义上,环境保护是唯一的方法和手段,在这个意义上,进行环境保护就是应当做的行为。由此也可以得出应当进行环境保护的规范陈述,至于具体的环境保护手段和措施已经是在这个规范陈述之下的具体手段和措施。

三是如果行为实施必然对他人或者社会产生不良后果,并且实施与不实施此类行为除了产生不良后果外,其他情况均是相同的,那么就应当禁止实施此类行为。这也是从评价陈述推出规范陈述。如现实中吸毒等行为就是对自身或者社会造成不良后果的行为,对此类行为应当禁止。反之也成立。如果行为实施必然对他人或者社会产生良好后果,并且实施与不实施此类行为除了产生良好后果外,其他情况均是相同的,那么就应当实施此类行为。这也是从评价陈述推出规范陈述。

以上,仅仅有限列举了实践中几种可以从评价陈述推出规范陈述的情形,难免不周全,甚至挂一漏万。但是,已经可以证明人类的社会实践中存在大量的从评价陈述推出规范陈述的实例。

(二)从"好(不好)"到"应当(不应当)"的语言和逻辑分析

1.从"好(不好)"到"应当(不应当)"的语言分析

日常生活的语言中,我们可以发现大量的从"好(不好)"到"应当(不应当)"的例证。如从吸烟是有害健康的评价陈述,推导出不应当吸烟或者尽量减少吸烟(应当限制或者禁止吸烟)的规范陈述;从经常熬夜有损于身心健康的评价陈述,得出不应当经常熬夜(应当按时休息)的规范陈述;从适当运动有助于身体健康的评价陈述,得出应当适当进行体育锻炼的规范陈述,等等。应当说,日常生活中存在大量的从"好(不好)"到"应当(不应当)",即从评价陈述推导出规范陈述的实例。这样的例子不胜枚举,充分说明了在日常语言中,从评价陈述推出规范陈述是人们经常运用的推理方式。

在立法论证中,从评价陈述到规范陈述的推理逻辑与日常语言中的推理逻辑是完全一致的。如从北京市严重交通拥堵不利于市民生活和城市发展的评价陈述,我们可以推出应当对北京市严重交通拥堵问题进行规制的规范陈述。至于是采取限制购买机动车还是通过收取拥堵费或者采取其他手段已是采取规制的具体手段了。当然,采取这些手段也需要进行论证。

2.从"好(不好)"到"应当(不应当)"的逻辑分析

(1)语词分析

在许多情况下,虽然评价陈述中并没有出现评价陈述的相关词如

"好(不好)、有利(不利)、善(不善)"等词项,但是经过语词分析,就可以发现一些看似是事实陈述的陈述实际上可以转述为包含上述词项的评价陈述。如核武器的使用对人类具有毁灭性影响,初看起来是一个描述事实的事实陈述。但是,仔细分析,毁灭性影响就是评价,因此该陈述可以转述成"核武器的使用对人类极为不利(可能毁灭人类)"的评价陈述。基于此评价陈述,我们自然可以得出"应当禁止使用核武器"的规范陈述。

(2)推导的演绎模式

所谓推导的演绎模式,就是指从评价陈述推导出规范陈述的模式。那么为什么能够从评价陈述推出规范陈述,其推理结构是什么？我们以一个例子加以分析:

事实陈述:核武器是具有大规模杀伤力的毁灭性武器。

评价陈述:核武器的使用对人类极为不利(可能毁灭人类)。

严重后果:使用核武器,必将对人类造成毁灭性的后果。

规范陈述:应当禁止使用核武器。

从上述这个例子,我们可以看出,实质上在评价陈述中已经蕴含了对主体或者人类不利的后果,不符合主体或者人类的根本目的、需要。在上述例子中,为了避免核武器使用毁灭人类的后果,必须要避免使用核武器这种行为,因此对使用核武器的行为应当予以禁止。在此意义上,从评价陈述推出规范陈述是自然而然的,并且具有充分理由和理据。

(3)推导的归纳模式

归纳模式也是从评价陈述到规范陈述的重要推导模式。试以一例言之,如垄断行为危害市场正常竞争秩序和消费者利益(实质上这也是一个评价陈述),这是市场经济国家的经验和共识。而且,市场经济国家,如欧盟、美国、英国、日本、意大利、葡萄牙等国家都无一例外制定了反垄断方面的法律,对垄断行为加以严格规制。据此,由垄断行为危害市场正常竞争秩序和消费者利益的评价陈述,结合许多国家对垄断行为进行立法规制的现实,我们可以得出应当对我国垄断行为进行规制的规范陈述。

从上述分析,我们可以看出,所谓归纳模式,事实上蕴含了演绎模式的推理方式;与演绎模式不同的是,归纳模式在蕴含演绎模式的基础上增加了对现存经验的归纳,以之作为得出规范陈述的事实基础。可以说,归纳模式是融合了演绎模式和归纳逻辑的一种混合模式。

(三)规范陈述环节中以规范目的和规范手段为内容的实践推理

在规范陈述环节,还涉及规范目的和规范手段的实践推理。如前文所述,立法论证中立法者的推理属于实践推理。"实践推理可以分为大前提、小前提和结论三部分。大前提是行动者 A 意图实现 p;小前提是 A 认为除了去做 a(可能是多种方法)之外,没有其他的方法可以实现 p。这时,A 就会使自己去做 a。对于立法而言,实践推理中的大前提中行动者 A 就是立法者,意图 p 就是立法者想要达到的立法目的;小前提中的 a 就是所拟采取的立法措施;结论就是为了实现相应立法意图,立法者采取相应立法措施。"[①]在这个推理过程中,立法者需要对采取的立法措施是实现立法目的的有效手段进行论证。

规范陈述一般包含了立法目的,如前述应当对北京市交通拥堵进行规范和治理的规范陈述中,就包含了治理拥堵的立法目的。为了实现治理拥堵的目标,就需要采取相应的措施和手段。实践推理的功能就是要对立法措施或者手段对于实现立法目的的有效性和合理性进行

[①] 颜厥安:《说明与理解——对 GH. von Wright 的方法论观点》,载《规范、论证与行动——法认识论论文集》,元照出版有限公司 2004 年版,第 147 页,转引自王锋《由司法论证转向立法论证——中西比较视域下对我国立法论证的思考》,载《烟台大学学报》2015 年第 6 期,第 48 页。

论证。一般推理模式如下,以一个拥堵的例子解释之:

规范陈述:应当对交通拥堵问题进行规范和治理。

立法目的:治理(减少)交通拥堵

手段效用(有效性)论证:车辆保有量过大(造成拥堵的原因很多,只是原因之一)是造成交通拥堵的重要原因。(在现有条件下)减少或者限制车辆保有量的快速增长能够减少交通拥堵。如果不对车辆保有量进行限制,则会使拥堵状况更加恶化。

措施手段:减少或者限制车辆保有量的快速增长

结论:减少或者限制车辆保有量的快速增长是治理(减少)交通拥堵的有效手段。

如果将上述论证转化成实践推理,则具体推理如下:

大前提:立法者有一个治理(减少)交通拥堵的立法意图。

小前提:立法者认为减少或者限制车辆保有量的快速增长能够减少交通拥堵。

结论:为了治理(减少)交通拥堵,应当减少或者限制车辆保有量的快速增长。

从上述这个例子中,我们从逻辑上还原了北京市通过限购措施减少城市拥堵的论证逻辑。从中可以看出对于规范陈述中立法目的和立法手段之间的实践推理过程。通过显明这一过程,我们可以对立法者思维过程及其理据进行深入分析和阐明,也有利于人们对此作出批判和反思。只有通过深入分析和阐明,才能够使我们的立法更加具有理据支撑、具有理性基础;也才能使我们的立法符合国家利益和人民利益,有助于实现良法善治,为中华民族的伟大复兴提供可靠的制度支持和保障。

第三章 立法论证中的合宪性、合法律性、合政策性

第一节 立法论证中的合宪性

立法论证对于立法合宪性的证成,是宪法作为具有最高效力的母法的要求,也是立法机关和其他参与主体在立法论证中应当遵循的原则和要求。

一、立法合宪性的涵义

立法合宪性,顾名思义,就是立法要符合宪法规定、原则与精神,不得与宪法违背或者抵触。一切其他立法不得与宪法抵触。我国宪法对立法的合宪性作了明确规定。我国宪法规定,法律法规不得与宪法抵触[①]。德国基本法第20条第3款规定:"立法应受宪法秩序之限制,行政与司法应受法律与正义的约束。"[②]日本宪法规定:"本宪法为国家的最高法规,与本宪法条款相违背的法律、命令、诏敕以及有关国务的其他行为的全部或者部分,一律无效。"[③]

[①] 《宪法》第5条规定:"一切法律、行政法规和地方性法规都不得同宪法相抵触。"
[②] 《德国基本法》第20条第3款,参见[德]克里斯托夫·默斯顿:《德国基本法:历史与内容》,赵真译,中国法制出版社2014年版,第157页(德国基本法节选部分)。
[③] 《日本宪法》第98条,参见[日]芦部信喜:《宪法》(第三版,高桥和之增订),林来梵、凌维慈、龙绚丽译,北京大学出版社2006年版,第10页。

其他立法要符合宪法的规定、精神与原则,主要出于以下几个原因:一是在一国法律体系中,宪法具有最高效力。在现代法律体系中,各国宪法均规定了宪法的最高法律效力,并明确其他立法不得与宪法冲突。如果存在冲突或者抵触,相关立法就没有效力。二是维护国家法制统一的需要。一国法律体系的统一是以宪法规范为最高位阶的规范形成的规范体系。其他立法不得与宪法规范的规定、精神与原则冲突;如果存在冲突,就丧失效力,以此维护一国法律体系的统一。三是宪法实施的需要。其他立法遵循宪法而制定,就是对宪法精神与原则的具体化。宪法也因此得以融合在人们的生活世界、公共生活中,得以通过其他立法而实施。

二、立法合宪性证成的意义

依照我国《宪法》,相关立法不得与宪法冲突或者相抵触。事实上,这一规定赋予了立法机关在立法过程中的一项义务:即保证相关立法不能与宪法相冲突或者抵触。同时,《立法法》第3条规定,立法应当遵循宪法规定的原则。① 《行政法规制定程序条例》也规定:"制定行政法规应当符合宪法规定,并要求国务院法制机构将是否符合宪法作为对行政法规的重要审查内容。"② 从以上宪法、法律和行政法规规定来看,我国宪法、相关法律和行政法规对立法合宪性的规定十分明确。《中共中央关于全面推进依法治国若干重大问题的决定》也指出,"要使每一项立法都符合宪法精神,反映人民意志,得到人民拥护。"③ 如果要实现

---

① 《立法法》第3条规定:"立法应当遵循宪法规定的基本原则,以经济建设为中心,坚持社会主义道路、坚持人民民主专政、坚持中国共产党的领导、坚持马列主义毛泽东思想邓小平理论,坚持改革开放。"

② 《行政法规制定程序条例》第3条、第17条。

③ 《中共中央关于全面推进依法治国若干重大问题的决定》辅导读本,人民出版社2014年版,第9页。

上述目的,就需要立法机关在制定相关立法的过程中,对相关立法进行合宪性论证。通过对相关立法的合宪性论证,避免相关立法与宪法冲突或者抵触。

立法的合宪性证成,顾名思义就是对立法内容的合宪性的证明和论证,或者从相反的角度而言就是立法内容违背宪法的证明和论证。其意义主要在于以下三个方面:

首先,这是维护宪法作为一国根本法、母法,具有最高效力的法的需要。从内容上而言,其他法律、行政法规是为了保障贯彻宪法规定的基本制度。从效力上而言,其他法律、行政法规不得与宪法相抵触。因此,无论内容关系、效力关系上,其他法律、行政法规都必须符合宪法的精神、原则和内容,不得与宪法违背。为了保障法律、行政法规的合宪性,就需要在法律、行政法规的立法论证过程中对立法内容的合宪性作出论证。

其次,这也是宪法实施的需要。法律的生命在于实施,宪法自也不例外。而宪法实施的一个重要环节就是在立法论证中。通过对法律、行政法规合宪性的论证,宪法的精神、原则和内容得以在相关的法律、行政法规中得以显明、细化,并通过这些法律、行政法规的实施,从而使宪法精神与原则更加深入融合在人们的生活世界、公共生活和公共秩序中;另一方面,通过立法论证否证与宪法违背的相关制度和规范,防止与宪法相抵触的制度或者规范通过立法程序。宪法经此过程,不再是高不可及的天国圣器,而是由纸上的宪法成为活的宪法,成为构造一国人民良好生活秩序和政治秩序的纽带。在这个意义上,宪法才能够成为"人民的圣经"。

再次,这是维护一国法律体系协调统一的需要。一国的法律形成了以宪法为最高等级、最高权威的规范体系结构。为了维护一国法律体系结构的统一与协调,必然要求在法律、行政法规立法论证过程中进行合宪性论证,从而保证新的要成为一国法律体系构成部分的法律、行政法规的内容与宪法一致,而不是相互冲突、抵触。

因此,立法机关通过立法论证进行立法的合宪性证成,是维护宪法权威,促进宪法实施,维护一国法制统一的必然要求。

三、立法合宪性证成的分类

从立法论证证成合宪性的结果而言,立法的合宪性论证可以分为对立法合宪性的证明和否证。

(一)对合宪性的证明

对合宪性的证明,就是在一国宪法框架下,论证相关立法内容符合宪法,或者不违背宪法。

我国在2003年通过了《城市生活无着流浪乞讨人员救助管理办法》。要对该条例的立法进行合宪性论证,其核心内容就是要在我国宪法中为其寻找其立法依据,或者证明该立法不与我国宪法冲突。我国《宪法》第14条规定:"国家建立健全同经济发展水平相适应的社会保障制度。"[①]第21条规定,国家保护人民健康。[②] 第45条规定,公民有从国家获得物质帮助的权利。[③] 综合上述条文来看,国家应当对在困境中的公民进行一定保障或者物质帮助。而城市生活无着的流浪乞讨人员,显然属于陷于困境的人员,国家和政府自然有义务对其施以帮助救济。这是国家政府的责任,也是我国公民作为国家的成员应当享有的权利。因此,该管理办法的合宪性就通过上述论证

[①] 《宪法》第14条。
[②] 同①第21条。
[③] 同①第45条规定:"中华人民共和国公民在年老、疾病或者丧失劳动能力的情况下,有从国家获得物质帮助的权利。国家发展为公民享受这些权利所需要的社会保险、社会救济和医疗卫生事业。"

得以证立。

实质上,合宪性的论证就是要在宪法中为立法找到规范根据,或者证明立法不违背宪法。

(二)对合宪性的否证

对合宪性的否证,就是通过立法论证对相关立法或者其部分内容合宪性的否定,从而对相关立法或者其内容予以否定。

在《武器装备科研生产许可条例》草案立法审查①中,主管部门在送审稿中规定了对单纯从事武器装备科研的行为予以行政许可,即只有经过主管部门许可才能从事武器装备科研,否则就构成违法。对这一许可制度,国务院法制机构在立法论证过程中进行了合宪性论证。论证的结果是,如此规定,构成对《宪法》第47条规定的科研自由的侵犯,构成与宪法的抵触。具体论证理由是:我国《宪法》第47规定"我国公民具有进行科学研究的自由。"②科学研究是人类的一种高级智力活动,不应当人为划定禁区或者事先加以限制。只有在自由的环境下才有助于科研成果的孕育和产生。如果对科学研究进行预先许可,事实上构成了对宪法赋予公民的科研自由的侵犯。以此理由,说服了主管部门接受了论证意见,并同意对单纯进行武器装备科学研究的行为不设置许可。

四、立法合宪性的论证方式

立法的合宪性证明的推理,事实上是"以宪法规范(包括规定宪法原则和精神的宪法表述)为大前提,相关立法规范为小前提,结论为相关立法规范(小前提)是否符合宪法规范(大前提)的推理过程。

---

① 本案例是笔者工作中承办的行政法规。
② 《宪法》第47条。

正如一切推理均是从大前提合乎逻辑地推出结论,相关立法规范不能违背宪法规范这个大前提。"①从上述两个合宪性论证的案例来看,作为大前提的宪法规范可能不只涉及一个《宪法》条文。这一推理体现为作为大前提的宪法规范与作为小前提的相关立法或者部分规范两者关系的推理,结论是相关立法或者部分规范是否符合宪法规范。

(一)立法合宪性的论证方式

如果以《城市生活无着流浪乞讨人员救助管理办法》为例进行分析,就需要确定与之相关的大前提和小前提,并需要证明能够结合大前提、小前提,推出小前提符合大前提的结论,易言之,能够从大前提合乎逻辑地推出小前提。

大前提:大前提需要从《宪法》文本中发现。如前所述,综合我国宪法第 14 条②、第 21 条③、和第 45 条④规定来看,我们可以推出一个规范陈述:国家应当对在困境中的公民进行一定的保障或者物质帮助。

小前提:小前提需要对该管理办法加以概括转化而来。如果将该管理办法加以概括,转化为规范表述就是:国家应当采取一定的措施和办法对城市生活无着流浪乞讨人员进行救助。我们要证明该管理办法的合宪性,就转化为证明该规范陈述的合宪性。

大前提到小前提的推理:在大前提和小前提都已具备的情况下,我们需要做的就是证明小前提能够从大前提推出。这也就是证明两个规

---

① 张保生:《法律推理的理论与方法》,中国政法大学出版社 2000 年版,第 323 页。
② 《宪法》第 14 条规定:"国家建立同经济发展水平相适应的社会保障制度。"
③ 同上第 21 条规定:"国家保护人民健康。"
④ 同上第 45 条规定:"中华人民共和国公民在年老、疾病或者丧失劳动能力的情况下,有从国家获得物质帮助的权利。国家发展为公民享受这些权利所需要的社会保险、社会救济和医疗卫生事业。"

范陈述之间,也就是大前提对小前提的涵摄关系。由于规范陈述中的行为主体相同,因此需要证明大前提中的行为对象和行为方式包含了小前提中的行为对象和行为方式,基于此就可以证明小前提可以从大前提推出,也就是大前提涵摄小前提。

首先需要证明城市生活无着流浪乞讨人员属于在困境中的公民。显而易见,一般理解中的困境是指生活、工作等方面遭遇到的比较严重的困难。在城市中生活无着流浪乞讨当然属于在生活等方面陷入困境。而生活无着流浪乞讨人员也属于公民范畴。因此,城市生活无着流浪乞讨人员属于在困境中的公民。

其次,需要证明一定的保障或者物质帮助包括采取一定的措施和办法进行救助。从概念内涵和外延来看,保障和物质帮助显然包含了救助。

基于以上两点,国家应当对在困境中的公民进行一定的保障或者物质帮助,能够包含国家应当对城市生活无着流浪乞讨人员采取一定的措施和办法进行救助。易言之,大前提能够涵摄小前提。由此,《城市生活无着流浪乞讨人员救助管理办法》的合宪性得以证立。

可以将这一推理过程简化为以下形式:

大前提:国家应当对在困境中的公民进行一定的保障或者物质帮助。

小前提:国家应当对城市生活无着流浪乞讨人员采取一定的措施和办法进行救助。

结论:大前提涵摄小前提(合宪性得以证明)

(二)立法合宪性的否证方式

如果以对单纯从事武器装备科研的行为予以行政许可是否违宪为例进行分析,就需要确定与之相关的大前提和小前提,并能够证明小前提是对大前提的直接否定。

大前提：大前提需要从宪法文本中发现。我国《宪法》第 47 条规定："我国公民具有进行科学研究的自由。"[①]据此我们可以推出一个等值的规范陈述：国家不得干涉公民科学研究的自由。

小前提：经过主管部门许可后，公民才能从事单纯的武器装备科研。

大前提到小前提的推理：在大前提和小前提都已具备的情况下，我们仅需要证明主管部门的许可就是对公民科学研究的干涉，就可以证明其违宪。首先，我们需要证明主管部门的许可是国家的干涉行为。我们知道，所谓许可，就是不经允许或者批准，就不能从事相关行为。显然，主管部门的许可行为就是国家干涉行为。其次，显而易见，单纯的武器装备科研属于科学研究。

基于以上两点，对属于科学研究的单纯武器装备科研加以许可的行为显然是对科研自由的干涉和侵犯。易言之，小前提是对大前提的直接否定。

可以将这一推理过程简化为以下形式：

大前提：国家不得干涉公民科学研究的自由。

小前提：经过主管部门许可后，公民才能从事单纯的武器装备科研。

结论：小前提是对大前提的否定（合宪性得以否证）

综上论述，上述立法论证对合宪性的证明或者否证，仅仅显明了合宪性证明的逻辑推理过程。上述推理过程是凡要进行合宪性证明或者否证的主体，必须要遵循的逻辑思维过程：论证作为小前提的相关立法或者其规范内容能否从作为大前提的宪法规范中推理出来，如可，则合宪性成立；如否，则合宪性被否证。

---

① 《宪法》第 47 条。

第二节 立法论证中的合法律性

一、立法合法律性的概念

顾名思义,立法的合法律性就是拟制定的法律、行政法规①的规范内容要与已经生效的法律相互协调,不得抵触或者冲突。在此,法律取其狭义,仅指全国人民代表大会和全国人大常委会制定和颁布的法律。据统计,"截至2015年3月底,我国目前有有效法律241件。"②

立法的合法律性可以分为两种情况。一是如何处理制定过程中的法律与已经生效的法律之间的关系。我国《宪法》规定,国家机关应当遵守法律。③ 而我国立法机关无疑也要遵守法律。在立法过程中,除非经过法定程序修改法律,对已经生效的法律在立法过程中也需要遵守。因此,在立法论证中,一个基本原则是要保证拟制定法律和已经生效法律两者之间的协调和衔接,以维护法律体系的统一。在此过程中,立法机关需要维护已经生效的法律的权威。二是如何处理制定中的行政法规与已经生效的法律的关系。对于立法中如何处理制定中的行政法规与已经生效的法律的关系,我国法律有明确规定。我国《立法法》规定:"法律的效力高于行政法规。"④《行政法规制定程序条例》规定,

---

① 本文所研究的立法论证除了在导言及第二章中涉及地方立法、国外立法案例外,其他部分涉及我国的,限定于中央立法机关主导下对法律和行政法规的证成,不涉及国务院部门规章以及地方立法的立法论证。

② 参见国务院法制办公室编:《法律法规全书》,中国法制出版社2015年版,第十三版编辑说明。

③ 《宪法》第5条规定:"国家维护社会主义法制的统一与尊严。一切国家机关和武装力量、各政党和各社会团体、各企事业单位都必须遵守法律,任何组织和个人不得有超越法律的特权。"

④ 《立法法》第88条。

国务院法制机构在行政法规的审查修改过程中应当审查其是否符合法律规定。① 在这个过程中,立法机关要保证制定过程中的行政法规不得与已经生效的法律抵触或者冲突。

目前,我国依然存在比较严重的法律冲突现象。② 其中,重要的原因就是相关立法主体在立法论证中未能严格贯彻立法的合法律性原则,从而导致下位法与法律之间,或者法律与法律之间存在冲突和抵触。因此,就需要在理论上重视立法合法律性原则的重要意义和作用,在立法论证中严格遵循这一原则,从而最大限度地减少和防止法律冲突,保障法律体系的和谐统一。

二、立法合法律性证成的涵义和意义

立法合法律性的证成,就是立法机关在立法过程中证成拟制定的法律、行政法规的规范内容要与已经生效的法律相互协调,不相抵触或者冲突。其意义和作用主要在于以下两个方面:

立法合法律性的证成是保证一国法律体系统一协调的需要。我国《宪法》规定:"国家维护社会主义法制的统一与尊严。一切国家机关和武装力量、各政党和各社会团体、各企事业单位都必须遵守法律,任何组织和个人不得有超越法律的特权。"③而我国立法机关无疑也要遵守法律。在立法过程中,除非经过法定程序修改法律,对已经生效的法律,在立法过程中也需要遵守。这是维护我国法制统一和尊严的需要,

---

① 《行政法规制定程序条例》第17条规定:"国务院法制机构审查行政法规送审稿应当审查是否符合法律规定。"

② 许多学者对此进行了研究,如曲耀光:《论我国的立法冲突》,载《中国法学》1995年第5期;蔡定剑:《法律冲突及其解决途径》,载《中国法学》1999年第3期;董皞:《论法律冲突》,商务印书馆2013年版,第15页。

③ 《宪法》第5条。

也是遵守宪法规定的需要。

立法合法律性的证成是维护法律权威的需要。在我国法律体系中,法律的效力仅次于宪法。因此,其他法律、行政法规在制定过程中需要考虑其与已经生效的法律的关系。对于正在制定的法律而言,需要与已经生效的法律相互衔接协调;对于行政法规而言,则不得与已经生效的法律抵触。

无论是维护法律体系统一协调还是维护法律权威,都需要在相关法律、行政法规的制定过程中通过立法论证予以实现。

三、立法合法律性证成的分类和方式

（一）对拟制定法律相关规范内容合法律性的证成

拟制定法律相关规范的合法律性的证成,就是通过立法论证证成相关法律规范内容符合已经生效的法律的规定,与之不冲突、不抵触。试以2004年修改《公司法》[①]过程中如何论证相关公司法规范相对于"外资三法"[②]的合法律性为例言之。

2004年修改《公司法》的过程中,如何处理新修改的《公司法》的相关规范与外资三法的关系,是《公司法》修改中的重要问题。2004年,第十届全国人大二次会议共有96名全国人大代表提出了关于外商投资企业法和《公司法》关系的议案,提出应当对两者的关系进行协调和统一。对于立法机关而言,如何处理《公司法》与外资三法的关系实质上就是如何处理拟修改的《公司法》的相关规范的合法律(外资三法)性的问题。

经过立法机关研究论证,由于我国外商投资企业的三个法律之中

---

① 本案例是笔者工作中承办的法律。
② "外资三法"是指《中外合资经营企业法》、《中外合作经营企业法》和《外资企业法》。

包含了一些与公司组织结构和行为有关的内容，因此，外商投资企业三个法律与拟修改的《公司法》相关的立法冲突主要表现为两者对涉及公司组织结构和行为的事项作出不同规定，或者一方作了规定而另一方却没有规定，择要而言，主要表现在以下几个方面：

一是拟修改的《公司法》与外商投资企业法律关于监事会规定的不同。

根据我国1993年《公司法》的规定，"有限责任公司和股份有限公司应当设立监事会，只有股东人数较少或者规模较小的有限责任公司可以设一至两名监事，不设监事会。"[①]拟修改的《公司法》对有限责任公司和股份有限公司监事会的上述内容未作修改，并对其组成和机构等作了完善。而外商投资企业法中，《中外合资经营企业法》、《中外合作经营企业法》中没有监事会的规定；《外资企业法》没有关于企业组织机构的规定，由投资者根据其自身情况由企业章程自行设定。

二是拟修改的《公司法》与外资企业法律关于一人有限责任公司规定的不同。

拟修改的《公司法》拟对一人公司作如下规定："一个自然人只能投资设立一个一人有限责任公司。该一人有限责任公司不能投资设立新的一人有限责任公司。"[②]禁止一个自然人设立多个一人有限责任公司的规定，虽有强化资本充实，保护债权人利益的功能，但同时也是对个人投资的一种抑制。而《外资企业法》并没有对外国自然人投资设立的一人有限责任公司的数量进行限制。这是《外资企业法》吸引外资，鼓励外商来华投资的立法原则所决定的。

---

① 1993年《公司法》(1993年12月29日第八届全国人民代表大会常务委员会第五次会议通过自1994年7月1日起施行)第52条、第124条。

② 2004年公司法修改过程中的条文，后正式成为公司法条文(第59条)。

三是拟修改的《公司法》关于股份强制执行与外资企业法律关于股份转让的规定不同。

股份的强制执行,是指人民法院根据债权人的申请,依据有效的法律文书,对被执行人在公司中的股份所采取的一种强制转让措施。拟修改的《公司法》规定:"人民法院依照法律规定的强制执行程序转让股东的股权时,应当通知公司及全体股东,其他股东在同等条件下有优先购买权。其他股东自人民法院通知之日起满二十日不行使优先购买权的,视为放弃优先购买权。"[①]外商投资企业法关于股份转让的规定与公司法的规定不同,主要在于"外商投资企业股份转让需经主管机关审批,或者合营他方同意。"[②]股份的强制执行是公司股份转让的一种特殊情况,这种情况在外商投资企业法中并没有规定。

从立法历史来看,外商投资企业立法之所以与公司法存在一定的冲突,主要基于以下几个方面的原因:一是外商投资企业法与《公司法》的立法目的有所不同。改革开放初期,我国颁布的外商投资企业法,其主要目的在于吸引外资、促进经济快速发展。而1993年颁布的新中国第一部《公司法》,主要是为了推进国有企业改制和建立现代企业制度。因此,从立法史来看,不同立法目的在一定程度上导致了立法的冲突。二是囿于当时企业法制建设的状况。改革开放初期我国的企业立法是按所有制形式进行划分的,新兴的外商投资企业基于吸引外资的需要,需要建立一套区别于内资企业而又在国际上通行的公司制度。这也正是公司制度并非是通过《公司法》而是通过外商投资企业法律最早确立的原因。1979年,中外合资经营企业法颁布之时,正值中国进行改革开放和法制建设初期,企业的所有制形式构成了区分企业的主要依据

[①] 2004年公司法修改过程中的条文,后正式成为公司法条文(第73条)。
[②] 《中外合资经营企业法》第4条、《中外合作经营企业法》《外资企业法》第10条。

和标准,相应地形成了以所有制形式为基本框架,由相关法律、行政法规构成的企业法律体系,如《全民所有制工业企业法》《全民所有制工业企业承包经营责任制暂行条例》等。而外商投资的法律显然无法纳入我国当时的以所有制为基本框架的法律体系中,只能采取新的立法以规制外商投资相关问题。三是现行的外商投资企业法中规定了本应由《公司法》规定的内容。这是外商投资企业法与公司法产生冲突的表层原因。从法律体系的合理性来看,外商投资的法律应当是一部规范外国投资行为的法律而非企业组织法,其所规范的对象是外商投资行为,其重点是对资本的规制,而不应当包含外商投资企业的设立、组织机构、运行规则等公司组织结构方面的内容。

经过立法机关研究论证,考虑到外商投资企业立法涉及我国对外开放的基本国策,同时协调两者的关系涉及众多的有关外商投资的法律和行政法规的修改,新公司法仅对三资企业法和公司法的关系问题作了协调性的原则规定:"外商投资的有限责任公司和股份有限公司适用公司法,但是,有关外商投资的法律另有规定的,从其规定。"[1]经过立法机关论证的规定,协调了拟修改的公司法相关规范与外资三法的关系,防止了立法冲突的出现,保证了拟修改的公司法相关内容的合法律性。这一规定,在国务院常务会议、全国人大常委会审议中均予维持,并成为公司法的正式内容。

(二)对拟制定行政法规相关规范内容合法律性的证成

《行政法规制定程序条例》规定,国务院法制办在行政法规审查修改过程中应当对其是否符合法律进行审查。[2] 这就要求,立法机关必

---

[1] 2004年公司法修改过程中的条文,后正式成为2005年正式颁布的公司法条文(第218条)。

[2]《行政法规制定程序条例》第17条:"国务院法制机构审查行政法规送审稿应当审查是否符合法律规定。"

须在立法过程中,对行政法规规范内容的合法律性进行论证。这实质上也是一个以相关法律规范为大前提,拟制定行政法规规范内容为小前提,证明小前提不违反大前提的过程;如果存在违反的情况,则需对相关内容进行修改以符合法律规定。试以两个例子加以说明。

1. 相关行政法规表述的合法律性论证

2005年通过的《公务员法》取代了已经1993年通过并施行的《国家公务员暂行条例》,并将暂行条例中对公务员惩戒措施的"行政处分"修改为"处分"。但是,一些行政法规的送审稿仍然在法律责任部分中对公务员的法律责任规定了"行政处分"的惩戒措施。这种表述(小前提)显然与公务员法(大前提)直接冲突、抵触。立法机关通过审查论证,将相关表述修改为"处分",保证了相关行政法规在相关表述上与法律一致。

2. 军工关键设备设施处置制度的规范内容与国防法相关条文的合法律性论证

《军工关键设备设施管理条例》①草案审查过程中,为了加强对处置军工关键设备的管理,防止占有、使用单位擅自处理军工关键设备设施,造成国防能力的削弱,草案曾规定:"国家对用于武器装备总体、关键分系统、核心配套产品科研生产的军工关键设备设施的处置实行审批管理。企业、事业单位拟通过转让、租赁等方式处置上述军工关键设备设施的,应当报经国务院国防科技工业主管部门批准。"②在审查过程中,需要对该规定是否符合国防法第三十九的规定进行论证。国防法第39条规定:"未经国务院、中央军事委员会或者国务院、中央军委授权的机构批准,国防资产的占有、使用单位不得改变国防资产用于国防的目的。"③国防资产根据国防法第37条的规定,是指"国家直接投

---

① 本案例是笔者工作中承办的行政法规。
② 军工关键设备设施管理条例草案曾经规定的条文。
③ 《国防法》第39条。

资形成的武器装备、设备设施等国防资产。"①论证军工关键设备设施上述处置制度的合法律性,就是要证明作为小前提的上述处置制度是否符合大前提的国防法 39 条、第 37 条规定。

　　大前提:未经国务院、中央军事委员会或者国务院、中央军委授权的机构批准,国防资产的占有、使用单位不得改变国家直接投资形成的国防资产用于国防的目的。

　　小前提:国务院国防科技工业主管部门对用于武器装备总体、关键分系统、核心配套产品科研生产的军工关键设备设施的处置实行审批管理。

　　大前提到小前提的推理:在大前提和小前提都已具备的情况下,我们需要做的就是证明小前提是否符合大前提。

　　首先,就审批主体而言,这些具体的事宜不宜由国务院、中央军委直接承担。由国务院国防科技工业主管部门来承担,是符合其职责的,也符合国防法规定的国务院、中央军委授权的机构的规定。

　　其次,通过转让、租赁等形式处置国防资产的行为本身属于改变其用于国防的目的。国防资产一旦转让、租赁,就可能用于非国防目的,自然是对于国防资产用于国防目的的改变。因此,通过转让、租赁等形式处置国防资产,自然需要审批。应当通过审批行为,对此种行为进行控制。

　　最后,关键的问题是审批的范围。国防法规定只对改变国家直接投资形成的国防资产用于国防目的的处置行为进行审批,而军工关键设备设施管理条例草案相关处置制度的审批范围是用于武器装备总体、关键分系统、核心配套产品科研生产的军工关键设备设施。这显然超越了国防法的范围,其不仅包括了国家直接投资形成的,也包括了非

---

① 《国防法》第 37 条。

国有资本投资的军工关键设备设施。按照国防法,并没有将非国有资本投资形成的设备设施纳入国防资产。因此,显然,从以上论证可以看出,军工关键设备设施管理条例在审批范围上违反了国防法的相关规定。

可以将这一推理过程简化为以下形式:

大前提:未经国务院、中央军事委员会或者国务院、中央军委授权的机构批准,国防资产的占有、使用单位不得改变国家直接投资形成的国防资产用于国防的目的。

小前提:国务院国防科技工业主管部门对用于武器装备总体、关键分系统、核心配套产品科研生产的军工关键设备设施的占有、使用单位通过转让、租赁等方式处置实行审批管理。

结论:小前提不符合大前提(合法律性被否证)。

因此,国务院法制机构与主管部门对军工关键设备设施处置制度的表述作了修改:"国家对使用国家财政资金购建的用于武器装备总体、关键分系统、核心配套产品科研生产的军工关键设备设施的处置实行审批管理。企业、事业单位拟通过转让、租赁等方式处置上述军工关键设备设施的,应当报经国务院国防科技工业主管部门批准。"[①]这样作了修改后,就不是对所有用于武器装备总体、关键分系统、核心配套产品科研生产的军工关键设备设施的处置实施审批,而是仅限于其中使用国家财政资金购置的进行审批,如此,就保证了军工关键设备设施处置制度的规定与国防法的相关规定一致(即其合法律性)。修改后的表述,在经过国务院常务会议审议后,成为军工关键设备设施管理条例内容。

---

① 军工关键设备设施管理条例草案曾经规定的条文,经过立法审议后成为条例正式条文(第16条)。

综上论述,上述立法论证对合法律性的证明或者否证,仅仅显明了合宪性证明的逻辑推理过程。上述推理过程是凡要进行合法律性证明或者否证的主体,必须要遵循的逻辑思维过程,其目的是为了保证拟制定法律、行政法规草案与现行法律相互协调。

第三节　立法论证中的合政策性

在我国,中国共产党最重要的领导国家政权的方式就是制定政策。按照政策制定主体的不同,可以将政策分为党的政策和国家政策。党的政策就是党中央制定的政策。"国家政策是国家最高立法机构、行政机构和司法机构制定的政策"。[1] 如《中共中央关于加强和改进党的执政能力建设的决定》就属于党的政策,而《国务院关于推进资本市场改革开放和稳定发展的若干意见》就属于国家政策。相关立法应当符合这两类政策。

党的政策和国家政策是"党和国家依据一定历史时期的客观形势和社会发展规律制定的方针、路线和原则。"[2]在实践中,中国共产党对立法工作领导的重要方式,就是通过制定方针政策,并使之通过立法程序转化为国家立法。这一过程既是政策上升为法律的过程,是体现党的主张和人民意志的过程,也是通过立法完善政策的过程。中国共产党十八届四中全会《中共中央关于全面推进依法治国若干重大问题的决定》提出:"坚持党领导立法,善于使党的主张通过法定程序成为国家意志,凡立法涉及重大体制和重大政策调整的,必须向党中央报告。"[3]

---

[1] 李敏:《民法上国家政策之反思》,载《法律科学》2015 年第 3 期,第 98 页。
[2] 陈俊:《政党与立法问题研究——借鉴与超越》,人民出版社 2008 年版,第 127 页。
[3] 《中共中央关于全面推进依法治国若干重大问题的决定》辅导读本,人民出版社 2014 年版,第 19 页。

这是对立法和政策关系的重要论述,肯定了重大政策的更高权威,意味着立法不得与重大政策冲突。为了保证在立法中贯彻党的政策,防止立法与政策冲突,在政策上升为立法的过程中,就需要立法机关通过立法论证对立法的合政策性进行证成。

一、合政策性的概念和依据

立法合政策性是指,拟制定的法律、行政法规的相关规范内容要符合相关政策。立法要符合政策,是实现和维护中国共产党对立法领导的要求。

首先,这是宪法和立法法的明确要求。宪法和立法法已经确认了中国共产党对于立法工作的领导地位。宪法序言作了表述:"中国新民主主义革命的胜利和社会主义事业的成就,是中国共产党领导……中国各族人民将继续在中国共产党领导下,……"[1] 2000 年颁布实施 2015 年修改的《立法法》第 3 条规定,立法应当坚持中国共产党的领导。[2] 宪法和立法的上述规定确认了中国共产党对于立法工作的领导地位。在实践中,中国共产党对立法的领导的重要方式之一就体现为中国共产党通过制定方针政策并使之通过立法程序转化为立法。在这个过程中,立法机关应当对立法的合政策性进行论证,即立法机关要论证相关立法内容要符合政策或者具有政策依据。

其次,这是党章的明确要求。《中国共产党党章》明确规定,"党的领导主要是政治、思想和组织的领导。"[3]因此,党对立法工作的领导也可以分为政治领导、思想领导和组织领导。"所谓政治领导就是,通过

---

[1] 《宪法》序言。
[2] 《立法法》第 3 条。
[3] 《中国共产党党章》总纲部分,载《党的十八大文件汇编》,党建读物出版社 2012 年版,第 57 页。

制定路线、方针和政策,将党的政策和主张通过立法程序上升为法律,通过党的政策的法律化实现党的领导。党的思想领导,就是通过马列主义、毛泽东思想、邓小平理论、三个代表重要思想等与时俱进中国化的马克思主义指导立法工作。党的组织领导就是向国家机关推荐本党党员,并对国家立法机关本党党员和国家立法机关内部的党组织实施领导,保证党的路线、方针和政策的贯彻实施。"①为了实现和维护党的领导,立法机关应当审查立法的合政策性,并对之进行论证,保证相关立法符合相关政策。

二、立法合政策性证成的分类和方式

立法合政策性的证成,就是通过立法论证证成拟制定的法律、行政法规的相关规范内容符合相关政策,或者根据相关政策对相关立法进行修改或者废止。立法机关为了保证党的政策能够通过立法程序转化为法律,保障立法与政策不冲突,有必要将合政策性纳入立法机关立法论证的内容。同时,这也是立法机关在立法实践中应遵循的原则。

立法的合政策性证成依据内容,可以分为法律的合政策性证成和行政法规的合政策性证成。以下结合相关立法分别论述。

（一）法律的合政策性证成

法律的合政策性证成,就是立法机关要论证拟制定的法律与相关政策符合,或者具有相关政策依据,或者根据相关政策对相关立法进行修改或者废止。试以 2004 年修改的《公司法》②为例言之。

2004 年的修改公司法,其政策依据主要是依据党的十六大精神、

---

① 陈俊:《政党与立法问题研究——借鉴与超越》,人民出版社 2008 年版,第 126 页。
② 本案例是笔者工作中参与承办的法律。公司法修改工作于 2004 年 4 月由国务院法制机构正式启动,于 2004 年 12 月 28 日由国务院作为议案提交全国人大常委会审议,2005 年 10 月 27 日第十届全国人大常委会第十八次会议修订通过。

《中共中央关于加强和改进党的执政能力建设的决定》和《国务院关于推进资本市场改革开放和稳定发展的若干意见》。修改过程中,立法机关对许多条文均根据十六大以及相关文件精神进行了修改,保证了相关修改内容的合政策性。

1. 根据十六大关于"贯彻民营经济与国有经济共同发展和公平竞争"①的政策方针,对原《公司法》一些不平等的条文进行了论证修改。由于原《公司法》是1993年制定的,该法在坚持股东平等原则方面,还是存在重国有、轻民营的色彩。如原公司法第75条规定,股份有限公司的发起人为5人,同时允许国有企业改制为股份有限公司时发起人可以少于五人。② 又如1993年公司法第152条规定:"股份有限公司申请股票上市的必备条件是,开业三年以上,最近三年连续盈利;但同时涉及国有企业依法改建而设立的,或者本法实施后新组建成立的,其主要发起人为国有大中型企业的,可以连续计算。"③等等。这些规定,显然存在对非国有经济的不平等待遇。立法机关根据十六大精神关于民营经济与国有经济共同发展和公平竞争的政策方针,经过慎重论证,修改了相关规定。

2. 为贯彻以人为本的科学发展观,2004年修改的《公司法》增加规定了公司的社会责任。以人为本的科学发展观是引入公司社会责任的政策依据。所谓公司社会责任就是,强调公司在追求营利性和股东利益的同时,应当考虑其他社会利益如职工利益、消费者利益、债权人利益、当地社区利益、环境利益、社会弱者利益以及人民利益。公司履行

---

① 《全面建设小康社会,开创中国特色社会主义事业的新局面》(党的十六大报告),载《十一届三中全会以来党和国家的重要文件选编》,中共中央党校出版社2008年版,第455—456页。
② 1993年《公司法》第75条。
③ 同上第152条。

社会责任就是公司经营以人为本的体现。当年,一些全国人大代表提出了规定公司社会责任的意见和建议,如上海代表团王午鼎等31名代表提出,应当强化公司的社会责任,建议明确要求公司"保护和增进公司股东之外其他利害关系人的利益",也可将强化公司社会责任的理念列入公司法的立法宗旨;吉林代表团孟祥杰代表提出,应当既强调公司的营利性和股东利益最大化,也要强调公司的社会责任,在考虑股东利益之外,应当考虑其他社会利益如职工利益、消费者利益、债权人利益、当地社区利益、环境利益、社会弱者利益以及人民利益。基于以上考虑,修改的公司法增加了公司应当承担社会责任的规定。这是我国法律首次规定公司的社会责任。立法机关不仅在总则中增加了公司社会责任的原则性规定,同时还在修改的公司法的具体条款中体现了公司社会责任的精神和原则。通过这些规定,贯彻了党的十六大关于以人为本的科学发展观精神。

3. 根据党的十六大关于"要形成与社会主义初级阶段基本经济制度相适应的思想观念和创业机制,营造鼓励人们干事业,支持人们干成事业的社会氛围,放手让一切劳动、知识、技术、管理和资本的活力竞相迸发,让一切创造社会财富的源泉充分涌流,以造福于人民"[①]的精神,立法机关经过论证,在修改的《公司法》中增加了以下规定:一是修订的《公司法》增加了一人公司的规定。原1993年公司法不允许设立一人公司。立法机关经过论证,不允许设立一人公司是对投资的限制,不利于促进投资,这显然与十六大关于放手让资本活力迸发的精神相悖。同时,世界大多数国家《公司法》均允许设立一人公司。为此,2004年

---

① 《全面建设小康社会,开创中国特色社会主义事业的新局面》(中国共产党十六大报告),载《十一届三中全会以来党和国家的重要文件选编》,中共中央党校出版社2008年版,第449页。

修改的《公司法》增加了一人公司的规定。二是修改了出资方式的规定。原1993年《公司法》对出资方式进行了限制,仅限于"货币、实物、工业产权、非专利技术和土地使用权"①,这一规定显然已经不能囊括财富的各种形态。2004年修改的《公司法》,根据十六大精神,让一切资本等活力迸发的精神,扩大了出资形式,规定只要"财产具有货币价值并可以依法转让"②,就可以出资。

4. 按照《中共中央关于加强和改进党的执政能力建设的决定》关于"加强和改进党的基层组织建设"的要求,并根据有关部门的意见,2004年修改的《公司法》将1993年公司法第17条修改为:"在公司中,根据中国共产党章程的规定,设立中国共产党的组织,开展党的活动。公司应当为党组织的活动提供必要条件。"③

5. 国务院2004年1月31日发布了《国务院关于推进资本市场改革开放和稳定发展的若干意见》。其中要求,"要规范上市公司运作。完善上市公司法人治理结构,按照现代企业制度要求,真正形成权力机构、决策机构、监督机构和经营管理者之间的制衡机制。强化对董事和高管人员的诚信责任,进一步完善独立董事制度。"④立法机关根据这一要求,在2004年新修改的《公司法》中,增加了上市公司组织机构的特别规定,并规定了独立董事、董事会秘书、关于高级管理人员的义务和责任、重大资产处置和担保,以及关联交易等五个方面的规定。

以上,仅是列举了立法机关根据十六大报告、《中共中央关于加强和改进党的执政能力建设的决定》和《国务院关于推进资本市场改革开

---

① 1993年《公司法》第24条、第80条。
② 见2005年正式颁布后的《公司法》第27条、第83条。
③ 同上第19条。
④ 《国务院关于推进资本市场改革开放和稳定发展的若干意见》(国务院2004年1月31日发布)。

放和稳定发展的若干意见》精神,经过研究论证,对1993年《公司法》所做的修改,充分表明了立法机关在法律的立法论证中要保证立法的合政策性。

上述内容,在国务院常务会议、全国人大常委会审议中均予维持,并成为公司法正式内容。

(二)行政法规的合政策性证成

行政法规的合政策性证成,就是立法机关要论证拟制定的行政法规要与相关政策符合、具有相关政策依据,或者根据相关政策对相关立法进行修改或者废止。试以个体工商户条例和《中外合资经营企业合营各方出资的若干规定》、《〈中外合资经营企业合营各方出资的若干规定〉的补充规定》的废止①言之。

1. 个体工商户条例的合政策性证成

个体工商户条例修改的主要政策依据是2005年2月19日国务院颁布的《国务院关于支持和引导个体私营等非公有制经济发展的若干意见》(国发[2005年]3号)。根据该文件,立法机关经过研究论证,对原《城乡个体工商户管理暂行条例》的相关内容进行了修改和完善。

(1)立法机关根据"鼓励和引导个体经济发展,消除影响非公有制经济发展的体制性障碍"的精神,修改了原暂行条例的限制性规定:一是取消对个体工商户从业人员的人数限制。原暂行条例第4条规定,个体工商户最多可以雇佣七人。② 经多次征求有关部门、地方政府、基层工商所、税务所以及专家学者等各方面意见,并反复研究,取消了对

---

① 这两个案例是笔者承办的行政法规。
② 《城乡个体工商户管理暂行条例》第4条:"个体工商户,可以个人经营,也可以家庭经营。个人经营的,以个人全部财产承担民事责任;家庭经营的,以家庭全部财产承担民事责任。个体工商户可以根据经营情况请一二个帮手;有技术的个体工商户可以带三五个学徒。"

个体工商户从业人员的人数限制。这有利于扩大社会就业，改善人民生活。二是放宽能够从事个体工商户的主体范围。原暂行条例规定将从事个体工商户的人员限定为"有经营能力的城镇待业人员、农村村民以及国家政策允许的其他人员"①，事实上限制了上述人员以外的人登记为个体工商户，限制了就业。如果放开，能够使这部分原来被限制的人员从事个体工商户经营，自然有助于社会经济发展和促进就业。三是取消管理费。原暂行条例规定："个体工商户应缴纳管理费。"②取消收费减轻了个体工商户尤其是个人或者家庭经营小规模的个体工商户的经济负担，也有助于这些个体工商户的发展，有利于社会经济发展。

（2）根据"贯彻平等准入、公平待遇"的原则，取消了对经营范围的限制，扩大了个体工商户的经营范围。原来的暂行条例规定，个体户可以从事法律和政策允许的相关行业。③ 事实上对个体工商户从事范围构成了限制。立法机关根据贯彻平等准入、公平待遇的原则，允许非公有资本进入法律法规未禁止进入的行业和领域的精神，取消了对经营范围的限制，赋予个体工商户从事法律、行政法规禁止进入的行业之外的所有行业，扩大其从业范围。这一制度措施，使个体工商户扩张其经营范围，有助于社会经济发展。

（3）根据"加大对非公有制经济的财税金融支持、完善对非公有制经济的社会服务"的精神，完善了对个体工商户的支持服务措施。根据上述精神，为了充分发挥个体工商户服务经济社会发展和扩大就业的重要作用，立法机关经过研究论证，设定了以下政府、有关部门和金融机构对个体工商户的支持和服务措施：一是地方人民政府和县级以上

---

① 《城乡个体工商户管理暂行条例》第2条。
② 同上第13条。
③ 同上第3条规定："个体工商户可以在国家法律和政策允许的范围内，经营工业、手工业、建筑业、交通运输业、商业、饮食业、服务业、修理业及其他行业。"

人民政府部门应当为个体户提供技能培训、社会保险等方面的服务;二是登记机关和相关行政机关应当为个体工商户提供行政许可方面的服务;三是个体工商户可以在银行等金融机构开立账户、申请贷款,金融机构应当为其提供便利。①

以上列举了立法机关根据《国务院关于支持和引导个体私营等非公有制经济发展的若干意见》(国发[2005年]3号),经过研究论证,对原《城乡个体工商户暂行条例》的相关内容所做修改,充分表明了立法机关在行政法规的立法论证中要保证立法的合政策性。上述内容经国务院常务会议审议后,成为个体工商户条例的正式内容。

2.《中外合资经营企业合营各方出资的若干规定》、《〈中外合资经营企业合营各方出资的若干规定〉的补充规定》废止的合政策性证成

在合政策性证成中,还有一类特殊的情况就是,根据相关的政策规定废止与政策冲突的相关法律或者行政法规。2014年2月,国务院发布的《注册资本登记制度改革方案》(国发[2014]7号)明确提出,"取消对注册资本最低限额、股东出资缴付期限、首期出资比例和货币出资比例的限制,注册资本实缴登记制改为认缴登记制。"②而《中外合资经营企业合营各方出资的若干规定》、《〈中外合资经营企业合营各方出资的若干规定〉的补充规定》依然规定了出资缴付期限和首期出资比例的内

---

① 《个体工商户条例》草案相关条文:"一是地方各级人民政府和县级以上人民政府有关部门应当采取措施,在经营场所、创业和职业技能培训、职业技能鉴定、技术创新、参加社会保险等方面,为个体工商户提供支持、便利和信息咨询等服务;二是登记机关和有关行政机关应当在其政府网站和办公场所,以便于公众知晓的方式公布个体工商户申请登记和行政许可的条件、程序、期限、需要提交的全部材料目录和收费标准等事项,并为申请人提供指导和查询服务。三是个体工商户可以凭营业执照及税务登记证明,依法在银行或者其他金融机构开立账户,申请贷款,金融机构应当改进和完善金融服务,为个体工商户申请贷款提供便利。"已成为条例正式条文(第6条、第15条、第19条)。

② 《注册资本登记制度改革方案》(国发[2014]7号)。

容。如《中外合资经营企业合营各方出资的若干规定》第 4 条规定了合营各方的出资缴付期限和首次缴付比例。① 《〈中外合资经营企业合营各方出资的若干规定〉的补充规定》第 1 条规定了外国企业收购国内企业资产或者股权缴付购买金的期限和比例。② 这两个行政法规的其他规定,均是与依法缴付出资相关的规定。立法机关经过研究论证,认为这两个行政法规显然与国务院《注册资本登记制度改革方案》冲突,应当予以废止。

经过国务院常务会议审议,废止了上述两个与国务院《注册资本登记制度改革方案》冲突的行政法规。

---

① 《中外合资经营企业合营各方出资的若干规定》第 4 条规定:"合营各方应当在合营合同中订明出资期限,并且应当按照合营合同规定的期限缴清各自的出资。合营企业依照有关规定发给的出资证明书应当报送原审批机关和工商行政管理机关备案。合营合同中规定一次缴清出资的,合营各方应当从营业执照签发之日起六个月内缴清。合营合同中规定分期缴付出资的,合营各方第一期出资,不得低于各自认缴出资额的 15%,并且应当在营业执照签发之日起三个月内缴清。"

② 《〈中外合资经营企业合营各方出资的若干规定〉的补充规定》第 1 条规定:"对通过收购国内企业资产或股权设立外商投资企业的外国投资者,应自外商投资企业营业执照颁发之日起 3 个月内支付全部购买金。对特殊情况需延长支付者,经审批机关批准后,应自营业执照颁发之日起 6 个月内支付购买总金额的 60%以上,在 1 年内付清全部购买金,并按实际缴付的出资额的比例分配收益。控股投资者在付清全部购买金之前,不得取得企业决策权,不得将其在企业中的权益、资产以合并报表的方式纳入该投资者的财务报表。"

第四章 立法论证中的正当性

第一节 立法正当性探析

立法的正当性具有多方面的含义。既可以指涉立法权力的正当性，也可以指涉立法内容的正当性。即使是按照法定立法程序制定的立法，人们也可以提出立法内容的正当性问题。立法内容的正当性在一定程度上可以通过立法论证实现。正如立法法理学的主要代表人物 A. 丹尼尔·奥利弗-拉勒那所言，立法论证的质量越高，立法的正当性就越高。

一、正当性与立法正当性

对于正当性，除了一些普通词典作了定义外，还有专业性的定义。普通的定义，如牛津词典定义为："1.关于政府或者主权的称谓：符合法律或者规律的条件。2.对规则或者规律的符合；合法。逻辑上的真确推理。"① 韦伯斯特词典定义如下："1.合法地产生地……2.真实的，真正的；不是错误的、伪造的或者虚假的。3.符合法律或者符合已经建立的法律形式和要求；合法的。4.符合已经建立的规律或者被接受的规则或者标准。"② 除了上述字典的普通定义外，还有三种比较流行的专

---

① 转引自周濂：《现代政治的正当性基础》，三联书店 2008 年版，第 10 页。
② 同上书，第 10 至 11 页。

业的定义:1."正当性是系统产生和维持现存的政治制度是对这个社会最为合适的政治制度的信念的能力。"①2."在韦伯的传统里,正当性被定义为制度被评价以及被认为是对的或者合适的程度。"②3."我们也许可以把政治正当性定义为公众认为依附在政治整体上的"应该性"的质素。一个政府的正当就是被认为对一个社会是道德上恰当的。"③

对于以上定义,夏尔认为,关于正当性思想史上有两种不同类型的定义:"一种是传统的和词典编纂式的定义,另一种是现代的专业式定义。两者的区别是:传统的和字典式的定义包括法律或者权利的因素,并且某一主张的效力建立在外在于或者独立于主张者的纯粹判断或者观点的事物的基础上,因此如果要称一种政治权力是正当的,当且仅当主张者能够诉诸某些超越或者高于他本人的权威资源:比如古老的习俗,神圣的法律,自然法或者宪法。与此相对,专业式的定义则将正当性消解为成为信念或者观点:如果一个人相信现存的制度是合适的或者在道德上是合适的,那么这些制度就是正当的。"④根据这个区分,传统或者古代社会,更倾向于正当性的客观面向,正当性渊源于超越于主体之上或者之外的外在事物;而现代社会则更偏向其主观的面向,即民众或者被统治者的认同。

正当性对应的英文词为"legitimacy"。在我国学界有将"legitima-

---

① Seymour Martin Lipset,*Political Man*,Garden City,N. Y. :Doubleday,1960,p. 77. 转引自周濂:《政治正当性的四重根》,载《学海》2007 年第 2 期,第 69 页。

② Robert Bierstedt,"legitimacy",in *Dictionary of Science*,New York,N. Y. :The Free Press,1964,p. 386. 转引自①。

③ Richard M. l. Merelman,"Learning and Legitimacy",*American Political Review*,LX,Number3(2010 Sep),p. 548. 转引自①。

④ John H. Schaar,Legitimacy in the Modern State,*New Brunswick*,N. J. :Transaction Publishers,1981,p. 24. 转引自①。

cy"译作"正当性"、"合法性"和"肯认性"几种译法。这几种译法中"合法性"尤其不可取。周濂教授在其《现代政治的正当性基础》提出了两个理由,比较有说服力:"一是虽然"legitimacy"是拉丁语"lex"的衍生语,原意为合法性,但由于自然法传统或者以上帝意志为依归,因此正当性有超越的道德维度,如果将"legitimacy"译为合法性,就会沦为法律实证主义的工具,从而丧失该概念的道德超越维度。二是在英文中还有"legality"和"lawful"等词表示"合法性"的意思,而"legitimacy"除了"合法有效"的意思外,还有"正统的"、"正确的"等多重含义,仅用合法性无法涵盖其多种含义。"[①]肯认性的译法也不可取,这个翻译过多强调了"legitimacy"的主观性一面,忽视了"legitimacy"的客观性和规范性一面。在现代性席卷一切的冲击力下,正当性化约为唯一的主观标准,即被统治者的认可、同意。因此,在排除了将"legitimacy"译作"合法性"和"肯认性"这两种不确切的翻译后,正当性就成为比较妥适的译法。

综上,正当性的概念具有复杂的面相,既有客观的面向,即符合某种客观性或者外在规范;也有其主观面向,即被统治者的认同或者同意。上述定义,如果从获取正当性的来源的角度而言,可以分外两种情况,一种是从外在规范或者某种客观性获得正当性;一种是从被统治者的同意或者认同获得。

对于立法而言,如果不完全诉诸强力的压制,获取正当性也不外以下两种途径:

"其一是古典的方案,即实定法体系的正当性来源于自然法(这个法是自然正确的)、神法(上帝的法)或者俗成法(久远以来一直如此)。上述实定法的正当性基础,是绝对的权威,即自然、上帝或者传统。然

[①] 周濂:《现代政治的正当性基础》,三联书店 2008 年版,第 7 页。

而,随着进入现代社会,当宗教、形而上学和传统习俗等不再具有统摄全局的力量后,通过上述权威作为实定法正当性基础就显得力不从心、难以服众。

"其二就是现代性的主流方案。即以民主作为法律正当性的基础,拒否前述的各种绝对权威、人人举手投票。由此,经过民主程序就成了立法正当性的最强有力的基础和源头。依照第二种方案,只要是通过民主程序通过的法律就具有正当性。"①

西方立法论证理论理论认为,"民主的概念应当是商谈的,不仅应当包括形式,也应当包含实质因素。在此意义上,民主决策应当致力于考量所有相关者的利益。如果要实现以公民中最大限度的合理接受为形式要求的实质民主正当性,一个实质条件是受决策影响的人们的正当利益应当被平衡,并且在他们中间能够达成公平的妥协。这在一定程度上也暗示了立法的民主正当性与理性论证的关系。"②立法要获得人民的同意或者认可,就需要在立法机关主导下,通过公正公开的程序,使人民能够参与立法,并能在立法中最大限度地吸纳人民群众的意见和建议,保障人民群众的利益。在利益多元的社会情势下,人民群体因利益分歧会产生不同的利益团体,不同团体之间对于立法的不同意见,就需要通过理性的论证或者公开的辩论程序,找出最为合宜的方案,也就是说要通过立法论证实现立法的正当性。

二、理性论证与民主和立法正当性的关系

"从民主的本意而言,是由人民治理的政体,或者更准确地说所有

---

① 吴冠军:《现时代的群学——从精神分析到政治哲学》,中国法制出版社 2011 年版,第 213—214 页。

② Jan Sieckmann,"Legislative Arguementation and Democratic Legitimation",*Legisprudence*,Volume 4,Number1(2010 May),pp.70—75. 转引自王锋:《由司法论证转向立法论证——中西比较视域下对我国立法论证的思考》,载《烟台大学学报》2015 年第 6 期,第 51 页。

公民参与决策的政体。"①因此,人民当家作主意义上的民主不应当窄化为选举式民主,民主还应当包括人民群众对影响他们的决策的参与并影响决策结果。当下理论界和学术界对于民主的定义繁多,不一而足。这些民主定义可以分为两个方面,有的侧重选举式的民主,有的偏重参与式民主。在这些定义中,科恩的民主定义是从决策角度定义的,即受到决策影响的人们能够参与并影响决策的结果。② 其中,决策过程是开放的,允许对决策的方案进行论证、讨论和辩论,最终选择出最妥善最合理的方案。

在这一意义上而言,民主可以分为两项制度:一是公议制度,即通过公共理性辩论达成普遍可接受的公意的制度。就公议而言,其功能在于通过辩论对相关意见作出理性选择,选择出其中的最优方案,该制度默认人的德性和智力的差异。二是投票制度,即通过投票形成公共选择或者决定的制度。而投票制度则是默认平等,对一切方案等量齐观。前者主要功能在于把事情说清楚,后者则决定事情。良好的公议制度必须满足下列条件:一是公议事项的计算单位不能以人数多少而定,应当以意见为计算单位来确定公议事项。即使一种意见只有一人支持,而另外意见获得了千万人的支持,这两种意见也要都作为候选方案。二是各种意见都不受歧视,都可以获得自由和充分表达的机会,而且与争议相关的信息应当公开并共享。三是相关意见应当通过公开的对话或者辩论以达成共识,并且对话应当遵循理性要求。哈贝马斯的理想对话情境是至少应当符合的条件,主要包括以下几个条件:"一是任何人都有资格参加对话;二是任何人都有资格提出自己的主张并对他人主张进行质疑;三是任何讨论都必须是理性的。四是妨害前三项

---

① 王绍光:《祛魅与超越践》,中信出版社2010年版,第95页。
② [美]科恩:《论民主》,聂崇信、朱秀贤译,商务印书馆2005年版,第10页。

条件的行为应当被禁止。"①哈氏的上述模式的优点在于能够显明问题和解决问题的相关可能性方案,因此,可以成为理性公议制度的初步条件。正如赵汀阳教授指出的:"如果没有良好的公议制度,那么通过投票实现的民主将是盲目的、危险和糊涂的;在这个意义上,公议制度比投票制度更加根本和重要。而理性论证、对话和辩论是公议制度的核心。"②因此,理性论证、对话制度是民主制度的根本和核心制度。

在这个意义上,作为民主核心构成的理性论证、对话构成了立法正当性的重要条件。但是,如前所述,理性论证本身也具有其局限性:理性论证对于事实问题相对容易达成相互的理解和共识,对于价值观和情感问题理性论证难以解决,公议问题还需谋求价值论的解决。

第二节 立法正当性的证成

在立法问题上,民主意义上的理性论证和对话仍然在程序意义上寻求解决立法的正当性问题,事实上还存在立法的实质正当性问题,这就需要在价值论层面解决问题。正如一位学者指出的,"在立法问题上,程序和实质应当被同时考虑。"③因此,需要在对立法正当性内容分析的基础上,对立法机关如何通过理性论证证成立法的实质正当性进行研究。

一、立法正当性证成的内容

立法正当性包括立法目的和内容的正当性,因此,这就要求立法的价值目标和内容要与社会公共价值相符合。否则,立法就偏离了正当

---

① 赵汀阳:《每个人的政治》,中国社会科学文献出版社 2010 年版,第 36 页。
② 同上书,第 161 页。
③ Luc J Wintgens and A Danial Oliver-lalana(eds), *The Rationality and Justification of Legislation*, Springer international Publishing Switzerland, 2013, p. 130.

性要求。立法正当性包括以下两个方面的内容：

(一) 立法目的的正当性

立法目的是立法者通过立法要达到的目标与意图。立法者行使立法权力的目的应当是维护社会正义、保障社会秩序、促进社会经济发展、保护生态、保障国家安全等符合人民利益和国家利益的价值。

1. 义务论论证

对规范目的的正当性论证，可以从义务论伦理学进行论证。在义务论看，道德行为并非为了追求外在功利目的，或者满足欲望，道德行为本身就是善的、正当的。康德的伦理学就是义务论的代表。在康德看来，"道德不是人们达到某种目的的手段，相反道德总是人们应当履行的义务，无论履行之后的后果如何。"①我国传统儒家思想中亦有丰富的义务论的思想资源。孟子言"义，人路也"，"生，我所欲也，义，我所欲也，二者不可兼得，舍生而取义也"，"行一不义，杀一不辜，而得天下，皆不为也。"②孟子的道德观与康德主义义务论的道德观在气质上是相契的。就规范目的的论证而言，规范目的的正当性并不在于该规范能够产生何种后果，而是因为该规范目的本身就是好的。

从义务论的视角而言，维护社会正义、保障社会秩序、促进社会经济发展、保护生态、保障国家安全等符合人民利益和国家利益的目的或者价值目标本身就是好的。目前，人类以国家而分，存在国家利益冲突的情况下，一方面，政府需要对内维护社会正义、保障社会秩序、促进社会经济发展等，以保持国内的稳定、和谐和秩序；另一方面，也要维护国家领土、主权、粮食、能源等方面的国家安全。这些都是符合人民利益

---

① [德]康德：《道德形而上学原理》，苗力田译，上海人民出版社2002年版，第38页以下。
② 吴冠军：《第十一论纲：介入日常生活的学术》，商务印书馆2015年版，第55页。

和国家利益的。但是,人们可能对这些规范目的正当性产生疑问,对此,人们可以诉诸更高的价值目标(目的)来论证;人们还可能对这更高的价值目标进行追问,最终,人们会在终极的价值目标上达成共识,不再提出疑问。这就需要证明规范目的就是终极义务(价值)的体现和要求。

对于人类社会而言,除了因为外来灾难或者内部灾难而导致人类毁灭的情形外,如果存在终极义务,那么人类社会的永续存在应当是人类社会组织和个体的终极义务。正如康德在论述人所特有的禀赋时写道:"这种情形永远都是令人惊异的:以往的世代仿佛只是为了后来世代的缘故而在进行着他们那艰辛的事业,以便为后来者准备好这样的一个阶段,使之能够借以把大自然作为目标的那座建筑物建造得更高;并且唯有到了最后的一代才能享有住进这所建筑里面去的幸福,虽则他们一系列悠久的祖先们都曾经(确实是无意地)为它辛勤劳动过,但他们的祖先们却没有可能分享自己所早已准备过了的这种幸福。尽管这一点是如此之神秘,然而同时它又是如此的必然,只要我们一旦肯承认:有一类物种是具有理性的,并且作为理性的生命类别,他们统统都要死亡,然而这个物种却永无死亡,而且终将达到他们禀赋的充分发展。"①康德这段话,说明了人类为了他人、同类牺牲自己的精神和特点,其目的在于使人类的后代达到更高的发展阶段。在马克思看来,这就是人的类本质。正如李德顺教授所指出的,"有目的改造世界是人类的本质活动,而其根本在于人、社会本身的不断发展。"②因此,人类社会的永续存在和发展是人类一切活动的终极目的,任何有害于这一终

---

① [德]康德:《世界公民观点之下的普遍历史观念》,载《历史理性批判文集》,何兆武译,商务印书馆 2013 年版,第 6 页,转引自韩毓海:《中国特色社会主义:为何而自信》,载《人民论坛·学术前沿》2014 年第 1 期,第 29 页。

② 李德顺:《价值论》,中国人民大学出版社 2013 年版,第 216 页。

极目的的行为都是不正当的;而有助于这一目的的行为则是正当的。由此,人类行为、价值或者目的凡是有助于或者有益于实现这一目的的,就具有正当性。维持和保障上述的价值目标,在目前人类以国家而分的情况下,有助于实现人类的永续存在和发展。因此,其正当性可以通过体现人类社会终极义务或者目的的要求而得以证成。

2. 价值论论证

从价值论的视角而言,立法应当符合人民利益和国家利益是我国宪法和法律的要求。我国宪法规定:"一切国家机关和工作人员,必须依靠人民的支持,经常保持同人民群众的密切联系,倾听人民的意见和建议,接受人民群众的监督,努力为人民服务。"① 我国立法法明确规定,立法应当体现人民意志,立法应当从国家整体利益出发。② 立法在当下人类尚以国家而分的情况下,符合人民利益和国家利益的价值是我国在相当长的历史时期内应当追求的价值目标,而其中维护社会正义、保障社会秩序、促进社会经济发展、保护生态、保障国家安全等价值目标应当成为我国立法追求的价值目标。这一问题可以从我国面临的问题、我国担负的文明使命和责任进行论述,以下分作论述:

(1)维护社会正义的价值论论证

维护社会正义本身就是我国社会主义的应有之义。毋庸置疑,在改革开放前,虽然我国经济社会水平发展不高,但是人们相对平等。在改革开放的第一个十年,经济发展的成果让每个人得到了实惠,不平等程度较低,社会正义问题并不明显。从20世纪80年代后期开始,改革开放产生的社会经济政治后果开始引起社会普遍关注。而到了20世纪90年代中期,社会正义问题越来越严重。"尽管现在中国收入的不

---

① 《中华人民共和国宪法》第27条。
② 《立法法》第4、5条。

平等程度仍然低于大多数拉美国家和撒哈拉以南非洲国家,但已经高于大多数东欧转型经济体、西方发达国家以及中国的一些亚洲邻居。"①而社会的不平等必然导致社会不满,从而导致社会不稳定。社会不公不仅是一个伦理问题,更是一个危及国家政权稳定的政治问题。

从世界其他国家的情况来分析,也无不雄辩地说明了公平的增长,即使社会经济发展大幅放缓,也不会危及社会稳定。这从北欧国家以及 20 世纪 90 年代以前的日本,以及朝鲜都说明了这一点。而相反的例子是,不公平的发展将必然导致不稳定或者动荡,如上世纪六七十年代的拉美国家和伊朗革命以及许多非洲国家。

社会正义问题也引起了党和政府的高度重视,党和政府采取了完善社会保障体系、改革收入分配制度、取消农村农业税等许多措施降低不平等的程度,使人民群众共享改革成果。社会正义,是我国社会主义的应有之义,也应当是我国社会主义优越性的体现。为了促进和推进我国社会正义的实现,立法应当将社会正义作为重要的价值目标。这不仅有利于我国社会主义建设事业的稳步推进,也有助于提高我国社会主义事业发展对其他国家的感召力和引领力。

(2)保障社会秩序的价值论论证

社会秩序是任何社会能够存在和发展的必要基础和条件。而相反,社会的失序和无序,将极大增加人们行为的不确定性,危及人们的有序生产生活。在一个有秩序的社会,人们能够根据有效的预期安排和计划自己的生活,社会的运转也能够安然有序。历史发展也表明,人类社会力图防止不可控制的混乱,并试图确立良好秩序。即使由于发生社会动乱和革命,导致社会失序或者混乱,革命者也追求建立新的秩序。

---

① 王绍光:《安邦之道——国家转型的目标与途径》,三联书店 2007 年版,第 372 页。

在我国目前既面临诸多外部挑战和风险,内部也处于社会矛盾多发期的条件下,保持社会稳定和有序,对于我国实现经济社会良好发展,对于实现全面建设小康社会目标以及民族复兴的伟大目标都意义重大。法律制度,是实现社会稳定的重要手段和方式。因此,立法应当将社会秩序作为立法重要的价值目标。

(3)促进经济社会发展的价值论论证

长期以来,我们强调发展是硬道理。但是,这里的发展包括经济社会的全面进步,绝不是仅仅是指经济增长。在实践中,政府往往将发展片面化为经济增长,而为了追求经济的快速增长,其他如生态环境、职工权益、就业、公共卫生等都可以牺牲掉。这一理解上的偏差,导致我国经济社会发展不均衡,导致经济发展成果在社会阶层之间不平等分享,导致在经济发展的同时,社会不平等加剧,社会矛盾激增,导致危及社会稳定,造成社会危机,反过来也会危及经济社会发展。

为了应对这一问题,党中央提出了全面协调可持续的科学发展观,并在十七大报告中提出要"全面推进经济建设、政治建设、文化建设和社会建设,促进现代化建设各个环节、各个方面相互协调。"[①]这表明促进经济社会的协调发展,已经成为重要的指导思想和方针政策。因此,在立法中,也应当将促进经济社会发展作为重要的价值目标。

(4)保护生态的价值论论证

当下,在世界范围内,资本主义的发展,已经造成了严重的生态和环境危机。资本主义推进的全球化有可能将人类的未来作为全球化的祭品和陪葬品。著名左翼思想家齐泽克指出:"如果按照世界资本主义

[①]《高举中国特色社会主义伟大旗帜,为夺取全面建设小康社会新胜利而奋斗》(中国共产党十七大报告),载《十一届三中全会以来党和国家的重要文件选编》,中共中央党校出版社2008年版,第734页。

的发展趋势走下去,就算不是今天也不是明天甚至不是2012,但始终会走到灭顶之灾,在那一天历史彻底归零。"①

反观我国经济发展,也已经造成严重的环境和生态危机,已经危及中华民族的持续发展。2007年,党的十七大提出了"建设社会生态文明"。② 十八届三中全会明确提出"经济、政治、文化、社会和生态五位一体的全面深化改革"的蓝图。③ 为了走出一条超越于资本主义发展危机的道路,为了中华民族的永续生存和发展,立法应当将保护生态作为重要价值的目标。

(5)保障国家安全的价值论论证

从长的历史周期而言,我国仍然处于资本主义主导的世界格局和秩序内。我国安全面临着诸多风险和挑战。这些安全和挑战涉及能源、粮食、生态、金融、军事等诸多领域。国家安全是我国社会主义事业发展的前提,只有国家安全有保障,我国社会主义的改革发展才能不断推进,才能实现中华民族的伟大复兴。维护国家安全,已经成为我国重要的任务和挑战。因此,立法应当将维护国家安全作为重要的价值目标,通过法律制度为国家安全提供制度支撑。

需要说明的是,以上几个方面并未穷尽符合人民利益和国家利益的价值目标。"在价值论上,凡是真正有价值者,便是应当成为现实的;当我们判断某种存在形态是有价值的,这一判断也同时蕴含了如下预设,即相关存在形态或者价值应当成为现实。"④因此,包括上述价值在

---

① Slavoj žižek, *First as Tragedy, Then as Farce*, London: Verso, 2009, p. 151.
② 《高举中国特色社会主义伟大旗帜,为夺取全面建设小康社会新胜利而奋斗》(中国共产党十七大报告),载《十一届三中全会以来党和国家的重要文件选编》,中共中央党校出版社2008年版,第737页。
③ 《中共中央关于全面深化改革若干重大问题的决定》(中共中央十八届三中全会决议),载《中共中央关于全面深化改革若干重大问题的决定》,人民出版社2013年版,第7—54页。
④ 杨国荣:《人类行动与实践智慧》,三联书店2014年版,第273页。

内的符合人民利益和国家利益的目标,应当成为我国立法所追求的正当的价值目标。

综上所述,为了论证相关立法的正当性,就需要论证相关立法的立法目的符合立法权力行使的上述目的。如果相关立法的立法目的符合该立法目的,当然就有正当性。违背上述价值,行使立法权力、制定相关立法是不具有正当性的。

3. 人民利益和国家利益的进一步分析

(1)人民利益的分析

①人民是谁

人民作为一个名词,具有悠久的历史。在我国古代典籍中,其往往指平民、庶民或者百姓,指人口中绝大多数的民众。同时,这个词又可以泛指所有人。在西语中,人民也同样包含这两层意思。① 因此,这个词,正如意大利当代思想家吉奥乔·阿甘本所言是一个具有张力的词。他指出:

> 该词在语义上的模棱两可跨越时空,这绝不是偶然的:毫无疑问,它反映出在西方政治中,"人民"这个概念无论在本质上还是在功能上,都具有内在的矛盾。换言之,我们称之为人民的,与其说是个统一体,不如说是摆动的两极:一方面,"大写的人民"看似一个整体,一个在政治上统合起来的全体;另一方面"小写的人民"只是整体的一部分,由形形色色被剥夺、被排斥的群体构成。一方面,它是一个包容性概念,仿佛无所不包;另一方面,它是一个排斥性概念,不带任何希望。一极是整合起来,拥有主权的全体公民;另一极则是流放地,是"奇迹官",是被侮辱、被压迫、被征服者的收容所。②

---

① 王绍光:《中国政道》,中国人民大学出版社 2014 年版,第 169 页。
② [意大利]吉奥乔·阿甘本:《无目的的手段》,赵文译,河南大学出版社 2015 版,第 40 页。

正是由于这个词的内在张力,使人们常常难以确定人民是指两极中的哪一极。在阿甘本看来,"从一定意义上而言,马克思的阶级斗争,也可以理解为小写的人民为争取成为大写的人民而进行的斗争;而只有两者合一时,才可能结束阶级斗争。而在那时,人民的概念也就失去了任何意义。"①

在人类社会很长的历史时期内,底层人民处境悲苦,是受侮辱和压迫的对象,如汉娜·阿伦特所说的,只是"不幸和悲苦的代名词",是同情的对象。② 但是,中国共产党在劳苦大众身上,看到了推动历史前进的巨大动力。上世纪初,中国农业解体,大量农民破产,毛泽东将土地问题视为中国革命前途的根本问题。通过土地革命,中国共产党获得了占中国人口大多数的农民的支持和拥护,获得了强大的革命资源并建立了新中国。在抗美援朝战争中,中央人民政府通过在全国范围内进行土地改革运动③,有效地激发了全国农民的积极性,获得了中国农民的政治支持。这构成了抗美援朝战争取得胜利的根本基础。正如毛泽东对周世钊所说:"我们志愿军武器远不如美帝,但常常把美帝打得狼狈逃窜。这是为什么呢?没有别的理由,这是因为我们的志愿军都是翻身的农民和工人,他们认识到这个战争是为保家卫国而战。可以说,我们这回抗美援朝的战争打的是品质仗,是什么武器也不易抵挡的。"④一位美国记者也说,"美国军队再花 20 年也打不到鸭绿江。我看再打 200 年,他们也没有希望打到鸭绿江。"⑤正是依靠工农大众为

---

① [意大利]吉奥乔·阿甘本:《无目的的手段》,赵文译,河南大学出版社 2015 版,第 42—43 页。
② [美]汉娜·阿伦特:《论革命》,译林出版社 2007 年版,第 62 页。
③ 在美军侵占汉城(首尔)的当天,即 1950 年 9 月 28 日,中央人民政府宣布《中华人民共和国土地改革法》,在全国开展土地改革运动。
④ 周彦瑜、吴美潮:《毛泽东与周世钊》,吉林人民出版社 1993 年版,第 122—123 页。
⑤ 张文木:《重温毛泽东的战略思想》,载政治经济学评论 2013 年第 4 期,第 51 页。

主的人民,中国共产党使劳苦大众摆脱了受压迫的命运,翻身作了主人,成为了大写的人民。中国人民成为历史的主体,已经通过毛泽东同志在天安门"中国人民站起来了"的庄严宣告向世人昭示,并凝结在中华人民共和国宪法中。宪法第一条规定,中华人民共和国是工人阶级领导的,以工农联盟为基础的,人民民主专政的社会主义国家。第二条规定,中华人民共和国一切权力属于人民。

人民的概念,无论如何界定,都是要包含劳动大众的,要包含占居民绝大多数的工农兵劳动者。历史经验告诉我们,失去人民就会失去执政的政治基础,就会出现挫折,可能会失去天下。"大宋富得流油,也挽救不了它的灭亡;清朝不仅是落后才挨打,更是没有人民支持才挨了打;苏联失去人民支持,也就解体了。"①"人民,只有人民,才是创造世界历史的根本动力"②。在中华人民共和国建国前夕,毛泽东对人民的概念的理解是:"所谓人民大众,是包括工人阶级、农民阶级、城市小资产阶级、被帝国主义和国民党反动政权及其所代表的官僚资产阶级(大资产阶级)和地主阶级所压迫和损害的民族资产阶级,而以工人、农民(兵士的主体也是农民)和其他劳动人民为主体③"。在毛泽东看来,人民的主体始终是从事物质资料生产的广大劳动人民。在改革开放之后,人民的内涵、外延发生了变化,但其主体依然是广大劳动大众,同时包括一切拥护社会主义和祖国统一的爱国者。无论如何变化,人民概念的根本有两个方面:一是它是由不同阶级组成的,是不同质的;二是其主体构成是劳动大众。如果,在人民中忽视了广大劳动人民,则人民就徒有虚名④。

---

① 张文木:《国家战略能力与大国博弈》,山东人民出版社2012年版,第34页。
② 毛泽东:《论联合政府》,《毛泽东选集》第3卷,人民出版社1991年版,第1031页。
③ 毛泽东:《关于当前党的政策中的几个重要问题》(1948年1月18日),《毛泽东选集》第4卷,人民出版社1991年版,第1272页。
④ 这一点,西方所谓"民主"具有虚伪性,其所谓"民"并非包括大多数劳动人民,其"民"实质上不过是少数精英的代称。

②人民利益的范围

在明确人民概念的基础上,人民利益应当包括哪些范围,是立法论证证成的内容必须予以回答的问题。

在回答这个问题前,先需要对利益进行分析。美国法学家庞德的利益概念提供了一个良好的出发点。他认为:"利益是人们个别地或通过集团、联合或者亲属关系,谋求满足的一种需求或者愿望,因而在安排人们关系和行为时必须将其估计进去"。① 在庞德概念中,愿望与需求,既包括了主观的要求,也包括了客观需求。以此,人民利益就是人民谋求满足的愿望或者需求。按照王绍光教授的分析,"人民中的中上层往往会表达主观的要求,如减税、同性恋婚姻、表达自由,而囊中羞涩的占人民大多数的人民下层则倾向于表达客观的需求,如就医、就业、就学、住房等生活方面的保障。"②客观需求主要体现为物质层面的需求。而在实质上,人民中的下层群体表达出来的客观需求也同样是社会中上层的客观需求,因为后者也不能脱离衣食住行、上学、看病、养老等,只是因为中上层群体的财力相对于下层群体相对充裕,有能力支撑其体面生活,才遮盖了他们也有此类客观需求的事实。基于以上分析,人民中下层的需求是全社会的需求,而社会上层的需求则未必是全社会的需求。客观需求和主观要求还有一个区别,那就是客观需求在一段时间内比较稳定,而主观要求则可能在短时间内变来变去,并不稳定。人民利益可以分为以下三个层面:

人民利益的第一个层面就是主要体现为客观需求的物质层面的利益。为了更好地维护人民利益,就需要保护人民的客观需求,而不能

---

① [美]庞德:《通过法律的社会控制》,沈宗灵译,楼邦彦校,商务印书馆 2010 年版,第 39 页。

② 王绍光:《中国政道》,中国人民大学出版社 2014 年版,第 197—198 页。

是转瞬即逝、随意表达的要求。人民的这类客观需求也不是一成不变的。在经济社会发展水平较低时,人民的吃饭穿衣是最迫切的需求。随着经济社会发展水平的提高,吃饭穿衣的需求水平也会提升,吃得更好些,穿得更漂亮;其他需求也越益重要,如住得更宽敞舒适,行得方便快捷,病有所医,老有所养等等。

人民利益的第二个层面是精神层面的需求。从文化层面而言,如果人们缺乏理想、信念等因素的支撑,人们就只能追求现实的利益和好处,成为最大化自身物质利益的欲壑难填的欲望主体。没有精神、文化层面的制衡,面对财富、金钱和美色等物质诱惑,公共权力必然发生倾斜。我国现实中人民精神、文化层面的需求的满足已经出现了比较严重的问题。著名学者祝东力指出,"我国在文化上层已经出现了精神世界空洞化的同时,文化下层则转向了各种宗教信仰,这已经成为我国严重的社会政治问题。"①在我国20世纪初制定的20年战略机遇期的规划中,基本上只有经济的计算和谋划,缺乏政治与文化的想象与预期。在当前中国经济和政治日益成为全球焦点的时代,需要为中国人民注入伟大的精神元素。满足人民精神文化的需求,重塑中国人民的伟大精神,已经成为我国政治社会文化的重要问题。

人民利益的第三个层面是人民管理国家事务方面的利益需求。这在宪法中第二条已有确认,即"人民依照法律规定,通过各种途径和形式,管理国家事务,管理经济和文化事务,管理社会事务"②。人民在管理国家等方面事务的利益,对于保障人民物质利益和其他精神利益具有根本和关键作用。20世纪50年代末到60年代初,毛泽东专门阅读了苏联《政治经济学教科书》,并做了大量笔记和谈话。教科书第23章

---

① 祝东力:《文明走到十字路口》,华中科技大学出版社2013年版,第206页。
② 宪法第2条。

讲到苏联1936年新宪法时,论述了苏联人民或者劳动者享有的各种权利,包括"劳动权利、休息权利,受教育权利,年老、患病或者丧失劳动能力时获得物质帮助的权利"。毛泽东在这段文字旁醒目地批注到:"最大的权利是管理国家",并议论说:"这里讲到苏联劳动者享受的各种权利时,没有讲到劳动者管理国家、管理军队、管理各种企业、管理文化的根本权利。没有这种权利,劳动者的工作权、休息权和受教育权等等权利就没有保障"。① 这段论述虽然针对苏联而言,但是也适用于中国。人民管理国家的权利是最重要的权利,没有这一权利,人民的其他权利也得不到保障。

综上所述,人民利益分为物质层面和精神层面,包括管理国家的利益,并随着经济社会的发展而发展,并非一成不变。

③立法论证中站在人民的立场维护人民利益

人民的利益并非一成不变。因此,立法者也要与时俱进,而不是墨守成规,要不断深入基层和底层,了解和关注以广大劳动人民为主体的人民不断变化的、真切的利益需求。这是立法者在价值论上证成立法内容符合人民利益的前提条件。立法机关在发现、了解了客观存在的人民利益基础上,还需要站在人民立场上,制定符合人民利益的立法。唯有这样,立法机关才能证成立法内容符合人民利益。其中,需要对特殊利益集团保持警惕,尤其是那些与广大劳动大众利益冲突的利益集团,由于其占有较多的经济资源、文化资源,而享有更多的话语权,要防止其绑架政府部门、立法机关并俘获立法论证和决策过程。

(2)国家利益的分析

①国家利益的界定与范围

目前,对国家利益的界定有两种:一种是从民族国家需求、欲求或

---

① 参见祝东力:《文明走到十字路口》,华中科技大学出版社2013年版,第244页。

者追求的好处的角度加以界定。马克·阿姆斯特茨将国家利益界定为:"国家利益的概念通常是指国家对其他国家而言的基本需求和欲求。"①我国学者王逸舟将之界定为:"国家利益是指民族国家追求的主要好处、权利或者受益点,反映这个国家全体国民及各种利益集团的需求与兴趣。"②上述定义,均是从主动、积极的层面界定的。二是从国家生存和发展的必要条件予以界定。俞正梁将国家利益界定为:"国家生存和发展的必要条件"③该定义是从消极的必要条件的角度界定的。上述定义从不同方面反映了国家利益的构成。将两者综合起来,更能够完整地包含国家利益的内涵。因此,可将国家利益界定为:国家生存、发展的必要条件和需求欲求。国家利益,不是个别人或者某个阶级的利益(如统治阶级可能为了维护自己狭隘阶级利益而危害国家利益),而是整个国家全体公民及其后代的长远的、根本、整体的权力政治利益。

具体而言,国家利益可以分为安全利益、经济利益和文化政治利益:一是安全利益。安全利益构成了国家生存、发展的基本条件,主要包括领土和主权完整,生存安全、金融安全、网络安全、粮食安全等。二是经济利益。主要是指自主发展本国经济以及维护对外经济交往、产业安全等的利益。三是文化政治利益。主要是指国家在政治、精神层面或者意识形态领域的需要和追求,是国家利益的重要方面,包括维护本国政治理念、政治制度等,以及文化传统、保障本国意识形态安全,维持国家认同和凝聚力等内容。这三个方面的利益,都不可从个别人或者某个阶级的利益出发,必须从整个国家的长远的、整体的权力政治利益

---

① Mark R. Amstutz, *international Conflict and Cooperation*, Boston: Mc Graw – Hill, 1999, p.179.
② 王逸舟:《国家利益再思考》,载《中国社会科学》,2002年第2期,第161页。
③ 俞正梁:《变动中的国家与国家利益观》,载《复旦学报》1994年第1期,第37页。

出发,必须防止既得利益集团通过牺牲国家利益换取其经济物质利益。

中国不同于一般意义上的单一民族国家,中国国家利益是作为历史形成的多元一体的中华民族命运共同体的共同利益。这个民族命运共同体的担纲者就是国家。国家在国际法上的主体地位的前提是国际认同和国内认同的统一。中华民国在抗日战争中获得了中国境内各民族的共同认可并成为联合国创始成员国,中华人民共和国是在解放战争胜利以及西藏、新疆和平解放后,为中国国内各民族及联合国在1971年承认并取代中华民国的国际地位的国家。这个民族命运共同体的利益不等于其中任何一个民族的利益。就多民族国家与组成国家的民族的关系而言,国家更加具有法定和法理意义。国家一旦形成,一个民族的命运就与组成国家的其他民族的经济政治命运结为一体,此时,国家就是自愿加入其中的所有民族命运的共同体,其中任何民族都不能不经国家立法机构的同意,仅仅按照自己的单方面意愿脱离一个国家。由此,国家是高于组成其的民族,并具有国际法认可的具有最高主体地位的实体,是国内各民族人民的利益和命运的担纲者。

中国国家利益不但超越于组成国家的民族的利益,也超越于国内不同的利益群体和全球化的经济利益。对于国家利益的超越性和至高性,马克思·韦伯作了深刻的论述,他认为民族国家的利益高于一切。他说,"在德国经济政策的一切问题上,包括国家是否以及在多大程度上应当干预经济生活,是否以及何时开放国家的经济自由化并在经济发展过程中拆除关税保护,最终的决定性因素端视它们是否有利于我们全民族的经济和政治的权力利益,以及是否有助于我们的民族担纲者—德国民族国家。"①在他看来:"全球经济体的扩张只不过是各民族

---

① 马克思·韦伯:《民族国家与经济政策》,甘阳选编,三联书店、牛津大学出版社1997年版,第93页。

之间相互斗争的另一种形式,这种形式并没有使各民族为捍卫自己的文化而使斗争变得更加容易,而恰恰使得这种斗争变得更困难,因为这种全球经济共同体在本民族内部唤起当前物质利益与民族未来的冲突,并使得既得利益集团与本民族的敌人联手而反对本民族的未来。"① 韦伯关于既得利益集团以民族国家利益来交换其物质利益的警告,对于我们今天如何处理国家与全球化关系,不无启示和警醒。在他看来,政治经济学是政治的仆人,他所强调的不是某个人或者某个阶级的利益,而是"整个民族的长远的权力政治利益"。为此,他反对用社会政策取代政治,用文化经济史取代政治史,反对用"经济学看问题的方式"。在他看来,民族国家利益是最高的利益,经济必须以政治为归宿,"一个德国经济理论家所使用的价值标准,只能是德国的标准。"② 以上论述清楚表明了要以民族国家利益作为最高政治来抵御既得利益和全球化经济利益,而不是用国内既得利益和全球化的经济利益而牺牲民族国家利益。这一结论,对我们尤为重要,尤其具有警示意义。

②维护国家利益的三个视角及其对立法论证的启示

国家是国家利益、民族命运的担纲主体。思考中国国家利益,必须有历史、现实和未来的维度,必须将追求中国国家和文明的主体性,摆脱对西方的依附地位和实现文明复兴,作为思考国家利益的宏观框架和基本的立场。对国家利益的思考,也必须超越自由主义支配下的法律理论,以历史、政治哲学和社会理论的宏阔视野,从现代化进程、全球秩序和文明复兴的宏大视野进行思考。

首先,从现代化的发展进程而言,中国是一个后发现代化的国家,

---

① 马克思·韦伯:《民族国家与经济政策》,甘阳选编,三联书店、牛津大学出版社1997年版,第92页。
② 同上。

在国际秩序中还处于被支配的地位,中国仍然没有完全实现现代化的历史任务。面对西方国家的巨大压力,国家利益仍然具有优于个人人权的重要性。正如邓小平同志所指出的,"要讲人权,更要讲国权,要讲人格,更要讲国格"①。同时,因为我国的现代化进程是一种赶超型的"压缩的现代化",是一种"内向积累"的现代化,导致我国在对内保护人民个体利益的同时,还要对外维护国家利益,造成了维护国家利益和个体利益之间的张力。但是,没有对国家利益的有效保护,个人利益必然无从保护。"历史上,一个血腥而惨痛的例子是,犹太人在没有自己的国家时,虽然积累了巨量财富,但是一旦发生战争,就只能成为待宰羔羊,在奥斯维辛集中营中,有多少财富也不属于自己。这个惨痛的历史实例,充分说明了国家对于保障个人利益的根本作用。因此,维护国家利益就是每一个中国人的最高利益"②。立法者必须认识到,国家利益的至高性,在立法中将维护国家利益作为最高原则,并作为立法论证的根本原则。若果规范内容违背国家利益,则规范内容必须被否决、否证。根据前述宪法规定,违背国家利益的立法,也自然构成违宪。

其次,从中国作为区域性大国的地位而言,维护国家的安全和统一是首要的国家利益。当下中国的安全与统一,并非消极自保意义上的安全。张文木先生区分了边界安全和安全边界。他认为,任何一个进入市场经济的国家都有主权范围内的利益和主权范围外的即融入世界的利益及其安全要求。"边界安全指的是国家对其主权范围内的领土的可控制和保卫的程度。领土是主权的物质载体,因而领土边界安全从相当意义上说是主权安全。而国家的安全边界则指的是国家对于分

---

① 邓小平:《邓小平年谱》下卷,中央文献出版社 2004 年版,第 1293 页。
② 张文木:《世界地缘政治中的中国国家安全利益分析》,中国社会科学出版社 2012 年版,第 287 页。

布于其主权范围外的利益的可控制和保护力度。如美国的领土边界仅限于北美洲以及太平洋部分地区,但是他的安全边界几乎覆盖全球。目前,中国虽然许多政治经济利益已经广泛融入世界,我们目前的安全边界则不出中国领土。我国的边界安全需要一定的外延空间即国家安全边界来保证。我国目前已经形成了强劲的生产力,要维持这样的生产力就不得不依赖海外资源。要如此,就不得不发展海权。只有通过海权,才能保障中国的安全边界和从海外获得资源能源的条件。因此,当下中国的安全与统一,还需要积极拓展和保障自身的安全边界。否则,生存和发展,就无以为继,安全也自然没有保障。"[1]为此,立法者要将国家安全和统一作为国家利益的首要考量因素,必须全面考虑国家的经济安全、政治安全、文化安全、网络安全等,要遏制国内外各种敌对和分裂实力对国家统一和安全的威胁;不仅要考虑国家的边界安全,也要考虑国家的安全边界。

再次,中国作为人类文明史上唯一一个文明未曾中断的国家,作为一个伟大民族,对于人类政治秩序和人类未来承担着巨大责任。与西方文明相比,中国具有悠久历史。"中国是人类历史上五千年来一直存续并保持大国版图的资源丰富的国家,而且是依靠自己的力量保持大国版图的国家"。[2] 1946年,冯友兰先生在其撰写的《西南联合大学纪念碑》如此写道:"我国家以世界之古国,居东亚之天府,本应绍汉唐之遗烈,作并世之先进。将来建国完成,必于世界历史,居独特之地位。盖并世列强,虽新而不古,希腊罗马,有古而无今,惟我国家,亘古亘今,亦新亦旧,斯所谓'周虽旧邦,其命维新'者也。"[3]黑格尔也满怀敬意地

---

[1] 张文木:《世界地缘政治中的中国国家安全利益分析》,中国社会科学出版社2012年版,第11—13页。
[2] 张文木:《中国地缘政治论》,海洋出版社2015年版,第215页。
[3] 冯友兰:《三松堂全集》第一卷,河南人民出版社1991年版,第300—301页。

说:"假如我们从上述各国(即四大文明古国)的国运来比较他们,那么,只有黄河、长江流过的那个中华帝国是世界上唯一持久的国家。"①毛泽东同志说:"我们的国家,是世界各国中统一历史最长的大国,中国也有过几次分裂,但总是短暂的。"②作为历史悠久、资源丰富、具有巨大版图的大国,中国即使愿意接受全盘西化,也不会被西方国家接受和认同为西方文明。目前的土耳其和俄罗斯就是前车之鉴。"当下,资本主义整个体系已经陷入系统性危机,9·11击碎了自由民主的大同图景,金融危机击碎了其作为经济面向的全球范围的市场经济的图景,全世界范围的环境生态危机标示着不断迫近的人类未来的危机与灾难。如果按照资本主义无限追逐利润发展下去,资本主义必将在一个大灾难前崩溃,而整个世界就是其陪葬品"③。中国作为一个有着悠久古代文明和近现代革命传统的国家,必须恢复强大的自我认同,以坚不可摧的意志担负起伟大的历史命运,通过自己的文明复兴,追求一种为使用而生产而非为利润生产,关怀人类发展的社会生态和自然生态,为人类探索出可持续、有意义的良好生产和生活方式。对立法者而言,中国文明的复兴不仅是为中国文明探索立基于有意义的良好生产、生活方式上的法律制度,也是为人类文明探索立基于有意义的良好生产、生活方式上的法律制度。

(二)立法内容的正当性

立法正当性不仅要求立法目的具有正当性,要求立法者对立法目的的正当性进行证成,同时,立法的内容的正当性,也需要立法机关证成。立法内容的正当性证成的目的,就是要证成相关立法的具体制度

---

① [德]黑格尔:《历史哲学》,王造时译,上海世纪出版集团、上海书店出版社2001年版,第117页。
② 中央文献研究室:《毛泽东年谱(1949—1976)》,中央文献出版社2013年版,第257页。
③ 吴冠军:《第十一论纲:介入日常生活的学术》,商务印书馆2015年版,第13页。

内容本身具有正当性。

对制度内容正当性的论证,可以通过产生良好社会经济等效果的角度,论证其正当性,也就是结果论的证明方式。结果论伦理学认为,"那些倾向于或者被人们相信要产生为人类所希望的效果的行为,被看作是善的或者正当的;反之,则应当受到谴责和禁止。"①如果将行为转换为立法规范,则上述结果伦理学就可以表述为:立法规范能够产生良好社会经济等效果,就是正当的;否则,就是非正当的。

如果将上述表述转换为积极后果论证型式就是如下形式:
前提:如果 A 被产生,那么好的后果很可能出现
结论:A 应产生。②
如果将 A 转换为立法规范,则立法规范的积极后果的论证型式就是:
前提:如果立法规范被产生,那么好的后果很可能出现
结论:立法规范应产生。③
就立法而言,这里的良好的社会经济效果指的是立法实施后预期产生的社会效果。这种预期的社会效果是给社会整体而言带来最大化的良好效果。就立法规范而言,情况常常是这样的:如果相应的立法规范不产生,则相应的良好的社会效果就不会产生;而如果立法规范产生,则相应的良好的社会效果就会产生。在这种情况下,无论是立法者或者社会公众,自然希望这样的立法规范产生。这里存在这样一种情况,即原来立法规范含有禁止性或者限制性规范:一旦这些禁止性规范或者限制性规范被取消,就会产生促进社会经济发展的效果。当然也存在立法规范可能限制或者消减一些个体或者团体的利益的情况。在

---

① 梯利:《伦理学导论》,何意译,广西师大出版社 2002 年版,第 80 页。
② 武宏志、周建武、唐坚:《非形式逻辑导论》(下册),人民出版社 2009 年版,第 542 页。
③ 当然,还存在消极后果的论证型式:如果立法规范被产生,那么消极的后果可以被遏制,则该立法规范应当产生。

这种情况下，就需要保证立法规范要有利于绝大多数人民的根本利益，有助于人民利益或者国家利益的实现。同时，也要考虑相关利益被限制和消减的群体的正当利益。

二、立法正当性的证成方式

本文以下部分以个体工商户条例①为例，对立法机关主导下对立法正当性的证成进行论证。

（一）对立法目的的正当性的证成

对立法目的的正当性论证，就是要通过证明相关立法的立法目的符合维护社会正义、保障社会秩序、促进经济社会发展、保障国家安全等符合人民利益和国家利益的价值（或者说相关立法的立法目的被维护社会正义、保障社会秩序、促进经济社会发展、保障国家安全等符合人民利益和国家利益的价值所支持），从而证明相关立法的立法目的具有正当性。立法目的的正当性论证，就是要论证相关立法符合体现人民利益和国家利益的社会公共价值。个体工商户条例的立法目的，是为了更好地进一步充分发挥个体工商户服务经济社会发展和扩大就业的重要作用。以个体工商户为例进行论证，就是要通过论证个体工商户条例的立法目的符合上述社会公共价值，从而证明个体工商户条例的立法目的具有正当性。

如果将之转化为论证型式，实质上是一个肯定前件式的三段论推理：

$p \rightarrow q$

p

―――――

q

――――――――――――
① 本部分个体工商户条例的案例是笔者承办的办件。

其大前提、小前提以及推理过程如下：

大前提：如果相关立法的立法目的被维护社会正义、保障社会秩序、促进社会经济发展、保障国家安全等符合人民利益和国家利益的价值所支持，那么相关立法的立法目的才是具有正当性的。（p→q）

小前提：个体工商户条例"进一步充分发挥个体工商户服务经济社会发展和扩大就业的重要作用"的立法目的，被促进社会经济发展等符合人民利益和国家利益的价值所支持。（p）

从大前提（p→q）和小前提（p）推出结论（q，个体工商户条例的立法目的具有正当性）。

显而易见，充分发挥个体工商户服务经济社会发展和扩大就业的重要作用，显然有助于促进经济社会发展，符合人民利益和国家利益。因此，个体工商户条例立法目的符合大前提所述社会公共价值。

基于前述分析，自然得出个体工商户的立法目的具有正当性的结论。其在逻辑上实质上无可争议。

（二）对立法内容的正当性的证成

为了达致立法目的，立法机关在个体工商户条例立法论证过程中主要设定了以下三个方面的内容。一是取消对个体工商户的一些不适当限制。二是明确对个体工商户的扶持、服务措施。三是明确个体工商户从事经营活动的基本行为规范。对上述制度正当性的论证，可以通过产生良好社会经济等效果的角度论证其正当性，也就是结果论的证明方式。如果立法规范能够产生良好社会经济等效果，就是正当的；否则，就是非正当的。上述三项制度可以结果论的论证型式中的积极后果的论证型式论证如下：

前提：如果 A 被产生，那么好的后果很可能出现

结论：A 应产生。

如果将 A 转换为立法规范，则积极后果的论证型式就是：

前提：如果立法规范被产生，那么好的后果很可能出现

结论：立法规范应产生。

以下以此分别对个体工商户条例中的相关制度内容进行正当性论证。

1. 对取消对个体工商户的一些不适当限制的正当性论证

原来的《城乡个体工商户管理暂行条例》对个体工商户的限制包括以下几个方面：一是对于个体工商户雇佣人员的限制。原来的暂行条例规定，个体工商户最多可以雇佣7人。① 二是对从事个体工商户的主体的限制。原来的暂行条例规定，"有经营能力的城镇待业人员、农村村民以及国家政策允许的其他人员，可以申请从事个体工商业经营，经核准登记为个体工商户。"② 三是对个体工商户从业领域的限制。原暂行条例规定，个体工商户可以从事法律和政策允许的相关行业。③ 四是对个体工商户收费。原暂行条例规定："个体工商户应缴纳管理费。"④

如果要证明取消对个体工商户一些不适当限制制度的正当性，就需要证明取消这些不适当限制有助于社会经济发展和促进就业。只要作出上述证明，则取消不适当限制的制度规范的正当性就得以证立。其论证型式如下：

前提：如果取消对个体工商户的一些不适当限制，那么将有助于社会经济的发展和促进就业。

结论：应当取消对个体工商户的不适当限制。

要证明上述前提，就需要分别证明取消上述四项限制措施有助于

---

① 《城乡个体工商户管理暂行条例》第4条规定："个体工商户可以根据经营情况请一二个帮手；有技术的个体工商户可以带三五个学徒。"

② 同上第2条。

③ 同上第3条规定："个体工商户可以在国家法律和政策允许的范围内，经营工业、手工业、建筑业、交通运输业、商业、饮食业、服务业、修理业及其他行业。"

④ 同上第13条。

社会经济的发展、促进就业。以下我们分别证明。

首先,证明取消个体工商户雇佣人员人数限制将有助于社会经济发展、促进就业。原来暂行条例规定个体工商户最多可以雇员七人,事实上构成了对个体工商户雇佣人员规模的限制,对个体工商户扩大规模构成了限制。立法机关经多次征求有关部门、地方政府、基层工商所、税务所以及专家学者等各方面意见,并反复研究,取消对个体工商户从业人员的人数限制,反而有利于个体经济发展和扩大就业,主要理由是:暂行条例对个体工商户从业人员人数限制的规定,是在特定历史条件下形成的,从暂行条例多年来的实际执行情况看,由于工商部门无法对个体工商户实际从业人员人数逐户核对和监管,相当多的个体工商户实际从业人员人数远超过登记从业人员人数,使得这一规定形同虚设;取消对个体工商户从业人员人数的限制,虽会使其与个人独资企业在制度上无明显区别,但对实际经济生活并无不利影响,反而有利于个体经济发展和扩大就业,符合鼓励非公经济发展的政策;经营者是采用个体工商户形式还是企业形式从事经营,在不影响公共利益和市场秩序的情况下,应尊重经营者自己的意愿和市场的选择。

其次,证明放宽能够从事个体工商户的主体范围将有助于社会经济发展、促进就业。原来暂行条例规定将从事个体工商户的人员限定为"有经营能力的城镇待业人员、农村村民以及国家政策允许的其他人员"[1],事实上限制了上述人员以外的人登记为个体工商户,限制了就业。如果放开,能够使这部分原来被限制的人员从事个体工商户经营,自然有助于社会经济发展和促进就业。

再次,证明放宽经营范围将有助于社会经济发展、促进就业。原来

---

[1] 《城乡个体工商户管理暂行条例》第 2 条规定:"个体工商户可以在国家法律和政策允许的范围内,经营工业、手工业、建筑业、交通运输业、商业、饮食业、服务业、修理业及其他行业。"

的暂行条例规定,个体工商户可以从事法律和政策允许的行业。① 事实上对个体工商户从事范围构成了限制。取消对经营范围的限制,赋予个体工商户从事法律、行政法规禁止进入的行业之外的所有行业,扩大了其从业范围。这一制度措施,将使个体工商户扩张其经营范围,有助于社会经济发展。

最后,证明取消个体工商户管理费将有助于社会经济发展、促进就业。取消对个体工商户的管理费减轻了个体工商户尤其是个人或者家庭经营小规模的个体工商户的经济负担,也有助于这些个体工商户的发展,有利于社会经济发展。

通过以上证明,可以得出结论:取消对个体工商户的上述四个方面的不适当限制,将有助于社会经济的发展和促进就业,因此取消上述不适当限制是正当的。

2.对个体工商户的扶持、服务措施内容的正当性论证

为了充分发挥个体工商户服务经济社会发展和扩大就业的重要作用,立法机关设定了以下政府对个体工商户的支持和服务措施:一是地方人民政府和县级以上人民政府部门应当为个体户提供技能培训、社会保险等方面的服务;二是登记机关和相关行政机关应当为个体工商户提供行政许可方面的服务;三是个体工商户可以在银行等金融机构开立账户、申请贷款,金融机构应当为其提供便利。②

---

① 《城乡个体工商户管理暂行条例》第3条。
② 《个体工商户条例》草案相关条文:"一是地方各级人民政府和县级以上人民政府有关部门应当采取措施,在经营场所、创业和职业技能培训、职业技能鉴定、技术创新、参加社会保险等方面,为个体工商户提供支持、便利和信息咨询等服务;二是登记机关和有关行政机关应当在其政府网站和办公场所,以便于公众知晓的方式公布个体工商户申请登记和行政许可的条件、程序、期限、需要提交的全部材料目录和收费标准等事项,并为申请人提供指导和查询服务。三是个体工商户可以凭营业执照及税务登记证明,依法在银行或者其他金融机构开立账户,申请贷款;金融机构应当改进和完善金融服务,为个体工商户申请贷款提供便利。"已成为条例正式条文(第6条、第15条、第19条)。

如果要证明政府对个体工商户的扶持、服务措施的正当性,就需要证明政府对个体工商户的扶持、服务措施有助于社会经济发展和促进就业。只要作出上述证明,则政府对个体工商户的扶持、服务措施的正当性就得以证立。其论证型式如下:

前提:如果政府对个体工商户提供扶持、服务措施,那么将有助于社会经济的发展和促进就业。

结论:政府应当对个体工商户提供扶持、服务措施。

显然,上述三个方面的制度措施,都有利于促进个体工商户的发展。这几项制度措施是政府在经营场所、创业和职业技能培训、职业技能鉴定、技术创新、参加社会保险,行政许可和办理登记,以及金融等方面,为个体工商户提供支持、便利和信息咨询等服务。这自然有利于个体工商户在上述方面获得政府支持和服务,促进其发展,也必将有利于推进社会经济发展。

由此可以得出结论:规定政府对个体工商户提供扶持、服务的制度措施,将有助于社会经济的发展和促进就业,因此,明确规定政府对个体工商户提供扶持、服务的制度措施是正当的。

3.对个体工商户从事经营活动的基本行为规范的正当性论证

为了充分发挥个体工商户服务经济社会发展和扩大就业的重要作用,立法机关对个体工商户行为规范设定了以下内容:"一是工商行政管理部门和县级以上人民政府其他有关部门应当依法对个体工商户实行监督和管理。个体工商户从事经营活动,应当遵守法律、法规,遵守社会公德、商业道德,诚实守信,接受政府及其有关部门依法实施的监督。"①二是为维护个体工商户所招用从业人员的权益,规定"个体工商户应当依法与招用的从业人员订立劳动合同,履行法律、行政法规规定

---

① 《个体工商户条例》草案相关条文,已成为条例正式条文(第5条)。

和合同约定的义务,不得侵害从业人员的合法权益。"①

如果要证明规定对个体工商户从事经营活动的基本行为规范的正当性,就需要证明规定对个体工商户从事经营活动的基本行为规范有助于社会经济发展和促进就业。只要作出上述证明,则规定对个体工商户从事经营活动的基本行为规范的正当性就得以证立。其论证型式如下:

前提:如果规定对个体工商户从事经营活动的基本行为规范,那么将有助于社会经济的发展和促进就业。

结论:应当规定对个体工商户从事经营活动的基本行为规范。

上述两个方面的制度措施,显然有利于个体工商户合法经营,促进其健康发展,也必将有利于推进社会经济发展。

由此,可以得出结论:规定对个体工商户从事经营活动的基本行为规范,将有助于社会经济的发展和促进就业,因此规定对个体工商户从事经营活动的基本行为规范是正当的。

上述内容,在经过国务院常务会议审议后,成为个体工商户条例的正式内容。

---

① 《个体工商户条例》草案相关条文,已成为条例正式条文(第20条)。

第五章 立法论证中的合理性

第一节 合理性与立法合理性证成

一、合理性的概念

合理性是一个非常复杂的概念,也是西方哲学、社会学的一个非常重要的概念,我国传统哲学中也有相应概念。哈贝马斯指出,"从历史起源以来,意见和行动的合理性就是哲学研讨的一个论题。"①

(一)西方合理性概念分析

1.黑格尔对于合理性论述

德国哲学家黑格尔是西方哲学史上最早研究合理性的思想家。其关于合理性的思想可以概括为以下两个方面:一是合理性就意味着合乎规律性。这主要基于"理性"与"规律"两个概念是同义的。黑格尔认为:"抽象地说,合理性一般是普遍性和单一性相互渗透的统一。具体地说,这里合理性按其内容是客观自由(即普遍的实体性意志)与主观自由(即个人知识和他所追求特殊目的的意志)两者的统一;因此合理性按其形式就是根据被思考的即普遍的规律和原则而规定

---

① [德]哈贝马斯:《交往行动理论——行动的合理性和社会合理化》,洪佩郁、蔺青译,重庆出版社1994年版,第22页。

自己的行动。"① 这即是说,合理性就是依据普遍规律和原则而采取行动,因此符合规律自然就是合理性的。二是合理性和现实性是统一的。黑格尔有一句名言:"凡是合乎理性的东西都是现实的;凡是现实的东西都是合乎理性的。"② 在黑格尔看来,合理性和现实性是统一的。只有具有合理性的事物,才能够成为现实的事物;而当事物失去合理性时,自然也就丧失了现实性。

2. 马克思·韦伯关于合理性的观点

马克思·韦伯继承了德国哲学的传统,也认为"合理性"就是"事物的本性和规律"。在此基础上,又提出了新的观点:摆脱愚昧、迷信,通过计算支配一切事物。他说:"这只意味着,在任何时候人如果想知道或相信某些东西,他就能学到这些东西。就是说,原则上这里没有神秘的、不可计算的力量在起作用,原则上人可以通过计算支配一切事物。这就意味着世界是祛除巫魅的。人不必再像野蛮人那样相信有这种神秘的力量存在,不再诉诸巫术手段去支配或祈求神灵。技术手段和计算可以为人效力。这就是理智化的意义。"③ 这也就是现代性带来的世界的祛魅,人们可以凭借理性的计算和技术手段支配外在事物。

他还区分了合理性行动和非理性行动④,其中工具合理性和价值合理性行动⑤是合理性行动。"这两种行动都是经过理智思考和判断

---

① [德]黑格尔著:《法哲学原理》,范扬等译,商务印书馆 1979 年版,第 254 页,转引自严存生:《法的合理性研究》,载《法制与社会发展》2002 年第 4 期,第 38 页。
② [德]黑格尔著:《法哲学原理》,范扬等译,商务印书馆 1979 年版,序言第 11 页。
③ 苏国勋:《理性化及其限制——韦伯思想引论》,上海人民出版社 1988 年版,第 87 页。
④ 在韦伯看来,传统行动以过去事物、习俗的神圣性为行为依据,情感行动是以官能的快感、情感或者情绪所引起的行动,并不经过理性的思考或者计算,因而属于非理性行动。参见苏国勋:《理性化及其限制——韦伯思想引论》,上海人民出版社 1988 年版,第 82 页。
⑤ 在韦伯的概念下,工具合理性和价值合理性都是理想类型,也就是说现实中并无纯粹形态。

后的行动,尽管其理智程度有所不同,但都属于合理性行动。"①"所谓工具合理性行动,是指对达成目的的可资运用的手段的估价,在此基础上去追求一个限定的目标并设法预测其可能后果。"②对于工具合理性而言,侧重考虑的是手段对于达成一定目的的效能,至于特定目的所针对的价值是否符合人们期望或者愿望则在所不问。相对于工具合理性对价值的冷漠,价值合理性关注的是行动是否符合一定价值,对后果则不予考虑。价值合理性是一种实质合理性。行动者为了理想、价值目标可以不惜一切代价。为理想和信仰而不惜牺牲生命的革命志士,就是价值合理性的体现和化身。工具合理性是一种形式合理性,其追求手段和程序的可计算性。工具合理性容易将外在客体包括外部资源、社会或者他人均视作达成一定目的的手段,从而产生漠视人的情感、精神价值的弊端。需要说明的是,韦伯的概念是理想类型。在现实中并无纯粹的存在,毋宁工具合理性和价值合理性是同时存在,相辅相成的。

3. 哈贝马斯对于合理性的论述

哈贝马斯的合理性理论是在批判韦伯思想基础上形成的。哈贝马

---

① 苏国勋:《理性化及其限制——韦伯思想引论》,上海人民出版社1988年版,第83页。

② 同上书,第82页。诺齐克和卡尔·波普尔对工具合理性的界定与韦伯基本一致。诺齐克认为:"当某事能因果有效地实现或者满足各种给定的目标、目的、愿望或者效用时,其对于后者就是工具地合理的。"参见罗伯特·诺齐克:《合理性的本质》,上海译文出版社2012年版,第214页。对于工具合理性的重要地位,罗伯特·诺齐克在其《合理性的本质》作了评价。他认为:"工具合理性处于所有合理性理论的交集之中。在这一意义上,工具合理性就是那种默认的理论,也即所有讨论合理性的人都认为理所当然的理论,不管他们还有什么其他看法。诺齐克也分析了工具合理性的不足之处。他认为工具合理性根本不可能让我们去评价那些目标、目的和欲望本身。"参见上书第222页。卡尔·波普尔所认为的合理性也是工具合理性,与韦伯的观点相同。他认为:"我相信,我们只能在同某些目的或者目标的联系中判断一个行动的合理性,这一点是相当正确的。"参见 Karl Popper, *Conjecture and Refutation*, Routledge and Kegan Paul, London, 1972, p.362。

斯坦承:"从理论的发展史来说,马克斯·韦伯是我的理论出发点。"①在合理性理论脉络中,韦伯深刻揭示了西方资本主义现代性、合理化进程所带来的负面后果:随着工具理性的扩张,导致自由与意义的丧失,"文化也失去了通过信念来调和各种利益的力量。"②西方的科技理性和工具理性的发展固然给人类带来了物质文明的高度享受,但是人却限于被控制和压制的境地,而且愈演愈烈,正如韦伯所言,人困于"铁笼"之中,坠入"专家没有灵魂,纵欲者没有心肝"的"衰人"的境地。哈贝马斯指出:"韦伯侧重于从工具合理性来解释资本主义发展,并把资本主义发展视为工具理性发展的结果。但是,这并不是西方历史的必然发展方向,韦伯对理性化、合理性的理解是有偏颇之处的。其原因在于韦伯将理性发展过程中的形式、逻辑和其发展的内容和动力混淆了。"③发展过程中的形式、逻辑属于理性的普遍特质,而后者发展的内容与动力如新教,则属于西方现代化进程中的偶发因素。不能将西方现代化进程中偶然出现的因素,就轻易认定工具和科技理性对人的控制是人类不可摆脱的历史宿命。哈氏充满乐观地认为,沟通合理性④可以突破韦伯所谓的历史宿命。

哈贝马斯沟通合理性观点是一种"程序性的"合理性观,区别于"实质性的"的合理性观。这种合理性观,在美国哲学家普特南看来,属于

---

① [德]哈贝马斯:《现代性的地平线》,李安东、段怀清译,上海人民出版社 1997 年版,第 59 页。

② J. Habermas, *The Theory of Communicative Action*, Vol. 2, Boston: Beacon Press, 1987, pp. 301—302. 转引自陈志刚:《现代性批判及其对话——马克思与韦伯、福柯、哈贝马斯等思想的比较》,社会科学文献出版社 2012 年版,第 282 页。

③ J. Habermas, *The Theory of Communicative Action*, Vol. 2, Boston: Beacon Press, 1987, pp. 301—302. 转引自阮新邦:《批判诠释与知识重建——哈贝马斯视野下的社会研究》,社会科学文献出版社 1999 年版,第 53 页。

④ 目前哈贝马斯译书中,一般将沟通合理性翻译为交往合理性。译作沟通合理性比较合适,交往容易引起歧义和误解。

"唯标准主义"合理性观①,将某些既定的标准当作合理规范本身。在哈贝马斯看来,"合理性不再体现为通过孤独个体的自我反思就能找到先验标准,而是存在于主体与主体之间持续的沟通、讨论与论辩中。同时这种论辩必须基于理由,而且理由本身也必须经受讨论和批判。"②在这个意义上,哈贝马斯所做的就是要超越实质合理性观并引进程序性合理性观。在哈贝马斯看来,只有主体间开放的、批判性的,因而是合理的沟通,才是最高的"上诉法庭"。

哈贝马斯的合理性理论有以下两个方面的缺陷:一是哈贝马斯将逻辑意义上的有效性置于至上地位,以此为进路,实践意义上的合理性难以获致适当定位。哈贝马斯的合理性理论,是以通过相互之间的讨论、对话、论辩,以达致相互之间的理解和共识。这一层面的合理性更多呈现逻辑层面的意义。二是哈贝马斯关注的是形式层面的合理性,对实质价值缺乏关注。哈贝马斯主要关注通过言语的沟通、辩论而达成共识和相互理解。其提出的通过语言沟通达成的合理性,更多地体现为形式的意义,主要涉及言说的方式(真实性、真诚性、正当性),而不是涉及言说的实质内容。因此,虽然哈贝马斯的克服金钱和权力的侵入和宰制而实现自由、无压迫的沟通体现了积极的价值取向,但是非常遗憾,他还是过于关注形式的层面,对实质层面则缺乏关注。

(二)中国对合理性的论述

在我国哲学中,合理性③也是一个核心概念,主要有以下几个层面

---

① [美]普特南:《理性、真理与历史》,童世骏、李光程译,上海译文出版社1997年版,第119页。

② 童世骏:《批判与实践——论哈贝马斯的批判理论》,三联书店2007年版,第10—11页。

③ 需要说明的是,杨国荣先生在讨论合理性概念时,是将之视为广义的理性概念的组成部分。他认为广义的理性同时指向合理性(rationality)。参见杨国荣:《哲学的视域》,三联书店2014年版,第190页。

的涵义。

一是遵循逻辑法则,具有理由支持。"在中国的语境中,合理性关乎知与行的合理方式与由此形成的结果。在知的层面,合理意义上的理性既表现为遵循思维的法则,也体现为注重理由与根据。"①墨子谈及论辩过程时,曾指出:"仁人以其取舍、是非之理相告,无故从有故,弗知从有知也,见善必迁。"②其中"无故从有故",即是说在辩论过程中接受某种意见要以具有理由作为根据,自然也是对执着己见、无根据无理由的强词夺理的否定。"言之成理、持之有故"也蕴含了此种意义上的合理性的要求。

二是"合理"即是"合宜",这里的"宜"表现为言语与行为的适当和适度。从行为或者实践过程而言,中国哲学中的合理性不仅涉及"理",还涉及"情"。从词源而言,"情"不仅含有"实情"、"情境"等实在性含义,同时也含有主体情感的含义。"如果说普遍规范、原则主要从形式的层面体现了价值取向,则情感从实质层面体现了具体的价值意识。"③这是我国传统思想的根本取向,体现为情理融合,而不是情理相分,至今依然是我们的思维方式结构。如我们在日常中经常所说的"合情合理、通情达理",就体现了情理相融的特点。

情理交融,还体现在主体之间的交往和沟通。主体之间不仅需要以讨论、对话和批评言语活动实现彼此之间的理解,还需要基于情感的主体之间的沟通。不但言说者要晓之以理,还要动之以情;"不仅要通过逻辑的力量使聆听者不能不接受其所言内容,还需要通过感情的感化,使之心悦诚服。"④从积极方面而言,情常常与悦相联系,所谓"凡人

---

① 杨国荣:《哲学的视域》,三联书店2014年版,第190页。
② 见《墨子·非儒》。
③ 同①书,第192页。
④ 同上书,第193页。

情为可悦也。"①正是情的这一特质构成了主体之间通过沟通形成共识的内在基础。此种内在之情,包括追求真善的向真向善之情,乐意接受他人批评意见的恳切之心,对外人意见和见解能够认同的容纳之怀等等。通过情感的温情和柔化,可以使逻辑力量获得使人乐于易于接受的效果。在理性和逻辑力量的同时,唯有伴以真情实意,才能使聆听者既信又服,达到信服的境地。从另一方面即聆听者而言,则需具有相信他人追求真善的正心诚意,也需有从他人视角设身处地考虑并理解他人的诚意。因此,在中国哲学上而言,合理性以情景交融为内在特点。这是有别于西方哲学和社会学关于合理性观点的地方。

三是在中国哲学中,同样关注价值合理性和手段合理性。在中国哲学知与行互动的视域来看,实践过程中的认知过程既包含认知,也包含评价。认知以真实地把握外在世界和人自身为目标;而评价则体现为对价值目标的选择与确定。在此意义上,认知层面上的对外在事物事实层面的把握,以及评价层面上对于价值目标的选择,共同构成实践过程合理性的两个层面。即实践过程的合理性包含了价值目标(目的)选择的合理性和事实层面的手段对于实现目标或者目的有效性意义上的合理性。因此,价值合理性和手段合理性在实践层面就指向了目的与手段的关系。价值合理性以求善(价值上的善)为目标,而手段合理性则以求真(事实上的有效性)为目标。"这样,以实践目的的正当性和实践手段的有效性为指向,实践的理性化(合理性)就具体体现为真与善的统一。"②

(三) 合理性的含义

综合上述分析,结合日常生活中对合理性的用法,合理性具有以下几个方面的含义:

---

① 郭店楚简《性自命出篇》。
② 杨国荣:《人类行动与实践智慧》,三联书店 2014 年版,第 252—253 页。

一是具有理由支撑。此种意义上的合理性是以语言形式表现出来的对事物或者行动理由的说明或论证。一种事物或行动的是否合理,应当向他人作出说明和解释,陈述理由。基于此,只要能够陈述充分的理由并能说服人,那么一种事物或行动,一般就会被视为合理的。这里需要注意的是,因为事物自身具有双重性,从不同角度找到辩解的理由并不困难。同时,人们看问题时具有不同的角度和"前见",导致对同一事物或者行动的不同理解。这些原因,使作为理由的"合理性"具有相对性的特点。

二是合于逻辑。合于逻辑讲的是思维活动本身,不涉及思维活动内容的合理性。它研究的是思维的规律或者规则,包括逻辑思维的起点和过程的路向,思维的方法和角度等。因为研究上述问题的学科是逻辑学,所以此种意义上的合理性也可称为合逻辑性。符合逻辑学规则的思维,就是合理的;与逻辑不相符合的思维为非理性思维。

三是合于自然规律(真理)或者人伦之理。符合自然规律意义上的合理性与合规律性是一致的。对于合乎人伦之理,主要是指人们行为要与社会伦理相符。我们平时所说某人某事不合情理,天理难容等,就是说其不合于人伦之理。这里的人伦之理就是构成社会秩序和社会合作的规则和规范。如果个体漠视或者违反这些规则,就会被认为是非理性的或不合理的。

四是手段实现目的的有效性。此种意义上的合理性,也称为工具合理性,是在手段实现目的的有效性的意义上而言的。在目的确定的前提下,手段能够有效地实现目的,那么这种手段就是工具合理性的。

二、立法合理性证成的内容和要求

(一)立法合理性证成的内容

1.规范选择的合理性

立法作为规范方案选择的合理性,体现为经过评估或者论证后,立法是最优选择。规范选择的合理性就是要论证某种社会关系的调整或者社会问题的解决必须依靠立法作为调整手段。与其他调整手段或者社会规范相比,如道德和习惯,法律具有国家强制性,依靠国家强制力保证实施。对于社会关系的调整或者社会问题的解决,需要国家强力予以保障的情况下,立法就是合理的规范方式。在此种情况下,立法作为整体性的规范手段,就是具有合理性的。

此外,在确定立法作为规范方案后,还需要对通过何种位阶的立法进行论证。比如,对于社会问题,是通过法律、行政法规还是规章,或者是地方性立法来解决。

2.规范内容的有效性和可行性

规范内容的合理性论证就是要论证规范内容对于实现立法目的的有效性和可行性。① 主要包括以下两个方面的内容:一是对规范内容实现立法意图的有效性的评估。此种有效性是指立法内容是实现立法目的的有效手段,能够实现立法者的目标。这事实上是在手段-目的的层面论述规范内容的合理性。二是对规范内容实现立法目的的可行性的论证。"可行性也称可操作性问题,是指规范方案能够在社会上得到具体的实施和实现。可行性分析是对各种规范方案进行考证,论证其在客观现实的基础上是否具备了条件和能力。也就是说,可行性分析是对社会上是否具备了实施规范方案的条件和能力进行的说明和论证。"②立法的可行性要关注立法的社会客观条件。这些条件包括物质条件和精神条件。如果社会客观条件不成熟或者不具备,就不可能进行相关立法。同时,立法可行性分析还要研究其实施条件和社会接受

---

① 汪全胜:《立法的合理性评估》,载《上海行政学院学报》2008年第4期,第34—35页。

② 汪全胜:《立法效益研究》,中国法制出版社2003年版,第138页。

能力。如果实施条件如人员配备等不具备,或者社会难以接受,也不具有可行性。

(二)规范内容合理性证成的要求

对于规范内容,不仅需要立法机关从认识论的角度考虑立法内容的合规律性,同时,还要从价值论的层面考虑立法内容的合利益性。合规律性和合利益性在我国宪法和立法法中均有明确规定和要求。这两个要求实质上是在立法论证过程中,对立法机关的两个规范性要求:合规律性就是求真,合利益性就是求善。求真和求善[①]是立法论证必须追求的价值目标。

1. 规范内容的合规律性(求真)

规范内容的合规律性体现了人类活动的真理原则。"所谓真理原则,就是人类在意识和行为中追求真理、服从真理、坚持和执行真理的原则。其基本内容是:人必须按照世界的本来面目和规律去认识和改造世界,包括认识和改造人自身。"[②]人类制定规范的活动也是属于人类的活动,自然也需要服从真理原则。就规范而言,就是要求规范要高度地符合客观对象本身的特性和规律,即按照对象本身的尺度来规定人的行为和活动。

(1)规范与规律

规范的形成是以人们对自然规律和社会规律的认识为基础的,正如我国著名哲学家杨国荣先生所言"规范的形成总是基于现实的存在(实然)以及现实存在所包含的法则(必然),与实然或者必然相冲突,便难以成为具有实际引导和约束意义的规范"[③]。规范的形成是人们将

[①] 求真和求善之外,规范内容的语言表述简洁、准确,逻辑严明,结构和形式合理、严谨,就是求美。由于本文的立法论证仅涉及制度内容,因此,未涉及形式部分。
[②] 李德顺:《价值论》,中国人民大学出版社2013年版,第213页。
[③] 杨国荣:《认识与价值》,华东师范大学出版社2009年版,第33页。

日常生活和生产实践中认识总结的反应自然和社会规律的"自在的必然性"转化为"为人的必然性"的过程。这一过程是人们在"求真"的基础上,将反映客观必然性和因果必然性的规律,转化为为我所用、保障和维护人们利益的规范的过程,是使"自在的规律"转化为"为人的规范"的过程。

①自然规范与规律

自然规范是调整人与自然关系的规范。自然规范根据对自然的分类,又可以分为调整人与天然自然的关系的规范、调整人与人造自然的规范、调整人与人体自然的规范。这三种规范均建立在人对天然自然、人造自然与人体自然的实然和必然、实存和规律的认识和把握之上,并在此基础上为了保障和维护人的利益而转化为"为人的规范"。

首先,就调整人与天然自然关系的规范而言,人必须在生产(科学)实践、日常生活中,通过观察、总结或者科学实验,认识和把握了天然自然的现象和规律后,才可能产生保障和维护人的利益的规范。易言之,这些规范也是天然自然中存在的客观规律和因果必然性的反映。如"打雷不得站在大树下"的规范,就是人们在长期的观察、总结雷电导致大树被劈断或者起火甚至人、动物被击伤、击毙的实践中,认识到打雷时站在大树下容易导致人的伤亡的规律后,将这一"自在规律"转化为"为人规范"。还如,随着手机的普及,人们认识到在雷雨天气中接打手机容易导致人员伤亡的规律后,从而总结出"雷雨天不得接打手机"的规范,等等。

其次,就调整人与人造自然关系的规范而言,人在改造自然过程中认识到自然规律和因果必然性后进而把自然规律转化为"为人的规范"。由于这类规范主要调整人与自然力、劳动对象、劳动工具、劳动成果关系,也可以称为技术规范。如人类在建造水电站大坝和灌溉大坝的实践中,通过对水体压力、大坝承受力的关系的规律的掌握,对不同的大坝均根据其具体情况，制定了不同的蓄水线，并转化为"蓄水不得超过蓄水线"的规范。不遵循这一规范，可能导致溃坝等结果的发生。中国的农谚也属于反映自然规律的技术规范。如"清明前后种瓜种豆""七葱八蒜"，就是我国先民在长期的农业实践中，对瓜豆葱蒜等农作物的生长规律和气候变化周期的规律认识和掌握后，确立起来的农业技术规范。不遵守这一规范，种植作物失去时令，必然受到自然规律的惩罚。我国先民在长期的生产实践中，在认识和把握规律基础上还总结了大量的手工业和建筑等许多领域的技术规范。如在《天工开物》中《锤锻》卷中，记载了关于锻制铁器的技术规范："熟铁锻成，融化生铁淋口，入水淬健，即成刚劲。每锹、锄重一斤者，淋生铁三钱为率，少则不坚，多则过刚而脆。"① 我国传统社会工程做法则例，则是工程建筑必须遵循的技术规范。这些规范是制作好农具、建造建筑必须遵循的规范，否则必然失败，制造不出好的农具、建造不出符合质量的建筑。随着人类科学技术的进步，技术规范的形成主要依赖于科学原理和技术原理的应用，而科学原理和技术原理同样是人们认识和掌握自然规律的结果。人们只有先认识到自然过程或者生产实践过程中的自然规律或者因果必然性后，将之再运用于生产过程，才产生相应的技术规范。如电工技术规范和各种施工技术规范，就是人们在认识了电学规律、电学原理和施工中必须遵循的规律和因果必然性后，才制定出来的。不遵循电工规范和施工规范，必然导致电工作业和施工质量难以保证。总之，技术规范是人们长期实践经验的总结，是人们对自然的科学认识和人们价值目标相互结合的产物。

再次，就调整人与人体自然关系的规范而言，人类在长期对人体自

---

① （明）宋应星：《天工开物》，广东人民出版社1976年版第270页。转引自徐梦秋等著：《规范通论》，商务印书馆2011年版，第62页。

然规律的认识和掌握过程中,形成了调整人与人体自然的规范。毛泽东指出,中国中医是中华民族对世界的巨大贡献之一。在长期的探索和实践中,我国先民积累和形成了对人体自然及人体自然与外在自然的系统关系及其规律的认识,形成了《黄帝内经》《伤寒杂病论》《金匮要略》等著名的中医药典籍,蒙医、藏医以及其他少数民族医学也形成了自己独特体系。中医中包含了大量调整人与人体自然关系的规范。比如,"女子宜藏"就是针对女子而言的一条中医规范,要求女子不能衣着暴露,以防止外邪侵入而致病。据此,女子不应当衣着暴露,否则必然导致健康流失。如,对于阳虚证当"益火之源,以消阴翳",也就是说要扶阳抑阴,其方法甚多,或甘温扶阳,或破阴返阳,或温阳通络,或降火潜阳,或阴中求阳,或小火养阳等等。医圣张仲景有思逆、白通、理中、当归四逆、桂附等方。① 具体使用何方,则需根据病人具体情况辩证施治,随证治之。这也是中医在总结阳虚证规律基础上总结出的治疗规范和治疗方法。人与人体自然关系的规范,是人类在认识自身自然规律基础上,将自身自然规范转化为"为人的规范"过程中形成的。

总之,自然规范应然中含有实然和必然,规范中含有规律。恩格斯深刻指出:"如果不谈……必然和自由的关系等问题,就不能很好地议论道德和法的问题"②。这段话深刻揭示了要深入讨论道德和法等规范问题,就必须涉及规范与必然的关系问题。不符合客观必然和规律的规范,是难以实施的,最终会受到规律的无情嘲笑和抛弃。只有在规范符合自然规律的前提下,通过规范人们才能实现自由。"自由不在于幻想中摆脱自然规律而独立,而在于认识这些规律,从而能够有计划地使自然规律为一定的目的服务。这无论对于外部自然的规律,或者对

---

① 董洪涛:《选择中医》,广西师范大学出版社 2010 年版,第 53 页。
② [德]马克思、恩格斯:《马克思恩格斯选集》第三卷,人民出版社 2012 年版,第 490 页。

支配人本身的肉体存在和精神存在的规律来说，都是一样的。……自由就在于根据对自然界的必然性的认识来支配我们自己和外部自然。"①就规范和自由的关系而言，人们可以通过制定符合自然规律的规范，并通过遵守规范而获得自由。

②社会规范与规律。

人们在社会活动中也要受到规律和客观必然性的支配。调整人与人社会关系的社会规范的形成，同样也要以人类认识和把握客观规律和客观必然性为前提。违背客观规律和客观必然性的规范，难以成为实际有效并被人们遵循的规范。

私有制社会中，在涉及财产的规范方面普遍存在"禁止抢劫、禁止盗窃"的社会规范。上述规范就反映了私有制社会有序存在和运行的客观必然性。在私有制社会，如果不禁止抢劫和盗窃，不对上述行为施加严厉的惩罚，必然导致社会秩序的混乱甚至失序；如果任由抢劫和盗窃普遍发生，必然危及甚至颠覆生产资料和生活资料的私有制。认识到此种必然性后，私有制社会的统治集团就自然形成"禁止盗窃和抢劫"的共同意志，并制定相应的规范。这是从社会生活的必然性出发形成共同意志并进而上升为规范的一个例证。

禁止近亲结婚也是人类社会普遍的社会规范。这一规范是调整两性关系和家庭关系的重要规范。这一规范的形成也反映了社会生活的客观必然性。人们在长期的实践中发现，近亲交配导致出生缺陷、畸形、痴呆等病症的高发，导致流行近亲结婚的团体和组织的人种退化和衰败，并逐渐认识到了两者之间的因果必然性。为了防止近亲结婚危及后代和氏族、宗族等血缘团体和组织，先民们形成了近亲不结婚的禁

---

① ［德］马克思、恩格斯：《马克思恩格斯选集》第三卷，人民出版社2012年版，第491—492页。

忌,并形成了禁止近亲结婚的规范。这个例证说明了,正是在人们认识并把握客观必然性的基础上,为了防止有害结果的发生,确立了相应的禁止性规范。

禁止高速公路逆行也是各国高速公路立法的普遍规范。这一规范的形成也是客观必然性的反映。由于高速公路上车速非常快,如果在高速公路上逆行,必然导致高速公路事故的高发,危及人们在高速公路上的生命和财产安全。在人们认识到高速公路逆行和事故高发的客观必然性的基础上,为了防止高速公路逆行引发交通事故,保护人们的生命财产安全,从而形成了禁止高速公路逆行的禁止性规范。

总之,在社会规范中也是应然中含有实然和必然,规范中含有规律。符合实然、必然和规律,是社会规范能够有效实施并被人们遵守的一个重要基础和条件。人们遵守符合实然、必然和规律的社会规范,也是人们获得社会自由的重要指引和保障。

(2)规范内容合规律性对立法机关的要求

在这一层面,要求立法机关设定的规范内容,要与客观实际和规律相符,不能脱离实际。我们通常所说的"实事求是""从实际出发""主观符合客观""思想与现实一致"都是要求主体的思想要符合客观对象本身的特性和规律。判断规范内容所涉事实情况的真假,标准只有一个,那就是看其是否与客观现实情况相符,是否符合客观规律。

在法律层面,我国立法法对立法机关提出了立法合规律性的要求。我国立法法明确规定,立法应当从实际出发。① 立法从实际出发,实际上就是立法要符合客观实际的本性和规律。

2.规范内容合利益性(求善)

规范内容的合利益性体现了人类活动的价值原则。"所谓价值原

---

① 《立法法》第6条。

则,就是人的意识和行为中包含主体需要、追求价值和注重效益的原则。它的主要内容是:人类必须改造世界使之适合于人类社会的进步发展,或按照人的尺度和需要去认识世界改造世界,包括人和社会本身。"[1]人类制定规范的活动当然也要服从价值原则。就规范而言,就是要求规范要能够真正反映、维护和保障相关主体的利益和需要。

(1)规范与价值

从规范合规律性而言,规范蕴含了求真的成分;从规范合利益性而言,规范又蕴含了求善的成分。而善的成分,就是规范中含有的价值因素。因此,规范既包含了真的成分,又包含了善的成分。

由"自在规律"(实然、必然)向"为人的规范"的转化,不仅需要对客观实然及其规律和必然的认识和把握,还要在此基础上经过价值评价这个中间环节才能实现。对客观现实及其规律或者必然性的认知,仍然属于实然、必然层面的认知,由此并不能得出属于应然层面的规范。只有在对实然和必然(规律)认知基础上,结合主体的价值评价,才能共同得出规范。易言之,即规范只有以事实判断和价值判断为基础才能得出。本书已经在第二章第二节详细论述了立法论证的推理结构和过程可以分为如下几个相互续接的环节和内容:从社会问题中归纳出事实陈述——对事实陈述进行评价得出评价陈述——由评价陈述得出规范陈述(在这个阶段还存在立法目的与立法手段之间的实践推理,并要论证立法措施是实现立法目的的有效手段)[2]。在此过程中,对事实陈述进行评价就体现了主体价值判断和评价的介入。正是立法者所秉持价值判断和评价的介入,才能够从事实陈述和评价陈述中得出规范陈述。

---

[1] 李德顺:《价值论》,中国人民大学出版社 2013 年版,第 215 页。
[2] 参加本书第二章第二节"立法论证思维过程"。

规范内容蕴含的价值评价,凸显了规范内容的主体指向,显明了规范内容根本上代表了谁的利益。因此,规范内容在价值层面具有一定的主体相对性,即其依据主体的不同而不同。易言之,规范内容的善具有主体相对性,对于反映了其利益和需要的主体而言的善,对于没有甚至利益被侵害的其他主体而言就是不善。比如,"德国1969年的《市场结构法》就规定,加入生产者共同体的农业合作组织只能是10—500公顷的农户,10公顷以下的农户被明文排除。"[1]这一法律如果从价值层面进行评价,显然代表了资本主义大农场主的利益;对于10公顷以下的农户,这部法律排除和否定了他们的利益。在此,规范内容的阶级性和政治性得以显现。那些宣称普遍性以掩盖规范内容的政治性与阶级性的观点是虚伪和具有欺骗性的。正如我国著名的价值论学者李德顺教授所指出的:"对于一切以损害他人和人类共同利益来满足自己需要的人来说,承认价值原则就意味着公开他们的真实面目。历史上的剥削者总是用各种手段否认或者歪曲价值原则,不敢旗帜鲜明地承认它的主体性和社会性。……他们甚至制造'价值无原则'的神话,把追求价值说成是人们主观任意行为的本性,鼓吹人们的主观追求是天然平等的,与任何社会条件、客观规律和真理都毫无关系,借以掩盖和取消价值原则上的尖锐社会矛盾和斗争。"[2]

并非所有的"自在规律"都可以转化为"为人的规范"。只有人们(主要是占据统治地位的社会统治集团)普遍认识到实然中的必然性(如吸毒和吸毒人的健康损害包括精神失常失控、吸毒人实施危害他人的行为存在因果必然性,这是一个事实陈述),并认为此种实然中的必

---

[1] 吕新雨:《乡村与革命 中国新自由主义批判三书》,华东师范大学出版社2013年版,第117页。

[2] 李德顺:《价值论》,中国人民大学出版社2013年版,第216页。

然性对社会普遍有害或者有益的情况下(如吸毒对吸毒人和社会公众有严重危害,这是评价陈述),才能制定出鼓励或者禁止的规范(如禁止任何人吸毒)。在此过程中,重要的环节就是人们对实然的评价,如果对社会是有利的,那么此种实然就会被鼓励或者提倡,从而形成倡导性规范或者命令性规范;如果人们对实然的评价是有害的,那么此种实然就会被否定或者制止,从而形成禁止性规范。

对实然的不同评价,形成不同的规范:一是如果实然对社会是有利的,因而就肯定此种实然,会形成倡导性或者命令性规范,其表达形式为"应当如何""必须如何";二是如果实然是对社会有害的,就会否定此种实然,形成禁止性规范,其表达形式是"不得如何""禁止如何";三是如果实然对个体有益而对社会没有危害,就会将实施规范要求行为的选择权赋予个体,形成授权性规范,其表达形式为"可以如何""有权如何"。从此可以得出结论:对实然的评价不仅是规范形成的条件,而且决定了规范的类型。

正是在对实然的价值评价问题上,不同的社会主体、社会集团、阶级和阶层基于立场和利益的不同甚至对立,导致对实然作出不同甚至对立的价值评价。但是,最终只有在实际上占据统治地位的社会集团和阶层的价值评价,决定了相应规范的形成。而这些相应的规范也必然总体上反映和体现事实上占据统治地位的社会集团和阶层的利益和需要。当然,非统治地位的社会团体和阶层也可能通过斗争的手段,迫使占据统治地位的社会集团和阶层做出让步,从而使规范内容在一定程度上体现其利益和需要。

综上所述,对实然以及其规律和必然性的把握,对实然的价值评价,共同构成了规范得以形成的充分而必要的条件。这一过程既融合了对实然及其规律和必然的把握和认识,也包含了对实然的价值评价,在此基础上形成了相应的规范。

(2)规范内容合利益性对立法机关的要求

规范内容的合利益性实质上是从价值的角度对规范内容作出评价。对于规范内容,除了在认识论、知识论层面考虑其事实层面是否符合客观实际及其规律外,作为主体的人对客体、现实还存在主体对客体、现实(实然)的评价关系。正是在评价问题上,主体根据自己的需要和利益,作出客体是否能够真正符合其需要或者利益的评价。规范内容合利益性,就是要求立法机关设定的规范内容,能够真正反映、维护和保障相关主体的利益和需要。

规范内容合利益性,在于追问规范内容究竟真实代表和反应了哪些主体的利益和需要。我国宪法规定:"一切国家机关和工作人员,必须依靠人民的支持,经常保持同人民群众的密切联系,倾听人民的意见和建议,接受人民群众的监督,努力为人民服务。"[①]我国立法法明确规定,"立法应当体现人民意志,立法应当从国家整体利益出发。"[②]从以上规定来看,我国宪法和立法法都明确规定了立法机关应当为人民服务,立法应当体现人民意志、维护国家利益。因此,对于我国立法机关而言,规范内容的合利益性就是要求立法要符合人民的利益和国家利益[③]。

第二节 立法合理性证成

上一节已对立法合理性证成的内容进行了分析,本部分主要结合对军工关键设备设施管理条例[④]的立法论证过程,分析如何证成立法

---

① 《宪法》第 27 条。
② 《立法法》第 4、5 条。
③ 对人民利益和国家利益的具体分析参看本书第四章立法论证中的正当性第二节立法正当性证成关于人民利益和国家利益的进一步分析。
④ 本部分关于军工关键设备设施条例的案例是笔者承办的办件。

的合理性。结合对军工关键设备设施管理条例这一具体立法论证实例的分析,从而揭示出立法论证证成立法合理性的普遍性的面向。正如吴冠军教授所言,"每一个独特的例子,本身恰恰具有普遍的向度,这就是黑格尔所说的具体的普遍性。"①

在军工关键设备设施管理条例制定过程中,规范选择和规范内容的合理性证成就是要立法机关论证通过制定军工关键设备设施管理条例(行政法规)及其相关内容,对于保持和提高国防科研生产能力,加强军工关键设备设施的管理,保障其安全、完整和有效使用是必要、有效的和可行的。

一、规范选择的合理性证成

规范选择的"必要性论证主要是证成某种社会关系的调整或者社会问题的解决必须依靠立法作为规制手段。"②具体到军工关键设备设施管理条例而言,就是需要立法机关论证制定作为行政法规的军工关键设备设施管理条例是保持和提高国防科研生产能力,加强军工关键设备设施的管理,保障军工关键设备设施的安全、完整和有效使用的必要手段。立法机关主要基于以下两个方面进行了论证:

首先,当时军工关键设备设施领域出现的新问题和新情况,必须需要国家通过依靠国家强制力保障的立法来解决这些问题。2003年,当时军工关键设备设施领域出现了新问题和新情况:一是,由于没有对军工设备设施实行登记管理,政府主管部门和军队武器装备主管部门难以摸清军工设备设施的总量、运行状态和实际效能等情况;二是,由于政府主管部门对占有、使用军工设备设施的企业、事业单位(以下简称

---

① 吴冠军:《第十一论纲:介入日常生活的学术》,商务印书馆2015年版,第54页。
② 汪全胜:《立法的合理性评估》,载《上海行政学院学报》2008年第4期,第32页。

企业、事业单位)进行监管缺乏明确法律依据,军工设备设施的使用和处置很不规范,导致发生了多起企业、事业单位擅自改变军工设备设施用途,甚至擅自处置军工设备设施的事例,造成了国防资产流失和影响国防科研生产能力的后果。对于上述问题,通过政策、道德来约束,实践证明是效果不佳的;必须通过立法,建立起一套比较完整的军工设备设施登记、使用和处置制度,明确企业、事业单位的权利和义务,加大政府主管部门和有关部门的监管力度,规定对违法行为的严格法律责任,才能够通过国家强制力实施相关制度,确保军工设备设施的安全、完整和有效使用,保持和提高国防科研生产能力。同时,立法也有明确的法律依据。《中华人民共和国国防法》明确规定,未经批准,"国防资产的占有、使用单位不得改变国防资产用于国防的目的"[①]。

其次,在规范选择中,只有制定行政法规是可行有效的规范选择。在当时的规范选择中,除了制定行政法规外,还可以通过制定法律、规章的方式解决军工关键设备设施管理问题。经过研究论证,在对军工关键设备设施立法问题上,国务院法制机构和国防科工委、总装备部均认为制定行政法规比较有效可行,理由是:一是法律制定需要的时间和成本要大于行政法规,而军工关键设备设施中的问题又是亟需解决的问题。同时,该事项又是国务院比较单一的行政管理事项,没有必要通过制定法律解决相关问题。二是制定规章并不可行。主要是规章层级位阶较低,处罚力度较小,仅限于罚款3万元以下以及警告,对占有、使用军工设备设施的企业、事业单位的违法行为难以形成威慑力。

---

① 《国防法》第39条。

二、规范内容合理性的证成

(一) 对规范内容合理性论证的论证形式

立法内容与立法目的实质上构成了手段与目的关系,需要从立法内容是实现立法目的的有效、可行手段论证其合理性,这可以运用实践推理的基本模式对其进行论证。"实践推理的基本模式可以分为大前提、小前提和结论三部分。大前提是行动者 A 有个产生 p 的意图,意图实现 p;小前提是 A 认为除了去做 a 之外,没有其他的方法可以实现 p。这时,A 就会使自己去做 a。对于立法而言,实践推理中的大前提中行动者就是立法者,意图就是立法者想要达到的立法目的;小前提中的 a 就是所拟采取的立法措施;结论就是为了实现相应立法意图,立法者采取相应立法措施。"[①]在这个推理过程中,立法者需要对采取的立法措施是实现立法目的的有效手段进行论证。由于基本模式中缺乏对于立法目的本身的论证,仅仅通过实践推理的基本模式对立法合理性进行论证存在不足。而沃顿的基于价值的实践推理模式既包括实践推理一般模式又涉及对目的的支撑和论证。因此,可以运用道格拉斯·N. 沃顿基于价值的实践推理模式作为对立法合理性进行论证的论证模式。

1. 沃顿的基于价值的实践推理型式

沃顿的基于价值的实践推理型式如下:

我有目标 G。

G 被我的价值 V 所支持。

实施 A 对于我实现 G 是必要的(或者充分的)。

[①] 颜厥安:《说明与理解——对 GH. von Wright 的方法论观点》,载《规范、论证与行动——法认识论论文集》,元照出版有限公司 2004 年版,第 147 页,转引自王锋:《由司法论证转向立法论证——中西比较视域下对我国立法论证的思考》,载《烟台大学学报》2015 年第 6 期,第 48 页。

因此,我应该实施 A。

2. 沃顿模式转化为立法者的实践推理型式

沃顿模式转化为立法者的实践推理型式如下:

立法者有目标 G。

G 被立法者的价值 V 所支持。

立法措施(内容)A 对于立法者实现 G 是必要的(或者充分的)。

因此,立法者采取了立法措施 A。

(二) 实例:军工关键设备设施相关制度对于实现立法目的的有效性、可行性的论证

1. 对立法目的正当性论证

如前已经论证,对立法目的的正当性论证[①],就是要通过证明相关立法的立法目的符合维护社会正义、保障社会秩序、促进经济社会发展、保障国家安全等符合人民利益和国家利益的价值(或者说相关立法的立法目的被维护社会正义、保障社会秩序、促进经济社会发展、保障国家安全等符合人民利益和国家利益的价值所支持),从而证明相关立法的立法目的具有正当性。立法目的的正当性论证就是要论证相关立法符合体现人民利益和国家利益的上述社会公共价值。军工关键设备设施管理条例确定的立法目的是,"保障军工关键设备设施的安全、完整和有效使用。"[②]因此,军工关键设备设施立法目的的正当性论证就是要论证该条例的立法目的符合上述社会公共价值。

---

① 这里的立法目的正当性论证就是第三章正当性论证中的立法目的正当性论证。也即是说合理性论证中也需要对立法目的的正当性进行论证。目的的形成,以人的需要、需求以及现实提供的可能为依据,是否把握、体现人的合理需要与需求,直接制约着目的正当与否。在此,目的的合理性取得了正当性的形式。

② 军工关键设备设施管理条例草案第一条关于立法目的的表述,后成为颁布后的《军工关键设备设施管理条例》第 1 条内容。

如前所述，如果将沃顿关于立法目的论证的部分转化为论证型式，实质上是一个肯定前件式的三段论推理：

p→q

p

———

q

其大前提、小前提以及推理过程如下：

大前提：如果相关立法的立法目的被维护社会正义、保障社会秩序、促进社会经济发展、保障国家安全等符合人民利益和国家利益的价值所支持，那么相关立法的立法目的才是具有正当性。（p→q）

小前提：军工关键设备设施管理条例确定的"保障军工关键设备设施的安全、完整和有效使用"的立法目的，被保障国家安全的符合人民利益和国家利益的价值所支持。（p）

从大前提（p→q）和小前提（p）推出结论（q，军工关键设备设施管理条例的立法目的具有正当性）

显而易见，军工关键设备设施管理条例确定的立法目的，符合人民利益和国家利益。因此，军工关键设备设施的立法目的符合大前提所述社会公共价值。

基于前述分析，自然得出军工关键设备设施管理条例的立法目的具有正当性的结论。其在逻辑上、实质上无可争议。

2.对军工关键设备设施相关制度对于实现立法目的的有效性、可行性的论证

以上按照沃顿模式和肯定前件的三段论推理，已经论证了军工关键设备设施管理条例确定的"保障军工关键设备设施的安全、完整和有效使用"的立法目的是具有正当性的。为了实现这一立法目的，立法机关设定了以下三个方面的制度：一是关于对军工关键设备设施的登记

管理制度。二是规定了关于改变军工关键设备设施用途的管理制度。三是规定了关于军工关键设备设施的处置管理制度。如果要论证军工关键设备设施条例上述制度内容的合理性,按照沃顿论证模式,就是要论证这些制度内容是实现上述目的的有效和可行手段。

(1)关于对军工关键设备设施的登记管理制度合理性的论证

对军工关键设备设施登记管理制度①合理性的论证,可以通过以下方式:

规范陈述:应当对军工关键设备设施实行登记管理。

立法目的:保障军工关键设备设施的安全、完整和有效使用

手段效用(有效性)论证:只有通过军工关键设备设施登记管理,准确掌握全国军工关键设备设施的数量、构成、分布和实际使用情况等基本信息,才能有针对性地对军工关键设备设施实施管理,才能为保障军工关键设备设施的安全、完整和有效使用奠定基础。如果不实施登记管理,则对军工关键设备设施的基本信息难以掌握,自然也不可能保障其安全、完整和有效使用。

措施手段:对军工关键设备设施实行登记管理。

结论:对军工关键设备设施实行登记管理是保障其安全、完整和有效使用的有效手段(前提条件)。

如果将上述论证转化成实践推理,则具体推理如下:

---

① 登记管理制度的具体内容是:中央管理的企业、国务院教育主管部门、中国科学院分别负责其所属企业、事业单位的军工关键设备设施的登记,省、自治区、直辖市人民政府负责国防科技工业管理的部门负责本行政区域内其他企业、事业单位的军工关键设备设施的登记。负责登记的部门、单位应当按照规定将登记信息报送国务院国防科技工业主管部门。此外,还对登记的程序,企业、事业单位申报登记的义务,军工关键设备设施发生损毁、报废、灭失或者权属变更时的变更登记,以及负责登记的部门、单位和国务院国防科技工业主管部门对登记信息的核查等作了规定。成为正式通过后的《军工关键设备设施管理条例》第7、8、9、11、12条。

大前提：立法者有保障军工关键设备设施的安全、完整和有效使用的立法意图。

小前提：立法者认为对军工关键设备设施实行登记管理是保障其安全、完整和有效使用的有效手段（前提条件）。

结论：为了保障军工关键设备设施的安全、完整和有效使用，应当对军工关键设备设施实行登记管理。

需要说明的是，就可行性而言，主管部门已经研制了相关软件，只要相关登记单位通过这一软件，就可便捷、有效地报送登记信息。因此，登记管理在现实中也是具有可行性的。在征求意见、座谈会过程中，相关单位对登记制度均表示赞成。

以上，立法者就证成了对军工关键设备设施实行登记管理的合理性。

(2)关于军工关键设备设施用途改变管理制度的合理性论证

对军工关键设备设施用途改变管理制度①合理性可以通过以下方式论证：

规范陈述：应当对军工关键设备设施改变用途实行管理。

立法目的：保障军工关键设备设施的有效使用。

手段效用（有效性）论证：军工关键设备设施能力富裕时，也可用于民用生产，以充分发挥其效能，避免不当闲置，但首先必须确保完成军品科研生产任务的需要。只有通过对军工关键设备设施改变用途实行

---

① 用途改变制度的内容：企业、事业单位改变其占有、使用的军工关键设备设施的用途的，应当向负责登记管理的部门办理改变用途的补充登记；负责登记的部门、单位应当将补充登记信息报送国务院国防科技工业主管部门。企业、事业单位改变使用国家财政资金购建的军工关键设备设施的用途，影响武器装备科研生产任务完成的，国务院国防科技工业主管部门应当及时予以纠正。为督促占有、使用军工关键设备设施的企业、事业单位做好军工关键设备设施的使用管理工作，还对企业、事业单位应当建立健全军工关键设备设施的使用管理制度，保证军工关键设备设施的安全、完整和有效使用等义务作了规定。成为正式通过后的《军工关键设备设施管理条例》第13、15条。

管理,才能确保完成军品科研生产任务的需要,进而保障军工关键设备设施的有效使用。如果不对军工关键设备设施改变用途实行管理,则对难以保障完成军品科研生产任务,自然就不可能保障有效使用。

措施手段:对军工关键设备设施改变用途实行管理。

结论:对军工关键设备设施改变用途实行管理是保障其有效使用的有效手段(前提条件)。

如果将上述论证转化成实践推理,则具体推理如下:

大前提:立法者有保障军工关键设备设施有效使用的立法意图。

小前提:立法者认为对军工关键设备设施改变用途实行管理是保障其有效使用的有效手段(前提条件)。

结论:为了保障军工关键设备设施的有效使用,应当对军工关键设备设施改变用途实行管理。

需要说明的是,就可行性而言,对于用途改变,只要相关军工关键设备设施的占有、使用单位向主管部门报送改变用途信息即可,并不增加什么负担。因此,登记管理在现实中也是具有可行性的。在征求意见、座谈会过程中,相关单位对用途改变制度均表示赞成。

以上,立法者就证成了对军工关键设备设施实行登记管理的合理性。

(3)关于军工关键设备设施处置管理制度的合理性论证

对军工关键设备设施处置管理制度[①]合理性可以通过以下方式

---

① 处置管理制度的内容:国家对使用国家财政资金购建的用于武器装备总体、关键分系统、核心配套产品科研生产的军工关键设备设施的处置实行审批管理。企业、事业单位拟通过转让、租赁等方式处置使用国家财政资金购建的上述军工关键设备设施的,应当报经国务院国防科技工业主管部门批准。国务院国防科技工业主管部门作出是否批准的决定,应当征求军队武器装备主管部门、国务院国有资产监督管理机构和国务院有关部门的意见。涉及国防科研生产能力、结构和布局调整的,应当会同军队武器装备主管部门、国务院国有资产监督管理机构和国务院有关部门作出是否批准的决定。成为正式通过后的《军工关键设备设施管理条例》第3、16、17条。

论证:

规范陈述:应当对"使用国家财政资金购建的用于武器装备总体、关键分系统、核心配套产品科研生产的军工关键设备设施的处置实行审批管理"①。

立法目的:保障军工关键设备设施的安全、完整和有效使用。

手段效用(有效性)论证:只有对使用国家财政资金购建的用于武器装备总体、关键分系统、核心配套产品科研生产的军工关键设备设施的处置实行审批管理,防止因擅自处置而削弱武器装备科研生产能力,才能保障军工关键设备设施的安全、完整和有效使用。如果不实施处置管理,则企业就可以随意处置使用国家财政资金购建的用于武器装备总体、关键分系统、核心配套产品科研生产的军工关键设备设施;如此,则不可能保障其安全、完整和有效使用。

措施手段:对使用国家财政资金购建的用于武器装备总体、关键分系统、核心配套产品科研生产的军工关键设备设施处置实行审批管理。

结论:对使用国家财政资金购建的用于武器装备总体、关键分系统、核心配套产品科研生产的军工关键设备设施实施审批管理是保障其安全、完整和有效使用的有效手段。

如果将上述论证转化成实践推理,则具体推理如下:

大前提:立法者有保障军工关键设备设施的安全、完整和有效使用的立法意图

小前提:立法者认为对使用国家财政资金购建的用于武器装备总体、关键分系统、核心配套产品科研生产的军工关键设备设施实施审批管理是保障军工关键设备设施的安全、完整和有效使用的有效手段。

---

① 军工关键设备设施管理条例草案相关内容,成为正式通过后的《军工关键设备设施管理条例》第3条。

结论:为了保障军工关键设备设施的安全、完整和有效使用,应当对使用国家财政资金购建的用于武器装备总体、关键分系统、核心配套产品科研生产的军工关键设备设施实施审批管理。

就可行性而言,需要说明的主要是:一是范围是可行的。涉及处置审批的对象,仅限于使用国家财政资金购建的军工关键设备设施,对全部由私人资本投资的军工关键设备设施用途改变并不实施审批。既然含有国家投资,那么国家当然可以对其进行审批管理。因此,审批制度的实施具有充分依据。二是在征求意见、举行座谈会的过程中,虽然曾有分歧意见,但是经过长时间、多次协调,相关单位对处置审批制度达成一致意见,均表示赞成。

上述内容,在经过国务院常务会议审议后,成为军工关键设备设施管理条例内容。

第六章 立法论证的机制：
以广告法中烟草广告为例

党的十八届四中全会明确提出："健全立法论证机制。"①那么就提出一个问题，我国的立法论证机制属于什么机制，具有什么特点？本章主要研究这一问题。

立法论证贯穿立法起草、立法审查和立法审议的过程中。在这一过程中，在立法机关主导下，在社会团体、专家学者等参与下，对立法制度内容的合宪性、合法律性和合政策性，合理性和正当性的证成，是在一定的机制下实现的。这一机制体现为立法机关主导下，整合相关主体对于立法的主张和意见，从而作出合宪性、合法律性和合政策性，合理性和正当性的制度设定。在这个过程中，各种意见和主张相互交锋，甚至相互对立。是相互制衡否决，不能形成立法决策；还是通过立法论证的"开门"和磨合机制，求大同，存小异，加以协调整合，达成共识，立法论证的机制具有决定性作用。如果以分权制衡否决为目标，则往往难以形成有效立法决策；而如果是磨合协商性机制，则容易达成共识。那么，如何认识我国的立法论证的机制？

本章以烟草广告的立法论证过程为例，对我国立法论证机制进行理论分析。

---

① 《中共中央关于全面推进依法治国若干重大问题的决定》辅导读本，人民出版社2014年版，第10页。

第一节 烟草广告的论证全过程

烟草广告问题是本次修改广告法[①]中各方争议较大、社会媒体非常关注的难点问题,是本次广告法修改中立法论证的一个重要问题。对这一问题的立法论证可以分为以下几个阶段:

一、第一阶段

第一阶段的立法论证,即 2009 年 9 月至 2014 年 6 月 4 日国务院常务会议审议前的论证。

(一)围绕 2009 年工商总局送审稿的分歧及其论证

2009 年工商总局上报国务院的广告法(修订送审稿)(以下简称送审稿)第 21 条主要规定了烟草广告的禁止情形,并扩大了禁止发布烟草广告媒介和场所的范围:"烟草广告不得有下列情形:(一)出现未成年人形象的;(二)使用医疗用语或者易与药品混淆的用语的;(三)出现吸烟的形象的;(四)诱导、怂恿吸烟的;(五)表示吸烟有利于人体健康、解除疲劳、缓解精神紧张的;(六)烟草广告中未标明"吸烟有害健康"的;(七)法律、行政法规规定禁止的其他情形。禁止利用广播、电影、电视、报纸、期刊、图书、音像制品、互联网、通讯网络发布或者变相发布烟草广告。禁止在各类等候室、影剧院、会议厅堂、体育比赛场馆、图书馆、文化馆、博物馆等公共场所以及医院和学校的建筑控制地带、公共交通工具设置烟草广告。在前述规定以外的其他媒介、场所发布烟草广告应当经广告监督管理机关许可,未经许可不得发布。"[②]收到送审

[①] 2009 年 9 月,工商总局向国务院报送了《广告法(修订送审稿)》。2014 年 6 月,国务院将议案稿提请全国人大常委会审议。

[②] 《广告法》送审稿第 21 条。

稿后,国务院法制机构将送审稿送有关政府部门、行业协会、企业等征求意见。对送审稿的上述规定,有关部门有两种截然不同的意见:有两个部门建议根据世界卫生组织《烟草控制框架公约》(以下简称公约)的规定删除有关烟草广告内容,并明确"禁止所有形式的烟草广告、促销和赞助……"理由:公约是一部具有法律约束力的多边条约。2006年1月9日,公约在我国正式生效。公约第13条规定:"每一缔约方根据其宪法或宪法原则,在公约生效后的5年内,应广泛禁止所有烟草广告、促销和赞助。"[1]2008年11月,在南非召开的第三缔约方大会通过了《烟草广告、促销与赞助履约准则》,进一步明确了禁止烟草广告、促销和赞助的具体范围。因此,从2011年1月9日起,我国应当广泛禁止所有烟草广告、促销和赞助是履行公约的要求。有部门对修改稿的写法没有意见,即有限禁止。有部门提出:1.将烟草提取物广告应纳入烟草广告管理。2.建议对禁止烟草广告作例外规定:"烟草贸易界内为作出交易决定而进行的交流不受上述规定限制。"《控烟公约第13条实施准则》第32条规定,"禁止烟草广告、促销和赞助的目标通常无须禁止烟草贸易界内的交流即可实现。"[2]工商总局认为,公约中文文本第13条规定中,多次提及"广泛禁止[3]"烟草广告。公约的中文文本是经我国政府确认的官方文本,具有权威性,在文义理解上,应以现行的中文文本为准。2013年6月18日至19日,国务院法制机构会同工商总局,邀请有关专家、协会、广告发布者、广告经营者、广告主和消费者代表召开四个座谈会,就广告法修改中涉及的重点问题听取意见,有一些意见建议杜绝烟草广告。

---

[1] 《烟草控制框架公约》第13条。
[2] 《控烟公约第13条实施准则》第32条。
[3] 有观点认为,英文文本中对应的词"comprehensive"应翻译为"全面",而不是"广泛"。

(二) 围绕2013年7月修改意见稿的分歧及其论证

2013年7月,形成了新的广告法征求意见稿,其第21条规定,"禁止发布烟草广告。"①并以此征求相关方面意见。

对此,在上次征求意见中提出全面禁止烟草广告的两个部门没有提出意见。提出有限禁止意见的部门对此没有提出意见。提出对烟草广告作例外规定的部门提出,应当对烟草广告采取严格限制而不是全面禁止,并建议将第21条修改为"禁止利用广播、电影、电视、报纸、期刊以及在各类等候室、影剧院、会议厅堂、体育比赛场馆等公共场所发布烟草广告。禁止在互联网、图书、音像制品以及博物馆、图书馆、文化馆等公共场所以及医院和学校的建筑控制地带、公共交通工具发布烟草广告。"其理由:一是世界卫生组织《烟草控制框架公约》第13条规定,"各缔约方可以根据本国宪法和法律广泛禁止或者限制所有的烟草广告。"②作为缔约方来说,我国对烟草广告进行严格限制完全符合公约的要求,而实行全面禁止则不适当地增加了我国义务。二是由工信部、烟草局、卫生部、外交部等八部委组成的烟草控制框架公约工作部际协调领导小组研究制定的《中国烟草控制规划(2012—2015年)》(以下简称规划),将禁止发布烟草广告媒介和场所的范围扩大到"互联网、图书、音像制品、博物馆、图书馆、文化馆等公共场所以及医院和学校的建筑控制地带、公共交通工具。"③规划对烟草广告严格限制而不是全面禁止。并建议修改稿以规划为基础,体现各部门共识。三是从各国

---

① 《广告法》新征求意见稿第21条。
② 《烟草控制框架公约》第13条。
③ 规划第四部分"我国烟草控制的主要任务"中明确提出要广泛禁止烟草广告发布:"禁止利用广播、电影、电视、报纸、期刊发布以及在各类等候室、影剧院、会议厅堂、体育比赛场馆等公共场所发布烟草广告。禁止变相发布烟草广告。进一步修订完善《广告法》和《烟草广告管理暂行办法》,将禁止发布烟草广告媒介和场所的范围扩大到互联网、图书、音像制品、博物馆、图书馆、文化馆等公共场所以及医院和学校的建筑控制地带、公共交通工具。"

情况看,在各缔约方向世界卫生组织提交的 2012 年报告中,没有一个国家对烟草广告是全面禁止的,采取广泛禁止的国家仅占所有缔约方的 1/3。对此方案,该部门 2014 年 2 月专门向国务院法制机构进行了专门汇报。

(三) 2014 年 2 月 20 日公开征求意见阶段的分歧及其论证

国务院法制机构会同工商总局,综合研究各方意见和公约、控烟规划的相关规定,对送审稿进行修改,2014 年 2 月形成了公开征求意见稿的方案:"禁止利用广播、电影、电视、报纸、期刊、图书、音像制品、电子出版物、移动通信网络、互联网等媒介和形式发布或者变相发布烟草广告。""禁止在各类等候室、影剧院、会议厅堂、体育比赛场馆、图书馆、文化馆、博物馆、公园等公共场所以及医院和学校的建筑控制地带、公共交通工具设置烟草广告。""烟草广告中必须标明'吸烟有害健康'(第 20 条)。"[1]同时,增加专条规定:"烟草广告不得有下列情形:(一)出现吸烟形象的;(二)使用未成年人名义、形象的;(三)诱导、怂恿吸烟;(四)明示或者暗示吸烟有利于人体健康、解除疲劳、缓解精神紧张(第 21 条)。"[2]征求意见稿的规定与原卫生部、工商总局、烟草局等部门 2012 年 12 月联合发布的《中国烟草控制规划(2012—2015 年)》一致,对现行广告法有关禁止发布烟草广告的媒介形式和场所作出了更加严格的限制,在禁止发布的媒介形式方面增加了"图书、音像制品、电子出版物、移动通信网络、互联网",在禁止发布的场所上增加了"图书馆、文化馆、博物馆、公园等公共场所以及医院和学校的建筑控制地带、公共交通工具";同时,增加专条规定烟草广告的禁止性规范。对公开征求意见稿,持全面禁止烟草广告的部门及部分禁烟人士希望能全面禁止

---

[1] 《广告法》公开征求意见稿第 20 条。
[2] 同上第 21 条。

烟草广告,这一方案与他们的意见仍有差距。一些国际组织和社会组织,建议按照公约要求全面禁止烟草广告。综合各方意见,根据我国履行世界卫生组织《烟草控制框架公约》的需要,参照控烟规划,对发布烟草广告的媒介、场所和形式作出进一步限制。经过研究论证,国务院法制机构将此方案报送国务院常务会议审议的草案。

二、第二阶段

第二阶段的论证,即 2014 年 6 月 4 日国务院常务会议审议至 2014 年 6 月国务院报请全国人大常委会审议前的论证。

在审议过程中,有部门建议与框架公约一致,修订草案应广泛禁止所有烟草广告。其他相关部门表示同意。常务会议后,国务院法制机构召开了相关部门座谈会,其中有部门提出,公约第 13 条要求广泛禁止所有的烟草广告。① 从公约的规定看,并没有给缔约国施加全面禁止烟草广告的强制义务。同时,根据公约实施指南,"宪法或者宪法原则"由缔约国根据各自需要自行决定。公约在"烟草广告"的定义和"广泛禁止"的含义、程度上没有统一标准,存在解释空间,各缔约国提交的履约情况报告对此也存在不同理解。因此,从履约角度讲,由于国际上没有关于"广泛禁止"烟草广告的一致标准,修订草案的规定符合履行公约的要求,可不作修改。从现实需要和执法能力看,"全面禁止"烟草广告需要考虑现实的执法能力。多数部门赞成修订草案的表述。持全面禁止烟草广告立场的部门仍然坚持其意见。国务院法制机构建议仍然维持报送稿的表述。国务院议案稿也维持了这一表述。

---

① 《烟草控制框架公约》第 13 条规定:"每一缔约方应根据其宪法或宪法原则广泛禁止所有的烟草广告、促销和赞助。因其宪法或宪法原则而不能采取广泛禁止措施的缔约方,应限制所有的烟草广告、促销和赞助。"

三、第三阶段

第三阶段的论证,即 2014 年 6 月国务院报请全国人大常委会审议至公布的论证。

对议案稿的表述,在人大审议阶段,一些常委会委员和人大代表又提出全面禁止烟草广告的意见,国务院法制机构就此多次向法律委和常委会法工委反映意见,坚持广泛禁止而非全面禁止烟草广告,主要基于以下理由:一是烟草行业对国民经济的贡献率较大,对老少边穷地区经济发展具有支柱性作用。我国烟农主要分布于云南、贵州等贫穷落后地区。二是世界卫生组织《烟草控制框架公约》中文文本使用的是"广泛"而非"全面"禁止烟草广告。[①] 公约第 13 条规定,多次提及"广

[①] 世界卫生组织《烟草控制框架公约》中文文本公约第 13 条的标题为"烟草广告、促销和赞助",其中涉及烟草广告的内容有:"1.各缔约方认识到广泛禁止广告、促销和赞助将减少烟草制品的消费。2.每一缔约方应根据其宪法或宪法原则广泛禁止所有的烟草广告、促销和赞助。根据该缔约方现有的法律环境和技术手段,其中应包括广泛禁止源自本国领土的跨国广告、促销和赞助。就此,每一缔约方在公约对其生效后的五年内,应采取适宜的立法、实施、行政和/或其他措施,并应按第 21 条的规定相应地进行报告。3.因其宪法或宪法原则而不能采取广泛禁止措施的缔约方,应限制所有的烟草广告、促销和赞助。根据该缔约方目前的法律环境和技术手段,应包括限制或广泛禁止源自其领土并具有跨国影响的广告、促销和赞助。就此,每一缔约方应采取适宜的立法、实施、行政和/或其他措施并按第 21 条的规定相应地进行报告。4.根据其宪法或宪法原则,每一缔约方至少应:(a)禁止采用任何虚假、误导或欺骗或可能对其特性、健康影响、危害或释放物产生错误印象的手段,推销烟草制品的所有形式的烟草广告、促销和赞助;(b)要求所有烟草广告,并在适当时包括促销和赞助带有健康或其他适宜的警语或信息;(c)限制采用鼓励公众购买烟草制品的直接或间接奖励手段;(d)对于尚未采取广泛禁止措施的缔约方,要求烟草业向有关政府当局披露用于尚未被禁止的广告、促销和赞助的开支。根据国家法律,这些政府当局可决定向公众公开并根据第 21 条向缔约方会议提供这些数字;(e)在五年之内,在广播、电视、印刷媒介和酌情在其他媒体如因特网上广泛禁止烟草广告、促销和赞助,如某一缔约方因其宪法或宪法原则而不能采取广泛禁止的措施,则应在上述期限内和上述媒体中限制烟草广告、促销和赞助;以及(f)禁止对国际事件、活动和/或其参加者的烟草赞助;若缔约方因其宪法或宪法原则而不能采取禁止措施,则应限制对国际事件、活动和/或其参加者的烟草赞助。"转引自沈敏荣:论《烟草控制框架公约》的特点与性质,载《法学论坛》2007 年 5 月第 3 期,第 142 页。

泛禁止"烟草广告,其对应的公约英文文本中的词为 comprehensive ban"。广泛禁止烟草广告符合我国履约义务。三是美国、欧盟等世界各主要国家和地区对烟草广告的基本态度是严格限制。最终修订通过的广告法坚持了广泛禁止烟草广告的态度。

国务院法制机构论证的上述方案经过国务院常务会议审议后,作为国务院议案,报送全国人大常委会审议。最终全国人大常委会修订通过的广告法采取了广泛禁止而不是全面禁止烟草广告的方案:"禁止在大众传播媒介或者公共场所、公共交通工具、户外发布烟草广告。禁止向未成年人发送任何形式的烟草广告。禁止利用其他商品或者服务的广告、公益广告,宣传烟草制品名称、商标、包装、装潢以及类似内容。烟草制品生产者或者销售者发布的迁址、更名、招聘等启事中,不得含有烟草制品名称、商标、包装、装潢以及类似内容。"[①]上述方案,以152票赞成、6票弃权、6票反对的表决结果高票获得通过。

本章以下内容,主要通过烟草广告的立法论证过程,对作为立法论证的机制进行概括和分析。

第二节 立法论证的共识型机制

从以上对烟草广告立法论证的过程来看,总体上而言,中国的立法论证机制可以用共识型机制进行概括。这一机制在立法机关主导下,通过"开门"机制和磨合机制能够最大限度将社会组织、专家学者和普通民众纳入立法论证过程,从而能够最大限度地融合民意民智,形成共识。当然这里的共识型机制,并非说立法论证不存在任何分歧,而是说在存在分歧的情况下,能够集思广益地实现最大限度的共识。这可以

[①] 人大常委会审议稿的内容,已成为《广告法》正式条文第22条。

从两个向度进行分析,一个是"开门"程度不同;另一个向度是磨合还是制衡(否决)。从以上两个向度,通过对烟草广告立法论证过程的分析,均表明中国现行的立法论证机制属于共识型机制。通过敞开大门的参与方式,使政府与社会各界、各阶层均能参与立法论证;而磨合型互动机制又能够贯通立法主导主体和参与主体内部条块之间,条条之间,块块之间,下中上层之间,从而有利于形成最大限度的共识。而西方国家的立法论证,则因为在立法过程中,否决点遍布,导致立法因为否决玩家而搁置或者难以获得通过。以下分做详细论述。

一、"开门"程度不同

(一)现行"开门"立法的论证机制,有利于集中民智、回应民需、凝聚共识

烟草广告的立法论证过程表明了我国立法论证的"开门"型特征。中国立法论证制度立基于群众路线和集体领导的原则。新中国成立以来近三十年,我国已经逐步将群众路线与集体领导的基本原则具体化为制度和规则。毛泽东同志在1938年就是用了"开门"一词来形容党建工作,通过"开门""使党成为一个伟大的群众性的党"。① 近年来,"开门"又被用来指称党和政府在重大立法和决策领域的开放。"开门"成为我国科学和民主立法的代名词。

我国立法论证的"开门"机制主要解决的问题是,立法机构和决策者之外的群体如有组织利益团体、政策研究群体以及普通群众能够影响参与决策,将他们的愿望、意见和建议输入立法论证与决策体系内部。"开门"立法论证的"开门"程度,是现行中国立法论证机制与西方

---

① 毛泽东:《中国共产党在民族战争中的地位》,载《毛泽东选集》,人民出版社1991年版,第2卷第524页。

国家立法论证机制的重要区别特征。中国的立法论证呈现出敞开大门的特征，并通过发扬群众路线的优良传统，有利于最大限度地凝聚民意、倾听民声、聚合共识。最早提出科学立法、民主立法的是2000年8月9日的《人民日报》。该报第九版刊发了"促进立法民主化科学化：贯彻实施立法法专家座谈会纪要"，时任全国人大常委会副委员长许嘉璐谈道："贯彻实施立法法对促进立法民主化和科学化，树立全民的法律意识，维护国家法制统一，推进依法治国，建设社会主义法治国家，都具有重要意义。"①党的十七大、十八大提出科学立法、民主立法。党的十八届四中全会提出："深入推进科学立法、民主立法，健全立法机关和社会公众沟通机制，开展立法协商，拓宽公民有序参加立法途径，广泛凝聚共识。"②我国的立法论证的"开门"机制，体现了科学立法和民主立法的精神和要求。

我国立法论证的"开门"机制主要包括以下三种方式：③

1. 闯进来

所谓闯进来是指社会公众或者专家学者可以通过一定途径和渠道，向立法机构和立法决策者表达意见和建议。如在修改广告法立法过程中，一些外资企业就积极向立法机构反映意见和建议。在烟草广告的立法论证中，对于2013年7月稿关于禁止烟草广告的方案，相关部门2014年2月专门向国务院法制机构进行了专门汇报。在立法论证中，闯进来的群体主要是指相关研究机构以及相关有组织的利益群

---

① 《人民日报》2000年8月9日第九版。
② 《中共中央关于全面推进依法治国若干重大问题的决定》辅导读本，人民出版社2014年版，第10—11页。
③ 关于中国立法论证"开门"决策的三种方式，受启发于王绍光、樊鹏。参见王绍光、樊鹏：《中国式共识型决策"开门"与"磨合"》，中国人民大学出版社2013年版，第242—263页的表述。

体,如一些社会团体、行业协会等社会组织也会积极、主动参与立法论证。从立法论证闯进来的群体来看,主要还是参与能力和参与意识相对较强的群体。

如果进行分类,闯进来可以分为以下几种模式:一是向立法机构人员反映意见。如上述烟草广告立法论证中,相关协会和机构积极主动向立法机构反映意见。二是上书模式。如在我国相关立法过程中,就是通过有关专家学者向国务院领导上书,获得批示的情况下,相关部门开展立法研究工作的。通过闯进来的方式,影响立法论证过程,已经成为相关群体和人士影响立法决策的重要方式。

2. 请进来

所谓请进来是指立法机构和立法决策者打开门,欢迎立法涉及的相关群体参与进来。在此,对请进来要做广义理解,不仅包括邀请相关人士直接面对面参与立法论证,也包括通过征求意见、座谈会、论证会等方式听取外部群体和人士的意见。相比过去而言,请进来的主体更加多元、广泛,方式更加妥善,也取得了更好效果。在此次广告法的立法论证过程中,国务院法制机构除了先后两次分别将2009年送审稿和2013年7月征求意见稿,广泛发给政府部门、行业协会、广告主、广告经营者、广告发布者、消费者协会等征求意见外,2013年6月18日至19日,会同工商总局邀请有关专家、协会、广告发布者、广告经营者、广告主和消费者代表召开四个座谈会。此外,2014年2月还在网上公开征求意见(包括发邮件和信件)。通过上述措施,尽可能听取各方面的意见和建议。

首先,从请进来的主体来看,参与立法论证的对象不仅再局限于研究人员、专家学者,而且包括企业、行业协会、社会团体等相关利益群体的人员。同时,非精英的普通公众也能够通过此种方式参与立法论证。请进来的主体的多元、广泛,增强了立法论证的科学性、民主性和透明度。

其次从请进来的方式来看,除了邀请专家、学者进行论证和书面征求部门、地方政府、行业协会、企业等的意见外,还包括通过媒体或者互联网向社会公开征求意见。值得一提的是,2002 年,《物业管理条例》作为我国第一部行政法规公开征求全社会意见。2007 年十七大报告提出,"制定与群众利益密切相关的法律法规和公共政策原则上要公开征求意见。"①2008 年开始,法律、行政法规草案要在网上或者中央媒体公开征求意见。2008 年,当年的国务院立法工作计划提出,"国务院法制办组织起草或者审查的行政法规草案,除涉及国家秘密、国家安全的外,在将草案印送各地方、各部门征求意见的同时,要在中国政府法制信息网上予以公布,向社会公开征求意见;对其中与群众利益密切相关或者涉及向社会提供公共服务、直接关系社会公共利益以及特别重要的行政法规草案,要在报经国务院同意后,通过新华社发通稿,在中央主要媒体上予以公布,向社会公开征求意见。"②2008 年,全国人大常委会年当年立法工作计划也提出,"进一步扩大公民对立法工作的有序参与,对食品安全法等与群众利益密切相关的法律草案,通过向社会全文公布,广泛听取各方面尤其是基层群众的意见。"③在国务院层面,自 2008 年开始,行政法规开始上网公开征求意见,2012 年法律草案也需要上网公开征求意见。

再次,请进来获得了良好的效果。相比闯进来而言,闯进来的群体主要还是参与能力和参与意识相对较强的群体。而请进来的群体,则

---

① 《高举中国特色社会主义伟大旗帜,为夺取全面建设小康社会新胜利而奋斗》(中国共产党十七大报告),载《十一届三中全会以来党和国家的重要文件选编》,中共中央党校出版社 2008 年版,第 743 页。
② 2008 年国务院立法工作计划。2015 年 10 月 8 日访问北大法宝。
③ 2008 年全国人大常委会立法工作计划。访问北大法宝,时间同上。

不仅局限于精英群体,在一些立法中也包括社会普通民众。但是,总体上而言,请进来的群体仍然是精英群体居多,主要包括研究群体、相关有组织的利益群体等;普通民众由于信息闭塞、资源缺乏,被请进来的机会相对非常少。这种方式在一定程度上防止了立法被部门利益绑架、被少数精英绑架的弊端,使更加广泛的主体能够参与立法论证。通过请进来的方式,使社会各方面的参与者均能获得公平的机会表达意见和建议,有效拓宽了视野,立法机构能够有效吸收政府内部、社会各界对于拟制定的法律、行政法规草案的意见,对于民主立法、科学立法起到了良好作用。

3. 走出去

所谓走出去指的是立法决策者主动走出办公室,深入基层,走进一线,倾听民声民意。如果说闯进来和请进来的"开门"立法论证方式,是立法机构和决策者居于"庙堂"之中,等待相关人员入我门来,建言献策,那么走出去的方式,则是主动走出"庙堂",深入民间,走进一线,了解实情。这是我国立法论证的最大亮点和特色。此次广告法的立法论证过程中,立法者赴上海浙江湖北、四川重庆广东等地方进行了密集调研,充分听取了地方政府、广告主、广告经营者、从业者以及消费者等人民群众的意见和建议,还在街头向人民群众进行问卷调查,同时还向中西东部地方政府发出调查问卷进行调研。

"走出去"的"开门"立法论证方式,与上述闯进来、请进来两种方式获得的是二手信息不同,立法机构和立法决策者获得的是一手的经验和信息。同时,通过深入基层,走出去的方式也比闯进来和请进来的方式接触的人更加广泛,从而使立法能够反映基层民众意见,符合基层的实际,防止立法机构和立法决策者在立法论证中可能出现的主观主义和片面决策。

走出去的"开门"立法论证方式,渊源于中国共产党在中国革命实践中所创立的群众路线优秀传统。群众路线是中国共产党的三大优良作风之一。① 王绍光总结了群众路线的四个支撑点:一是所谓从群众中来,就是要求领导干部与群众打成一片,不是高踞于群众之上,而是要深入群众,一刻也不能脱离群众。二是深入群众是为了培植群众观点。要求通过与人民群众保持血肉联系,从而把世界观和立场真正转到工人农民这方面来,热爱人民群众,想人民所想,急人民所急,牢固树立一切从人民利益出发的群众观点。三是要深入群众倾听群众的呼声,了解民意。四是调查研究也是向人民群众汲取明智的过程。② 群众路线要求立法机构人员和决策者要主动、持续深入民间,而不是坐等群众登门来参与。立法过程中赴地方、到基层调研、开座谈会等等都是群众路线的实现方式。这一机制的核心并不在于普通群众自上而下的有组织化的参与,而是将走出去视为立法机构和决策者的责任。如果从责任与权利的角度分析,走出去的"开门"立法论证模式,强调立法机构与决策者到群众中去、听取群众意见是其不可推却的责任。而作为参与模式的闯进来和请进来,则强调的是民众具有参与立法论证的权利。两者动力机制不同,走出去的动力机制是督促立法决策者主动走出去;闯进来和请进来的动力机制则是民众具有闯进来和被请进来的权利。在立法论证过程中,这三种方式完全可以珠联璧合、相辅相成。

上述三种"开门"方式,显然有利于最大限度地将政府和社会中各个基层、各种群体纳入立法论证之中,要比单一采用其中一种范式囊括的对象更加广泛、更加全面。如果立法机构或者立法决策者仅是采用闯进来的方式,立法论证就会被有组织的利益集团所绑架,因为相对于普通民众而言,组织化的利益集团和政策研究者拥有更多机会、途径和

---

① 毛泽东:《论联合政府》,《毛泽东选集》第三卷,人民出版社 1991 年版,第 1094 页。
② 王绍光:《祛魅与超越》,中信出版社 2010 年版,第 203—205 页。

资源影响决策。如果仅仅采用请进来的方式,请进来更多是政策研究者和有组织利益群体,当然立法论证过程中也会将普通群众请进来,但是极其例外。普通群众更加欢迎的还是立法人员和决策者走出去,走进他们。尤其对于普通群众而言,他们由于信息封闭、资源缺乏,他们主动闯入立法论证或者被邀请的可能性比较低。只有并用以上三种方式,才可能最大限度地大开进善之门,防止立法论证被强势利益集团所绑架和控制,最大限度凝聚社会共识,保障和维护最广大人民的根本利益。

这种立法论证的方式具有独特的优势,其不但将社会中的精英,包括政治精英、经济精英、文化精英纳入立法论证过程中,更加重要的是能够将普通群众纳入立法论证,从而显示出其广泛的包容性,体现了真正民主的特质。真正的民主不是少数精英替代普通民众作主,而是人民群众自己能够决定自己的重大事务和未来。对此,亚里士多德早在两千多年前在政治学中已经有所阐述:"看来,由多数人执政胜过由少数最优秀的人执政,这虽说有一定疑问,但还是真实可取的。因为,在多数人中,尽管并非人人都是圣贤之士,他们聚集在一起也有可能优于少数人——当然不是就每个人而论,而是就集合体而论,好比由众人操办的宴席较之于一人出资的宴席。因为,众人中的每一成员都部分地具有德性和明智,当他们聚到一起时,众人就仿佛成了一人,多手多足,兼具多种感觉,在习性与思想方面也是不拘一格。"[①]这段话,如果用我国谚语来表述,就是"三个臭皮匠,赛过诸葛亮"、"众人拾柴火焰高"等。这也充分表明了中西决策智慧是相同的。由囊括不同背景、不同身份、不同阶层、不同地域等多样性和异质性的参与人员进行的立法论证的

---

① [古希腊]亚里士多德:《政治学》,吴寿彭译,中国人民大学出版社 2003 年版,第 92 页。

效果,当然比少数精英身居庙堂作出的立法论证更加具有民主性和科学性。

(二)西方国家立法论证机制的局限性

西方国家的立法论证的"开门"方式,只有闯进来一种方式。相比中国包括上述所分析的"闯进来"、"请进来"、"走出去"的三种方式的"开门"方式而言,无疑具有巨大的局限性。在西方,尤其以美国为甚,只有闯进来一种立法论证的参与模式。此种参与模式下,只有有组织的利益团体才能获得影响立法的机会。这与中国的闯进来、请进来和走出去三种模式三管齐下、相辅相成相比,缺少后两种方式。因此在立法论证的参与主体的广泛性、相关群体尤其是普通群众获得影响立法的更加公平的机会方面,显然存在巨大差距,体现出其精英民主固有的缺陷与不足。

西方国家的立法论证受制于多元主义模式影响,立法论证的参与主角是有组织的利益集团,对普通民众并非真正开放。即使在西方国家探索的共识型模式下,也未能改变普通民众不能有效参与立法论证的问题。西方国家的立法论证过程中,对于立法论证的参与主要依赖相关群体的组织能力和游说能力。由于普通民众缺乏有效的组织能力和游说能力以及相应的资源,最终导致虽然民众具有参与立法论证的自由,但是,资源包括组织能力、时间、知识和金钱等占有的巨大差异和不平等,最终会转变成立法论证参与中的不平等。而这种参与的不平等会演化成对立法影响力的不平等,最终导致对法律制度结果的不平等。

二、磨合互动还是制衡否决

烟草广告立法论证的"开门"过程体现出的我国立法论证的"开门"模式解决的是外部信息如何输入的问题,体现为集思广益。而磨合互动机制则是解决立法机构和相关立法论证和决策主体如何互动,最终形成立法方案。之所以用磨合一词,是由于中国立法论证过程中立法机构和立法决策者经常使用"磨合"一词。磨合的原意是,在新机器使用前或者过程中,为了使各个组件或者配件运转正常稳定,故而特意留出一段时间使用,以使摩擦面的痕迹被磨光而更加紧密。如果按照百度百科的词义解释,其引申含义为:"两个或者两个以上事物,处于同类别,存在着事实上或者价值上的差异,但双方又有着共同认同的价值取向,如共同的利益、目标等,在交流和交往过程中,经过各种碰撞、摩擦,以自我为中心的个体摈弃差异,按照共同的价值视点包容异己,经过调整、改善,逐步形成共识,融合同化为共同体——新生的个体的过程。"① 应当说,磨合一词比较贴切地描述了立法论证的本质特征和机制。

我国的立法论证的过程就是不断磨合协商,达成共识的过程。我国的立法论证机制的磨合机制,根本在于我们在立法论证过程中不同决策主体之间,是以寻求协商、协调,寻求共识为目的。在众多决策者卷入的情况下,我国立法论证决策机制的设置有利于保证立法论证的开放性、包容性和民主性。这在烟草广告的立法论证过程得到的充分的体现。

在烟草广告的立法论证过程中,应当说,在上述三个阶段中,均存在分歧意见:一方意见赞成进一步严格限制烟草广告,但反对全面禁止烟草广告。另一方意见则提出,应根据我国加入的《烟草控制框架公约》,全面禁止烟草广告。上述分歧意见针锋相对,似乎难有达成共识的可能。但是无论在国务院法制办审查修改的立法论证阶段,还是在国务院常务会议的审议阶段,还是在全国人大常委会的审议阶段,立法论证和决策的主体均是以磨合协商达成共识为目的,最终各方在立法

---

① 2015年1月26日访问百度百科:www.baidu.com。

机关的主导下,经过慎重论证,达成了进一步严格控制烟草广告的共识;而不是相互否定,导致不能通过立法论证达成决策。这其中,根本的原因就在于我们的立法论证机制是力求通过磨合协商达成共识的共识型机制,而不是制衡否决的机制。

（一）我国现行立法论证机制,注重磨合协商、凝聚共识

我国立法论证过程,体现为多主体、多层次、多阶段、多轮互动的群体论证与决策的过程。在这一过程中立法机关处于主导地位。在我国立法论证过程中的多主体、多层次,在法律与行政法规的情况下有所不同。参与法律立法论证的主体包括全国人大、全国人大常委会（全国人大法律委和其他专门委员会、全国人大常委会法工委也承担相应工作）,国务院常务会议（审议法律议案）,国务院法制办,相关部委（直属机构、直属特设机构等）等,而上述机构内部尚有不同司（局、室）、处参与立法论证。参与行政法规立法论证的主体包括国务院常务会议（审议行政法规草案）,国务院法制办,相关部委（直属机构、直属特设机构等）。多阶段指的是,立法论证经过的几个时间段。法律立法论证一般经过部委报送（也可能由法制办或者法制办会同部委起草,也有全国人大各专门委员会、全国人大常委会法工委直接起草的情况）、法制办审查、国务院常务会议审议、全国人大常委会（其中包含各全国人大专门委员会、全国人大法律委员会审议）审议;也有其他提案主体如中央军事委员会、全国人大各专门委员会等向全国人大或者全国人大常委会提出议案,并依法由全国人大或者常委会审议。而行政法规立法论证包括部委报送（也有法制办直接起草或者会同部门一同起草）、法制办审查、国务院常务会议审议阶段。多轮互动指的是,在立法论证的不同阶段,在不同的主体之间可能以不同的形式进行多次协调协商,通过互动达成共识。这两种情况,可能均包括就重大问题向党中央请示报告。在这种情况下,党中央也是立法论证的领导和决策主体。由于立

法论证是多主体、多层次、多阶段、多轮互动的群体决策,因此,在立法论证过程中采取什么决策机制,对于立法论证的结果至关重要。

我国的立法论证机制与西方立法论证机制不同的根本在于:我们在不同决策主体之间的相互交汇处,是以寻求协商、协调,寻求共识为目的;而西方立法论证机制中则否决点遍布,各个决策主体之间的关系是制衡和否决关系。在众多决策者卷入的情况下,论证决策机制的设置应当有利于保证立法论证的开放、包容和民主;如果在立法机构和决策者之间设置相互否决的机制,并不明智,而且容易形成僵局。

磨合互动机制相比制衡否决机制,具有以下几个优点和特点:

首先,磨合互通型机制能够正视各个决策主体之间的冲突、差异和分歧。与制衡否决机制不同的是,认为正是因为存在不合,才需要磨合;如果不存在不合,就不需要磨合了。制衡否决机制在面临不合情况下,往往导致相互之间的否决,导致立法论证陷入僵局,无果而终。

其次,在磨合互动机制下,立法决策主体之间由于对立法方案的原初立场、所持观点和采取方法的不同而产生的分歧、差异、冲突和争论,对于拓宽立法制度方案的视野,全面考虑不同方案的优势和劣势具有重大意义。因此,冲突、分歧和矛盾是好事,而不是坏事。决策主体之间的差异冲突的根本原因在于所处立场不同、看视问题的角度不同,对于决策主体而言,均可能出现"不识庐山真面目,只缘身在此山中"的境况,都有可能"见骥一毛,不知其状;见画一色,不知其美。"[①]有鉴于此,对于上述分歧、矛盾或者冲突,不但不能压制遏制,反而应当采取包容、激励的态度。如此,就如同优美的旋律是由不同的单个的音符组成一样,正是因为包容了立法论证中的不同立场、观点和方法,才能够产生妥善良好的立法决策。

---

① 转自人民日报评论部:《习近平用典》,人民日报出版社 2015 年版,第 293 页。

需要说明的是,如果立法决策主体之间的冲突属于利害冲突或者价值冲突,则难以磨合。对于此类基于事实判断差异的分歧、矛盾或者冲突是能够通过协商、磋商或者协调的方式解决。如果是属于零和游戏的利害冲突或者价值冲突,就比较难以通过协商、协议或者协调解决。如属后者,则立法决策往往要搁置或者流产。

再次,磨合互动机制中的磨合既不是强求共识,也不追求虚假共识。立法论证中的"合"并不是整齐划一,也不是没有差异,而是求同存异,更确切地说是"求大同、存小异"。在立法论证过程中,一方面各个立法决策主体要尽可能寻求相同之处、共同之点;另一方面不同的立法决策主体还可以在一些分歧点上保有自己的不同意见,但是不得因为存在的分歧而否定已经达成的一致之处。于此,求同而得的公共点是根本的,而存异所存的分歧点是局部的。正如毛主席所言:"矛盾总是有的,目前只要大体过得去,可以求同存异,那些不同的话将来再讲。"①在立法论证的模式机制下,多个决策主体、多个层次、多个阶段的决策过程未必是一马平川、波澜不惊,但是终能殊途同归,众多的法律、行政法规的出台无不说明了这一点。

(二) 西方国家立法论证偏于制衡否决

多元模式是西方国家比较普遍的立法论证模式。在这种模式下,参与决策的主体是多元的,各个决策主体相互制衡,个人、利益集团、政党相互竞争。同时,在决策体制外部,利益相关方也积极对处于制衡与否决格局中的内部决策主体施加压力,并进而影响其决策。

多元主义决策模式在形式上似乎赋予了社会中处于不同阶层和地位的组织、个体平等的影响决策的机会,但是由于实际上各相关组织

---

① 毛泽东:《在省市自治区党委书记会议上的讲话》(1957年1月27日),载《毛泽东文集》,人民出版社1999年版,第7卷,第191—192页。

和个体在社会结构所处的地位不同,其能够支配和拥有的经济、文化、政治等资源不同,从而导致他们之间在组织参与能力、影响决策的能力和机会差异巨大,根本不可同日而语。表面的平等,在实际中往往化为乌有:绝大多数的群体和公民根本没有参与决策更遑论影响决策的机会,仅有少数具有强大能量的利益集团能够影响和主宰立法论证和决策。在西方国家三权分立的国家体制下,议会、内阁构成了多元模式的制度基础。社会场域的多元主体之间的竞争最后均须通过内部的决策体系中的多元决策主体之间的制衡和斗争实现。无论是政府立法还是议会立法,通常都遵循"罗伯特议事规则"(Robert's Rules of Order)。该规则从本质上而言体现了多元模式的特点,包含下述两个根本原则:

一是论辩和竞争原则。在该原则下,所有相关的方案都可以纳入立法决策和讨论的范围。立法决策和论证过程体现为不同方案之间的相互竞争。其中,每个参与者均享有通过辩论对他人进行说服,并使他人接受自己观点的权利。只有经过自由、充分的辩论、讨论,方可作出决策。

二是多数原则。在立法辩论和竞争过程中,立法是否能够获得通过需要通过"多数决"的方式产生。根据这一原则,获得多数票数的方案得以胜出,而少数方案则被否决。

以上两个原则,表面上似乎为各个立法方案提供了平等的通过辩论以争取多数票数的程序和机会,但是由于决策方案并不需要普遍的充分同意,同时立法方案也并非源于不同集团和组织之间的充分协商,对居于少数的意见往往缺乏考虑和整合,其结果必然是获得多数票数的方案获胜。易言之,就是拥有绝对否决权的组织和群体,可以否决他们不想通过的法案。美国学者林布隆发现,"美国制度的特点在于,在其决策过程,大量存在否决权,除了依照宪法规定在立法中的否决权外,大公司具有的私有产权也可以根据需要转化为否决权。"①由于否决权的广泛存在,利益集团可以将具有否决权的人士集中起来。利益集团通过此机制,可能使多数人有益的立法议案不能获得通过。这种多数决的立法论证方式,由于过于注重相关立法决策主体之间的相互制衡,往往造成不同决策主体之间的相互对立和否决,难以达成有效决策,这已成为西方国家普遍的难题。查尔斯·比尔德在其《美国宪法的经济解释》一书中指出,"美国的两院制和三权分立制度,其经济意义在于,有产精英阶层得以凭借其资源和知识的优势,在必要时获得有利的立法,而不受国会内多数的控制。"②美国作家弗里德曼认为,现在的美国应当被称为"否决制"国家,而不是"民主制国家"。③ 正如福山认为:"美国政体确实出现了权威危机,政府被创造出来并不是为了限制它的权力和范围,而是为了行动和决策。"④

以上分析清楚表明,参与立法论证的主体对立法论证的影响不可同日而语。大多数公民和团体囿于资源缺乏,往往不能参与决策,只有重大利益集团(包括游说团体)才是影响决策的真正主角。

在西方的立法论证机制下,其运行机制注重"制衡",即立法决策权被分割成不同部分,由不同机构掌握,并赋予各机构彼此否决的权力,形成相互牵制制衡的局面,任何一个机构或者部分都无独占的优势地位。这种机制往往容易造成立法论证中存在过多的否决点,存在许多

---

① [美]查尔斯·E. 林布隆:《政策制定过程》,朱国斌译,华夏出版社 1988 年版,第 119 页。
② [美]查尔斯·比尔德:《美国宪法的经济解释》,转引自王绍光:《安邦之道——国家转型的目标与途径》,三联书店 2007 年版,第 49 页。
③ 参见 Thomas L. Freidman,"Down with Everything,"*The New York Times*,April 21,2012.
④ Francis Fukuyama,"The Fall of America InInc",*Newsweek*(http://www.newsweek.com/fukuyama-end-america-inc-91715)。

的否决玩家,容易形成立法僵局,使立法论证过程容易被有组织的特殊利益所击破,并俘获整个立法论证过程,导致立法常常因为否决玩家的否决而遭到否决或者搁置。这可以通过美国和德国的两个案例加以说明。

在美国,控制枪支的法案就因为美国来复枪协会(National Rifle Association,简称 NRA)的否决而难以被通过。美国人口共有 3 亿,但持有私人枪支的数量却达到了 2.5 亿支,基本上人手一支。由于社会上枪支数量巨大,枪击案在美国几乎每天发生,中小学也在所难免。"据有关统计,死于枪击者每年可达三万多人。"① 面对如此严重的局势,美国普通民众当然希望通过立法限制持有和使用枪支。民意调查显示,事实上美国民众中的绝大多数赞成控制枪支。然而,美国来复枪协会对此坚决反对。长期以来,该协会会员数量一直处于 250 万到 300 万之间。但是,令人吃惊的是,伴随着每次枪击惨案的发生,反而导致该协会会员数量的增加。2001 年的"9.11"事件发生后,其数量已经上升到 400 万人。这个组织虽然人数不多,只占总人口的很小比例,但是他们都是富有阶层,和两党关系密切。他们不但为国会议员的选举直接捐款,还不惜重金对国会议员进行游说。主张控制枪支的民众人数虽然众多,但是他们的组织程度很低,对控制枪支的议题的关注程度和捐款积极性不高;相反,反对控制枪支的来复枪协会人数虽然较少,但对控制枪支的议题十分关切,捐款的积极性极为强烈。"结果是,反对枪支管制的能够筹到巨量经费用于游说,而其费用为支持枪支管制的组织费用的 14.5 倍"②。在这里我们可以清楚地看到,有钱能使鬼推磨,钱多者胜出,钱少者败北。

---

① 王绍光:《民主四讲》,三联书店 2008 年版,第 236 页。
② 同上书,第 237 页。

德国的医改法案被延迟实施也是一例。2006年德国政府希图通过一项新的医疗改革法案,拟将全国人口的0.2%纳进医保,并拟解决德国医疗成本畸高的问题。新法案计划通过税收为医疗保险注入资金,以此实施新的卫生基金。该法案规定,低于一定收入水平的居民必须在国家规定的法定保险公司购买保险。该法案也同时规定,私有保险公司也必须提供与法定医疗保险公司类似的服务,从而为个人提供更多选择,通过加强私人机构和公有机构之间的竞争来降低成本。这一法案引起了德国有关利益集团的强烈反对,他们通过对联邦议会进行游说。致使2007年2月被通过同年7月实施的新法案,被强制延迟至2009年1月实施。[①]

第三节 共识型机制的基本机制

中国的共识型立法论证机制是中国特色的共识型体制的构成部分[②]。中国特色的共识型体制渊源于中国自1949年新中国成立以来,六十余年的探索和实践。此一体制,在权力配置、运行、目标的实现等三个环节,都是以实现和达成最广泛共识作为目标。此一体制和西方国家以分权制衡作为权力运行基础有根本区别。中国立法论证的共识型机制是在立法机关主导下实现的,主要立基于以下几个重要的机制:

一、纵向授权统合

在中国的立法论证、决策机制中,国务院具有重要的作用,其不仅

[①] Thomas Gerlinger,"Health Care Reform in German",*German Policy Studies*,vol. 6,no.1,2010,pp.107—142.

[②] 对中国特色共识型体制的经验概括和理论归纳,参见王绍光、樊鹏:《中国式共识型决策"开门"与"磨合"》,中国人民大学出版社2013年版。

在横向层面统合相关部门的立法决策,同时在纵向立法论证和决策体系中,其立法决策也极少被否决。在此次广告法烟草广告的立法论证过程中,国务院议案稿肯定了国务院法制机构提交审议的关于烟草广告的内容,而全国人大常委会虽然相对于国务院议案稿进一步严格了对烟草广告的限制,但是并未完全禁止烟草广告,体现了我国立法决策机制基于具有强大政治共识和授权关系的立法论证和决策的共同体。

按照我国宪法制度和党章规定,在我国,党中央、全国人大及其常委会都可以向国务院问责,但是,这种问责决然异于西方尤其是美国制衡否决关系。党中央、全国人大及其常委会和国务院总体上并非制衡、否决关系,而是一种授权关系:党中央-全国人大-国务院-部门纵向构成了一个立法论证和决策的体系。在此决策体系中,仅有各自所处以及负责环节的不同,基于强大政治共识和授权关系实质上形成了一个决策的共同体,目的是通过有关方面的论证和协调,以形成良好立法决策。就立法决策的内容而言,国务院、全国人大和党中央(中央政治局)也存在相对明确的职责、分工。对于国务院提出的法律议案,全国人大常委会①在审议过程中,尊重国务院立法决策也是立法中的惯例,也就是说,全国人大常委会和国务院之间并不是制衡和否决的关系。全国人大及其常委会与党中央(中央政治局)在立法中的关系,遵循的基本原则是:凡涉及重大原则的,要报请党中央批准;党中央就法案指导思想和重大原则把关,对细节和条文并不过问。1991年颁布实施的《关于加强对国家立法工作领导的若干意见》是我国历史上第一个确定全国人大与党中央在立法程序上的关系方面的中央层面的文件。该文件

---

① 在具体过程中,全国人大法律委员会以及其他专门委员会、全国人大常委会法工委也承担相应工作。

详细规定了党中央领导立法的范围和程序。党中央主要在以下四种情形中介入立法:"一是修改宪法,或者法律草案涉及重大政治和特别重大的经济、行政事项的,于提请全国人大代表大会审议前,均须经中央政治局或其常委会,或者中央全会审议;其他有权机构提出修宪议案的,也须经全国人大常委会党组或者全国人大中党的领导小组报送党中央审定;二是涉及政治的法律,须在起草前由全国人大常委会党组将立法指导思想和原则上报党中央审批;三是属于政治方面的法律,或者属于重大经济、行政方面法律的,在提请全国人大或者其常委会审议之前,由全国人大常委会党组呈报党中央政治局或其常委会审批;四是法律起草工作由党中央实行统一领导,凡是全国人大及其常委会起草的法律,均由全国人大常委会党组报中央审批;其他部门起草的法律草案需要报经全国人大审议的,亦由常委会党组报经党中央审批。党中央除了在上述规定的情形介入立法进程外,还可以通过回应全国人大或者其常委会的请示的方式影响和领导立法。在某一项具体的立法工作过程中,如果认为在一些重要问题上党中央政策不太明确、清楚,全国人大常委会党组可以请求党中央对该政策进行澄清。这两种情形,均体现了党中央对立法工作的领导和主导。"① 党的十八大提出:"要善于使党的主张通过法定程序成为国家意志。"② 特别值得一提的是,党的十八届四中全会,对党领导立法的程序作了相对于之前更加明确的论述,提出:"加强党对立法工作的领导,完善党对立法工作中重大问题决策的程序。凡是立法涉及重大体制和政策调整的,必须报党中央讨论决定。党中央向全国人大提出宪法修改建议,依照宪法规定的程序进

---

① 韩丽:《中国立法过程中的非正式规则》,载《战略与管理》2001年第5期,第19页。
② 参见 http://cpc.people.com.cn/n/2012/1118/c64094-19612151-5.html,2015年10月8日访问,另见《党的十八大文件汇编》,党建读物出版社2012年版,第19页。

行宪法修改。法律制定和修改的重大问题由全国人大常委会向党中央报告。"①可以看出,十八届四中全会的决定进一步加强了中国共产党对立法工作的领导。

二、国务院统筹相关部门立法决策

西方国家的基于分权制衡的立法论证和决策机制,将立法论证和决策权配置于具有否决权的主体手中,这些主体包括上下议院和行政机构。相对于西方,中国的立法决策和论证,就行政法规而言,中央层面高度集中在中央人民政府即国务院。当然,有关国务院部门也具有相应的立法论证、决策权,包括计划立项、起草草案、参加协调、参加国务院常务会议等,但最终决策权统一于国务院。就法律层面而言,相关国务院部门的立法论证和决策权包括起草草案、参加协调、参加常务会议、参加全国人大常委会及其相关专门委员会的审议以及全国人大常委会法工委会议等。国务院对于横向的国务院部门的立法论证、决策的统筹主要体现在以下方面:

首先,国务院在起草阶段具有统合的权力。根据立法法和行政法规制定程序条例规定,国务院相关部门具有起草法律和行政法规草案的权力,实践中,国务院相关部门起草了绝大部分法律和行政法规草案。"部门起草的送审稿必须由相关部门负责人签署,并由其负责。对于涉及管理体制、方针政策等需要国务院决策的重大问题要提出解决方案,并报国务院决定。"②在起草阶段,国务院对于相关部门的统合权力,主要表现在其对立法涉及的重大问题的决定权上。这有助于实现

---

① 参见《中共中央关于全面推进依法治国若干重大问题的决定》辅导读本,人民出版社 2014年版,第9—10页。
② 《行政法规制定程序条例》第14条、第15条。

和保障国务院在起草环节对于管理体制等立法重大问题的控制权和决定权。在烟草广告的立法中,国务院法制机构曾就烟草广告问题向国务院报告,建议维持报送国务院审议稿的内容,国务院采纳了国务院法制机构的建议。

其次,国务院在审议环节具有统合的权力。这一阶段的统合权力通过国务院常务会议实现。"在报请国务院常务会议审议前,国务院法制机构要对法律和行政法规的送审稿作出审查、修改,并对国务院有关部门在主要制度、方针政策、管理体制和权限分工等方面存在的分歧进行协调,力求协调一致;不能协调一致的,要将争议问题、有关部门的意见以及国务院法制机构的意见报送国务院决定。"[①]国务院常务会议审议的结果将决定草案能否被通过,将决定草案生死或者搁置。因此,在立法审议环节国务院具有的统合权力就体现为对于草案决定生死或者搁置的权力,这是对国务院部门立法论证和决策质量的最终检验。在此次烟草广告的审议过程中,国务院基于法制机构的研究论证,仍然维持了进一步严格限制烟草广告而不是全面禁止的规定。

上述,从两个方面论证了国务院对所属部门立法论证和决策的统合权力。该机制基于国务院实行的总理领导下的部门首长负责制,即"谁决策、谁负责"。事实上,这一机制加剧了相关部门在立法方面对于分配权力和资源的竞争,这也是导致在立法论证中立法草案涉及相关部门职责时协调难,得以产生的制度上的因素。因此,不能简单地将协调难问题归之于部门争权夺利,这一问题实质上属于部门职能划分方面的冲突,具有不可避免和必然性特征。对于该体制所产生的协调难问题,需要冷静、客观的认识,仅仅指责,无补于事。

该机制自身具有的独特的内在优势,往往被人忽视。虽然,该机制

---

① 《行政法规制定程序条例》第23条。

不免产生协调难问题,但是,立法论证中的相关问题最终都能够在国务院层面获得解决(当然,也存在被搁置的情形)。相对于西方的制衡、否决机制难以形成有效的立法决策而言,这正是中国立法论证机制的独具特色的优势。

三、限制否决,强化接触与沟通

与西方立法论证机制中的制衡、否决不同,中国的立法论证机制是立基于广泛参与、协商合意、内部强大的聚合统合能力的共识机制。虽然,立法权力分散于相关部门,但是,能够通过协商、协作与协调机制实现分歧的磨合,并最终实现共识。

在促成协作、实现共识过程中,国务院法制机构发挥了重要而积极的作用。协调有关部门在立法方面的不同意见,是行政法规制定程序条例赋予国务院法制机构的职责。在国务院 2009 年立法工作计划中,还专门强调了协调问题,提出以下要求:"一是有关部门起草草案过程中,涉及其他相关部门职责和职权的,要与其他相关部门进行充分协商、沟通,并书面征求其意见;向国务院报送审稿时,要说明其征求有关部门意见的情况以及有关部门的不同意见。相关部门在复杂、重大问题上分歧较大、意见不一的,国务院法制办要及时协调,有关部门要积极配合;经过反复协调仍难以达成一致的,要慎重研究并提出处理意见,报请国务院决定。二是起草、审查法律草案的过程中,国务院法制办要进一步强化与全国人大专门委员会以及全国人大常委会法工委的沟通与联系;对于有严重分歧的问题,要主动听取、高度重视专门委员会以及法工委的意见。"[①]就一般问题而言,主要在法制办司、处层面协调、论证解决;对于重大的问题,在部级层面协调论证。如果不能在法制

---

① 国务院 2009 年立法工作计划,可访问北大法宝。

办的层面加以协调解决的问题,可以报请国务院作出决定。实践中,绝大部分的部门分歧意见都在这一协调机制获得了解决。在全国人大及其专门委员和常委会法工委这一层面,也非常注重对分歧意见的协调。

  这一点,在广告法烟草广告的立法论证也得以充分体现,无论在国务院法制机构的审查修改的论证阶段,在国务院常务会议审议阶段,还是在全国人大常委会的审议阶段,国务院法制机构均发挥了重要协调作用,并未被全面禁止烟草的激进立场所俘获,而是根据我国国情,根据烟草公约以及我国控烟规划,作出了符合实际,统筹各方利益的进一步严格禁止而非全面禁止的立法方案。这一方案获得国务院常务会议的认可,也获得了全国人大常委会的认同。

  与西方立法论证的制衡与否决机制相比,我国立法论证机制呈现出共识型特质。相对于西方仅有一种闯进来的"开门"方式的论证机制而言,我国的立法论证机制同时兼有"闯进来"、"请进来"、"走出去"三种"开门"的方式。我国结合三种"开门"方式的立法论证机制,大大拓宽了立法者的视域和视野,有利于更加全面、有效地在立法决策中吸纳社会各个阶层特别是普通工农群众的建议和意见。这是我国独特的革命传统中群众路线的优良传统在我国立法论证机制中的体现。同时,与西方国家的制衡、否决的机制不同,我国的立法论证机制体现出求同存异、协商磨合、凝聚共识的特点。相对于西方国家的立法论证的机制,我国立法论证机制体现出巨大的优越性。

  我国目前的共识型立法论证机制,既融合了我国革命传统中人民民主、群众路线的优良传统,又能够有效回应人民群众参与热情和能力不断提高的现实需要。同时,也积极借鉴和融合了西方立法论证机制中的公众参与的有益经验。这一模式自然不是完美无缺,但是在融合传统、现实和西方经验的基础上,已经为我国立法论证机制的进一步完善奠定了良好的机制和价值基础,并指明了可行的方向和路径。

结论:完善制度和机制的几点建议

我国的立法论证机制为共识型机制。这一机制相对于西方的分权制衡否决机制具有其优点和优势,也为进一步完善该机制奠定了良好价值和机制基础,提供了可行的路径和方向。本章主要研究如何进一步完善我国立法论证体制和机制。

一、引入公共辩论制度

在我国立法论证制度中,应当说比较缺乏关于公共辩论的制度规定和实践。一方面,从制度规定来看,缺乏关于论辩的规定。我国全国人大和全国人大常委会的议事规则,专设的发言与表决一章中均没有关于辩论的规定。在立法法中关于全国人民代表大会立法程序一节中规定:"主席团可以就法律案中的重大的专门性问题,召集代表团推选的有关代表进行讨论,并将讨论情况和意见向主席团报告。"①在全国人大常委会立法程序一节中规定:"常务委员会在审议法律案时,可以召开联组会议或者全体会议,对法律草案中主要问题进行讨论。"②但是,讨论并非辩论。同时,在行政法规制定程序条例中,也没有关于辩论的规定。另一方面,从实践来看,我国立法实践中,更多的是听取意见和发言,而不是采取不同意见的相关方面进行公开辩论的方式。立

---

① 《立法法》第 21 条。
② 同上第 29 条。

法法和行政法规制定程序条例,都规定了"立法机构应当广泛听取意见,其形式包括座谈会、论证会、听证会等形式。"①易有禄教授指出,我国法案的审议方式比较单一,在各个审议环节基本上没有辩论,只有讨论和发言。②缺乏公开辩论制度的后果是,不利于不同意见之间的交流和沟通,也不利于相关争议的疏导和解决,在很大程度上影响了法案审议的质量。

为什么我国缺乏关于公共辩论的规定?这在一定程度上与我们对民主的理解的不足有关。汪晖在评论当代思想状况时认为:"由于对毛泽东时代群众运动的恐惧,许多人对于政治民主的理解主要集中在形式民主,……不仅忽略了广泛的政治参与乃是民主的必要内容,而且完全无视这种政治参与与立法过程的积极互动正是现代民主变革的基本特征。"③我们在理论上和制度上更加重视选举意义上的民主和投票表决意义上的民主,这两者实质都是投票民主,比较忽视大众的政治参与以及在此基础上的公共论辩制度。实际上,民主应当包括两项制度:一是在广泛政治参与基础上的公议制度,公议制度提供了一个公共领域,是人民作为主体参与政治的空间,在人民广泛政治参与的基础上,通过公共论辩、讨论达成普遍可接受的公意的制度。二是投票制度,即通过投票形成公共选择或者决定的制度。其中,公议制度是基础和根本。只有在良好公议基础上,投票才是有意义的。正如王绍光所指出的,在讨论、辩论中,让人们接触不同观点,并迫使人们从公共立场的角度对自己的立场进行辩护。"通过你来我往的讨论、辩论,人们可能对自

---

① 《立法法》第36、67条,《行政法规制定程序条例》第12、21、22条。
② 易有禄:《立法权正当行使的控制机制研究》,中国人民大学出版社2011年版,第352页。
③ 汪晖:《当代中国的思想状况与现代性问题》,载《去政治化的政治》,三联书店2008年版,第73页。

己的偏好进行提炼、修正和转变,把原本自私的偏好转化为考虑他人利益的偏好。反复协商讨论,有可能达成共识;即使不能达成共识,也比不讨论辩论、直接投票的效果好,原因是经过人们的讨论,人们对各个方案的优劣有了更加全面的了解。"① 如此,民众不仅有了参与的权利,还有了决策的权利。而"民决"(民众参与决策)才是真正意义上的民主。②

通过公共辩论制度,我们一方面可以充分发现不同方案的优劣,从而作出更加合理的立法决策;另一方面,通过公开辩论过程,激活公共领域,使人民大众的政治参与能够与立法实现良性互动,更加有利于保证立法决策符合绝大部分人民的利益,保障立法决策的合理性和正当性。为了完善我国立法论证制度缺乏公共辩论的制度缺失,就需要引入以下制度和措施,以利于公共辩论制度确立和实践开展。

(一)在立法草案审议过程中,引入辩论环节

许多西方国家都采用罗伯特议事规则,因此,可以考虑借鉴罗伯特议事规则中关于辩论的规定。③ 由于,罗伯特规则表述得比较严谨、复杂,我国议事规则专家袁天鹏对该规则作了改进、简化和概括,主要内容如下:"一是同一天内,对于同一个动议,每个人的辩论发言不得超过两次,发言时间不得超过两分钟;二是发言人应当首先表明自己的立场(赞成或者反对),然后阐述理由;三是如果发言人立场难以分辨,主持人可以询问;四是辩论必须切题,发言必须是关于"是否应当通过当前动议",主持人应当制止显然与当下待议的议题无关的言论;四是禁止

---

① 王绍光:《民主四讲》,三联书店 2008 年版,第 248 页。
② Sherry. R. Arnstein, "A Ladder of Citizen Participation", *Journal of Royal Town Planning Institute*, Vol. 57(1971). pp. 176—182.
③ 罗伯特议事规则在其第 34 和 37 节对辩论的规则作了规定。参见[美]亨利·罗伯特:《议事规则》,王宏昌译,商务印书馆 2005 年版,第 78—85 页。

人身攻击,禁止质疑或者评论他人的动机、习惯或者偏好;五是如果对已经发生的事实存在争议,应当展开调查,而不是辩论。"①引入这些规则并将之作为立法中议题的辩论规则,十分必要,也是可行的。引入论辩的机制和规则,有利于提高审议和辩论质量,提高立法论证质量,并从而提高立法质量。事实上,早在1956年,周恩来同志就指出:"明天还准备进一步允许辩论,当然,现在也允许辩论,小组会上就辩论得很热烈,将来大会上也可以辩论。就是说,人民代表提出的意见,政府要出来回答。回答对了,人民满意;不对,就可以争论。资本主义国家的制度我们不能学,那是剥削阶级专政的制度,但是,西方议会的某些形式和方法还是可以学的,这能够使我们从不同的方面来发现问题。"②在引入公开论辩的同时,也应当引入重要条文的逐条辩论的方式,以实现对立法草案充分的理性论辩,提高立法论证的质量。

(二)加大立法草案审议过程的公开力度

世界上多数国家都允许将议会辩论的情景通过电台或者电视进行实况转播或是现场直播。我国尚不存在对于全国人大或者常委会审议法律情况、相关委员会的审议情况的全面实况转播或者直播。我们应当借鉴国外做法,进一步扩大全国人大、全国人大常委会以及各相关专门委员会法案审议的公开性,允许公民旁听,允许媒体全程报道或者实况转播。同时,行政法规重要制度的审查过程,也可以考虑向社会公开相关信息,允许媒体进行报道。

通过公开审议过程,使人民群众享有充分立法信息的知情权,畅通

---

① 寇延丁、袁天鹏:《可操作的民主——罗伯特议事规则下乡全纪录》,浙江大学出版社2012年版,第211—212页。

② 周恩来:《周恩来选集》(下卷),北京人民出版社1984年版,第208页。

立法机关与社会民众的良性互动渠道,从而促进立法论证质量的提高。在这一过程中,人民群众可以以团体形式等各种方式向立法机关反映意见和建议,对于人民群众的意见和建议,立法机关也应当以一定方式公开。对于有充分理据支持、有利于维护国家利益和人民利益的意见、建议应当积极予以采纳。而对于有重大分歧的意见和建议,可以在审议过程中举行公开的辩论,充分辨明理据和立场,最终在有充分理据支持并符合国家、人民利益的基础上作出立法决策。

（三）对民众、相关团体等的立法论证意见进行公开回应

目前,在我国立法论证实践中,听取意见是单方面的,立法机关即使反馈也是通过书面方式概括回应对于相关意见的处理情况。这一方式,导致的结果是立法机关并不能与人民群众意见产生充分的互动,致使人民群众参与立法的效果大打折扣。这种方式的缺点是明显的,就是人民群众的参与是被动的,也是不充分的,由于立法机关是否采取意见的过程是不透明的,因此人民群众意见对于立法机关立法决策的影响有可能微乎其微。

如果立法机关对社会公众的等相关意见能够公开回应,并开展辩论,将更能有效回应社会公众的吁求和呼声,就能够改变人民群众被动、不充分的参与方式,进而使人民群众能够主动有效地参与立法,也有利于立法机关和社会公众更加深入、理性地沟通、理解,有利于通过理性、开放地辩论,促进立法共识的形成。

（四）对重要立法问题进行全民参与辩论

随着互联网技术为支持的社交网络的兴起以及普通民众受教育程度的提升。传统社会存在的精英阶层特别是政治精英与普通大众的知识鸿沟和信息鸿沟得以大幅缩减,普通人民群众获得信息的便利性和可及性大为提升。这些为人民群众参政议政提供了巨大的信息和知识条件,也提供了便利的平台。正如潘维先生所指出的,"一个群众普遍

参与到日常政治的时代已经到来了。抵抗群众的参与会遭到群众或迟或早、以各种形式进行的报复,最终淹没政治家"。在群众参政议政意识高涨的当下,对于重大的立法问题也应当由人民群众参与,并根据人民的利益和意志作出决定。

中华人民共和国宪法庄严宣告,中华人民共和国的一切权力属于人民。这一宣告,表明了以最广大的劳动群众为主体的人民是国家权力的所有者。立法权作为国家权力的重要组成部分,自然也属于以最广大的劳动群众为主体的人民所有。立法权作为管理国家的权力,也是人民群众根本的权力,是人民当家做主的重要权力。毛泽东在读《读苏联〈政治经济学教科书〉的谈话》中指出,"劳动者管理国家、管理军队、管理各种企业、管理文化教育的权利,是社会主义制度下劳动者最大的权利,最根本的权利。没有管理国家、管理军队、管理各种企业、管理文化教育这种权利,劳动者的工作权、休息权、受教育权等等权利就没有保障①。"人民的立法权如果得不到保障和实现,人民的利益就会受到损害。人民立法权的重要实现方式之一就是能够参与并决定重大立法,保障立法体现和保障人民利益。

其中,保障人民群众立法权的一种重要的参与方式就是对存在重大争议的立法问题进行全民辩论。对涉及国家利益、人民利益存在重大争议的重大立法问题,应当进行全民辩论。通过这种方式,立法决策者能够充分了解辩论双方的主张和理据,避免立法被绑架或者俘获,从而危害国家利益和人民利益。比如,转基因问题就涉及中华民族的粮食安全、人种安全和存续。目前,俄罗斯已经立法全面禁止转基因产品,包括种植转基因作物、养殖转基因动物和生产转基因食品以及进口

---

① 毛泽东:《毛泽东文集》第八卷,人民出版社1999年版(2009年第11次印刷),第129页。

转基因食品。① 而我国尚未对转基因进行国家安全试验②，对其潜在的安全风险尚未有科学严谨的评估。当务之急，除了尽快做转基因国家安全试验外，对目前的转基因食品安全问题，应当可以展开全民公开论辩。通过由支持转基因的专家、群众代表和反对转基因的专家、群众代表参加公开的论辩，澄清转基因食品安全存在的问题，辨明是非曲直，为除了实验室研究之外的全面禁止转基因立法提供支撑和依据。

通过全民辩论的方式，有助于防止立法论证和立法决策被少数利益集团所把持和俘获，防止立法过程中的暗箱操作，保障广大人民群众的知情权、参与权和对立法决策施加影响的权利。通过这种方式，将充分调动人民群众参与立法论证的积极性和主动性，使人民群众成为参与立法论证和决策的主体，保障立法论证和决策充分反映人民群众的利益和意志。对于重大立法问题的全民辩论将成为人民立法权实现的重要方式和途径，也是实现人民民主的重要途径。

二、均衡参与能力和机会

（一）弱势群体参与机会和资源相对不足

目前，从总体上而言，在立法工作中，相关阶层、组织和个体参与能力、参与机会存在差距。资本阶层、企业和政府部门等，对立法具有强大的影响力，这些强势群体的政治参与能力、机会和渠道远远强于和多于弱势群体。而社会中的弱势群体如工人群体、农民群体对立法影响力相对较弱。这体现在工人、农民在人大代表中的构成、参与方式与资源等方面。

---

① 《欧亚经济》，2016年第4期，第112页。
② 参见顾秀林：《转基因战争：21世纪中国粮食安全保卫战》，知识产权出版社2011年版。

1. 参与机会不足

从第一届到第十二届人大代表的身份构成情况来看,工人、农民在全国人大代表中的比例偏低。第一届到第十届的代表总数以及身份构成见下表。① 第十一届全国人大代表中,工人农民占 20.59%,干部占 52.93%,知识分子占 17.51%,解放军占 8.97%。② 第十二届全国人大代表中工农代表 401 名,占总数的 13.42%;干部代表 1042 名,占总数的 34.88%;专业技术人员代表 610 名,占总数的 20.42%;妇女代表 699 名,占总数的 23.4%。③

届别	代表总数	工人农民 人数/比例(%)		知识分子 人数/比例(%)		干部 人数/比例(%)		解放军 人数/比例(%)		归国华侨 人数/比例(%)		其他 人数/比例(%)	
一	1266	163	13.29							30	2.45		
二	1226	136	11.09							30	2.45		
三	3040	384	12.63							30	0.99		
四	2659	1475	51.13	346	11.99	322	11.16	486	16.85	30	1.04		
五	3497	1655	47.33	523	14.96	468	13.38	503	14.38	35	1	313	8.95
六	2978	791	26.56	701	23.54	636	21.36	267	8.97	40	1.34	543	18.23
七	2970	684	23.03	697	23.47	733	24.68	267	8.99	49	1.65	540	18.18
八	2978	612	20.55	649	21.8	841	28.24	267	8.97	36	1.21	573	19.24
九	2979	563	18.90	628	21.08	988	33.16	268	9	37	1.24	495	16.62
十	2984	551	18.47	631	21.14	968	32.44	268	8.98	38	1.27	528	17.69

从上表以及上述数据可以看出,全国人大代表中的工农代表一直以来占据与其人口比例而言相对较低的比例,都在百分之十以上。从第一届到第十二届,除了在第四届工人农民比例最高(51.13%)并且占

---

① 全国人大常委会代表资格审查委员会关于全国人大代表资格的审查报告,见蔡定剑:《中国人民代表大会制度》,法律出版社 2003 年版,第 220 页,转引自易有禄:《立法权正当行使的控制机制研究》,中国人民大学出版社 2011 年版,第 259 页。
② 参见史卫民、郭巍青、刘智:《中国选举进展报告》,中国社会科学出版社 2009 年版,第 421—422 页。
③ 李正斌:《人大代表结构的优化及民主意义》,载《前线》2013 年第 4 期,第 56 页。

到代表总数的二分之一以上,以及第十一届比第十届比例升高外,自第四届后,数据呈现出逐年下降趋势。干部、知识分子群体在全国人大代表中的占比呈总体上升趋势,从第七届所占比例超过工农代表。这一问题,已经引起了党中央和理论界的重视。从党派构成来看,"中国共产党党员的占比在历届全国人大代表中均以超出50%,最低34.88%,最高76.85%"①,这与中国共产党的领导地位和中国共产党领导的多党合作制度是一致的。同时,从人大代表构成来看,出现了描述性不够的问题,人大不能蜕变成社会精英的俱乐部,一线工人、农民代表必须在人大占有相当的比例,否则,就如鄢一龙等青年学者所指出的,"真正一线的工农代表数量少,一些地方的工农代表还经常被商人挤占。如果这一现状不改变,人大的角色定位就会出现尴尬的境地,既不符合'代表型'民主思路,也不符合'代议型'民主的思路。"②此外,工农代表比例过低,与我国宪法的规定也不符合。我国宪法第1条,明确规定,中华人民共和国是工人阶级领导的、工农联盟为基础的人民民主专政的社会主义国家③。由于工人农民所占比例较低,同时我们实行多数决(宪法修改为全体代表三分之二以上通过,法律和其他议案为全体代表二分之一通过),可能造成在立法审议、立法论证中不能有效、充分反映工人、农民的利益。

2.参与方式和资源不足

从我国的社会结构来看,一个突出的特点是经济精英和文化精英组织化水平相对于工人、农民等弱势群体的组织化水平更高。正如学

---

① 易有禄:《立法权正当行使的控制机制研究》,中国人民大学出版社2011年版,第259页。
② 鄢一龙、白钢、章永乐、欧树军、何建宇:《大道之行 中国社会与中国共产党》,中国人民大学出版社2015年版,第80页。
③ 《宪法》总纲第1条。

者李玲、江宇指出的,"人民也可以联合起来,表达自己的利益诉求、进行自我管理和治理,但组织起来并发挥影响,要比少数人联合起来困难得多。"①从实践来看,拥有更多资源的经济类社团,更加容易得到决策者和立法者的认同和青睐,更加容易组织起来,获得正式的社团身份。经济精英可以参加的协会众多,如中国企业家协会、个体协会、私营企业主协会、所属行业的协会、各地的工商联合会以及全国工商联合会,经济精英还可以通过组织商会加以组织化。上述方式能够使经济精英形成组织化力量,影响立法和决策。在组织化的条件下,经济精英更加容易形成比较清晰的阶级意识。有的学者指出,"资本所有者已经有了清晰的阶级意识,也有了超越自我的利益考虑。"②文化精英也有各类协会,如作家协会、书法家协会等,还可以加入民主党派如九三学社等组织。经济和文化精英也容易通过体制内的渠道反映其呼声和意见,他们可以通过组织化力量上书或者通过内参等方式向决策层传递他们的意见。在经济精英和文化精英之间,也容易形成结盟。而工人、农民等基本群众组织化水平较低,他们难以通过组织化的方式反映他们对立法的意见和建议。

　　这一特点与上述阶层的社会经济地位也是相互关联的。经济精英与文化精英由于占有较多的经济资源、文化资源,而享有更多的话语权。即从政协和人大的代表构成来看,有的学者已经指出,"从社会观感来看,许多地方的人大和政协相当于社会精英俱乐部。与普通人民群众的心理距离遥远。"工人、农民虽然占全国人口的绝大多数,其占有的经济资源较少,处于社会底层。这被有的学者称为阶层、阶级之间的

---

　　① 李玲、江宇:《有为政府、有效市场、有机社会——中国道路与国家治理现代化》,载《经济导刊》2014 年第 4 期,第 17 页。
　　② 温铁军等:《八次危机 1949—2009 中国的真实经验》,东方出版社 2013 年版,第 270 页。

失衡。"所谓失衡社会是指,在一个社会中,一个利益集团或者阶层拥有的各类社会资源占社会总资源的比例远远高于他们占总人口的比例,另一个集团或者阶层拥有的各类资源占社会总资源的比例远远低于其总人口比例。"①与此失衡状态相关联的是,经济精英与文化精英作为强势群体容易形成结盟。如温铁军所深刻指出的,"大量的小知识分子包括画家、音乐家、表演家等中产阶级正得益于与产业资本阶级化进程的直接结合,其实就是文化精英与经济精英的结合、联盟"。② 这种联盟会以组织化的方式影响立法决策和立法论证。如宪法修订过程中,主张私有产权神圣不可侵犯的观点,曾经沸沸扬扬,风生水起。而工人、农民等人民群众作为弱势群体,由于资源匮乏、文化不足,则难以通过组织化方式影响立法论证和决策。

(二)增强弱势群体参与立法论证的能力和机会

为了应对弱势群体参与立法论证能力、资源和机会不足的问题,就需要一方面适当提高工人农民在全国人大代表中的比例,另一方面提高其组织化有效参与水平。

1. 适当提高工人农民在全国人大代表中的比例

工人农民在全国人大代表中的比例,与其在总人口所占比例而言,比重显然是失衡的。党的十八大报告提出:"要提高基层特别是一线工人、农民代表比例"③,表明了中国共产党已经认识到这一问题的严重性。

---

① 王绍光:《安邦之道——国家转型的目标与途径》,三联书店出版社2007年版,第536—537页。

② 温铁军等:《八次危机 1949—2009 中国的真实经验》,东方出版社2013年版,第241页。

③ 《认真学习党的十八大精神 人民日报重要报道汇编》(内含十八大报告原文),人民日报出版社2012年版,第27页。

只有提高工人农民在全国人大代表中的比例,才能够提高他们在全国人大的话语权,也才能防止人大蜕变成社会精英俱乐部,防止人大立法被精英绑架或者俘获,才能够通过他们有效地参与立法审议和论证,真正形成有效保障工人农民群体利益的制度体系,有效维护作为中国共产党执政基础的广大工人农民群众的利益,才能有效维护我国宪法规定的"工人阶级领导的、工农联盟为基础的人民民主专政的社会主义国家"的国体的稳固与不变。

2. 提高组织化水平

(1)有效发挥工会作用,通过工会在立法决策和论证中有效代表和反映工人利益

现行工会法等法律对工会维护职工合法权益作出了相关规定。在现行制度框架内,工会是职工利益的代言人,是维护职工利益的专门组织,维护职工合法权益是其基本职能。现行工会法在维护企业职工利益方面发挥了重要作用,包括在立法中反映和维护工人群体的利益,如在公司法的修改和论证中,中国全国总工会作为修法领导小组和工作小组成员,就提出了许多有利于维护工人群体的立法意见和建议,并在公司法中予以体现。当然,也需要进一步完善工会在立法决策和论证代表和反映工人群体利益的体制和方法。鉴于现行工会法并无关于工会代表工人在立法中反映其利益和呼声的具体条款,可以考虑通过修改工会法予以明确。

目前,在实践中需要关注的问题是城市农民工的问题。根据国家统计局 2012 年 2 月 22 日的数据,2011 年,我国农民工数量为 25728 万人①。虽然农民工人数庞大,但是其力量弱小、话语微弱。汪晖指出:"仅就今天的情境而言,我们在人民代表大会、政治协商会议和中国

---

① "2011 年统计公报评读",资料源于国家统计局门户网站,http://www.stats.gov.cn。

共产党的各级代表机构中,很少看到新工人(即农民工,笔者注)的身影,听到他们的声音,他们与资本连体因而也只能被资本代表"①。工会组织如何有效维护这一群体的利益,在立法中反映他们的呼声和利益,是迫在眉睫的问题。这对现行工会体制也是很大的挑战。需要工会组织,深入工厂,深入底层,做艰苦细致的工作。通过工会实现对农民工的组织化,有利于我国社会经济秩序的稳定,有利于实现农民工通过组织化、体制内的渠道反映其利益和诉求,也有利于通过立法论证在立法中反映和维护其利益,为其提供制度性保障。

(2)提高农民的组织化水平,在立法决策和论证中反映和维护农民利益

针对农民组织化水平不高的问题,就需要发展和培育农民组织。"目前,对农民组织的限制过多,有极大的消极作用,容易削弱人民对政府的信任,培育政治激进主义。"②通过发展农民组织,将有利于通过农民组织集中表达农民的利益与需求,有助于中央政府以低成本方式获得真实的信息。这里需要克服对农民的歧视心理和心态:认为农民属于落后分子和东窜西突的社会盲流;应当将农民看作这个社会的主人,"农民并不是需要教化和施舍的子民,而是国家的真正公民"③,需要真正尊重农民的权利、理性和创造性。需要深刻认识到,农民是我们国家的基础,诚如毛泽东指出的,"我国国家的基础,就在于工人、贫农、下中农身上。"④同时,也要防止忽视或者轻视农民问题的倾向。对于这种

---

① 汪晖:"'我有自己的名字'——《中国新工人:迷失与崛起》序言",参见吕途:《中国新工人的迷失与崛起》,法律出版社 2013 年版,序言第 8 页。
② 赵树凯:《乡镇治理与政府制度化》,商务印书馆 2010 年版,第 310—311 页。
③ 赵树凯:《农民的政治》,商务印书馆 2011 年版,第 114—115 页。
④ 中共中央研究室:《毛泽东年谱(1949—1976)》第三卷,中共中央文献出版社 2013 年版,第 199 页。

倾向,毛泽东警示道:"农民同盟军问题的极端重要性,革命时期是这样,建设时期仍然是这样。无论什么时候,政治上犯错误,总是同这个问题相关联的。"①"农民是同盟军,不抓农民问题就没有政治,不注意五亿农民的问题,就会犯错误,有了这个同盟军,就是胜利。中国党内相当多的人,不懂得农民问题的重要性,跌跟头还是在农民问题上。"②只有在真正尊重农民的基础上,才会相信农民,并放手让农民组织起来,从而使农民及其组织能够理性、合法地表达其利益。在已经让经济精英和文化精英成立各种组织,或者以组织化方式反映其利益和诉求的情况下,已经没有理由不让作为中国共产党执政之基础的农民成立组织,反映诉求和利益。

在立法决策和论证过程中,农民组织的组织化介入,能够弥补农民群众在决策体系和制度渠道内没有从自身产生的直接利益代言者的问题,有利于农民群众利益在立法决策和论证过程中的表达,而组织化的表达也容易引起立法决策者注意。在此基础上,在与其他群体利益和意见的碰撞中,也有助于培养农民群体理性讨论、审议问题的能力和水平。如此,我们就能期望一个对于农民而言的言路畅通、并能够与其他群体理性讨论的立法决策和立法论证体制。只有在此基础上,农民、农村、农业乃至我国的持续和谐发展才能有良好的制度和组织基础。

3. 中国共产党进一步向基层社会开放

目前,"我国政党政治体现为政党国家化,即政党与国家过于同构,与社会等级也过于同构。这导致政党的整合能力不足,尤其对工农等草根群体的代表性不足。"③汪晖也指出我国存在的政党政治的代表性

---

① 中共中央研究室:《毛泽东年谱(1949—1976)》第三卷,中共中央文献出版社 2013 年版,第 348 页。
② 同上书,第 353 页。
③ 温铁军等:《八次危机 1949—2009 中国的真实经验》,东方出版社 2013 年版,第 240 页。

断裂,他指出:"政治精英、经济精英、文化精英及其利益与社会大众之间的断裂是这一代表性断裂的社会基础,而政党、媒体和法律体系(无论其使用多么普遍的宣称)无法代表相应的社会利益和公共意见则是这一代表性断裂的直接表现"。① 鄢一龙等五位青年学者也指出,"在长期执政条件下,党本身可能会蜕变,党的领导作为核心制度安排,面临着两大危机:官僚化带来的代表性危机和主体性销蚀带来的正当性危机。"②"敌存灭祸、敌去招祸"③在革命年代,由于强大敌人的存在,我党必须时时刻刻保持与人民群众的血肉联系,否则就不能生存。取得政权后,由于缺乏竞争对手,处于领导核心地位,就容易发生退化,成为官僚集团,从而割裂党和人民群众的血肉联系,造成代表性和正当性危机。这在党的十八大报告中深刻表述为四大危险:精神懈怠的危险、能力不足的危险、脱离群众的危险、消极腐败的危险。这些问题,已经成为影响我国政治平等、执政基础和中国共产党执政能力和效能的重要问题。反映在立法问题上,就是立法对于群众反映强烈的问题,尤其是对广大工农群众利益的整合和吸纳不足。

为了解决这一问题,提高中国共产党对社会的整合力度,尤其对工人农民群体的整合力度,就需要中国共产党进一步向社会开放,向工农群众开放,让基层的群众能够参与立法决策和论证进程,能够将他们的呼声和需要纳入立法决策和论证中,并在立法决策和论证中发挥影响。

4.践行群众路线,动员和支持基层劳动人民的再组织

目前,在立法工作中,由于相关阶层、组织和个体参与能力、参与机

---

① 汪晖:《再问"什么的平等"?——论当代政治形式与社会形式的脱节(上)》,载《文化纵横》2011年第5期,第69页。
② 鄢一龙、白钢、章永乐、欧树军、何建宇:《大道之行 中国社会与中国共产党》,中国人民大学出版社2015年版,序言第9页。
③ 柳宗元:《敌戒》。

会存在差距,总体而言,资本阶层、企业和政府部门等对立法具有强大的影响力,这些强势群体的政治参与能力、机会和渠道远远强于和多于弱势群体。而社会中的弱势群体如工人群体、农民群体对立法的影响力相对较弱。

为了弥补弱势群体参与能力不足的问题,要求立法机关和立法工作者要贯彻群众路线,要走出去,到民间,到基层听取弱势群体的意见和声音。在立法论证中,立法者要更加深入贯彻以民为本、立法为民的理念,积极走出去、到基层听取人民群众尤其是弱势群体的意见和建议,并在立法论证和立法决策中反映和体现他们的意见和建议。

此外,需要发扬党的群众路线,将人民群众组织起来。组织人民群众,是我们党的看家本领。中国共产党领导的中国革命和建设之所以能够取得成功,就在于将一盘散沙的中国人民组织起来。正如潘维教授所指出的那样,"国民党早在1949年10月1日之前就丢掉了政权,或者说从未得到过。丧失了组织基层社会的能力、权力,就无法领导和组织人民自治,社会秩序就会紊乱或者大乱,群雄并起——谁有能力组织基层社会谁就取而代之。"① 改革开放之后,一个重大的失误就是,单位体制收缩,国家退出,市场扩张,社会原子化、基层社区涣散,新的社会再组织机制尚未建立起来。如果涣散的无组织的是群众,那么只有把群众组织起来,才能是有组织、有力量的人民。将群众组织起来成为人民这一任务,自然离不开党和政府的支持。如果当政府不去组织群众,就会由其他组织如宗族势力、宗教势力,甚至是敌对势力来组织。离开了基层居民的自组织,任何政府都难以治理社会。党和政府要拿出充分的热情和动力,鼓励和支持人民群众成为结社的主体,成立各种

---

① 潘维:《信仰人民 中国共产党与中国政治传统》,中国人民大学出版社2017年版,序言第7页。

人民群众的社会团体,使广大劳动人民为主体的人民成为社会治理的主力军,并使之得到充分的资源和参与渠道。一方面,党要积极动员和鼓励群众参与和组织社会组织和群众组织,推动形成和发展各种形式的人民群众的社会团体,另一方面,通过党的基层组织能够及时吸纳人民群众的社会组织的意见,并将之通过党的渠道整合进党和政府包括立法决策的各种决策中,使人民群众的意见和意志整合进立法论证中。只有如此,党的各级组织才能够以低成本得到真实的信息,这是因为党组织以扁平化的方式深入到人民群众的社会组织中了。同时,党深入人民群众并领导人民群众实现再组织化,也就使人民群众不受资本或者其他利益集团的支配和控制,就能够有效防止党和政府的决策包括立法决策被资本和其他力量所俘获。

重视基层,把基层组织起来,是我们中华先民的智慧结晶。这也可以从我们传统的经典易经中得到印证。基层重于科层体系,在易经时代就已经领悟透彻。三阳爻在上,三阴爻在下是"否卦",三阴爻在上,三阳爻在下是"泰卦"。乾阳之气天然是上升的,如同官员要注重升迁;坤阴之气自然下降,百姓过日子当然都属小事不免斤斤计较。上升之阳在上,沉降之阴在下,双方必然背道而驰。是故,卦辞是"天地不交而万物不通也,上下不交而天下无邦也。"以此,否卦代表险恶。而如果下降之阴在上,上升之阳在下,则上下交通,没有隔阂,没有背离,则双方相交相通。是故,卦辞是"天地交而万物通也,上下交而其志同也",以此,泰卦代表吉祥。必须重视基层及其组织化,上下交通,才通达通畅。把人民组织起来当家做主,这是中华先民的智慧结晶,于今仍当有启发。一定要重视基层的再组织化,以上下相通,这是中华传统和革命传统已经证实了的成功经验。在基层在党的支持和领导下再组织起来的情况下,基层群众以组织化的形式参与立法论证与决策,党和政府的立法才能充分吸收和反映人民群众的利益和意志。

5. 人大和政协吸收基层、社区自组织的代表者和公益组织代表参与

中国共产党在革命和建设年代能够取得包括工农大众在内的人民群众拥护的根本原因,在于中国共产党是一个扁平组织,能够深入人民群众,发动群众、组织群众,为人民群众排忧解难,能为人民群众解决生活中的具体矛盾和具体小事。在新的条件下,也需要以社区扁平组织、公益组织为本,因为这些社区扁平组织、公益组织能够接地气,能够融入基层社区生活,能够有组织地、低成本有效地反映基层、社区的声音。

为此,人大和政协应当吸收社区自组织和公益组织代表者参与①,从而使人大和政协成为基层社区自组织和公益组织能够发出声音、反映意见和建议的平台,使他们能够为国家立法和决策建言献策,贡献自己的聪明才智。如此,才能够团结一切可以团结的力量,服务于良法善治的实现,服务于中华民族复兴大业。

三、成立立法咨询委员会

按照现行的立法体制,能够提出立法议案或者草案的主要是国家机构,在中央层面主要包括人大常委会、国务院、中央军事委员会、最高人民法院、最高人民检察院和全国人大各专门委员会,国务院部门;在省级层面,主要包括省级人大常委会、省级人民政府和省级人大各专门委员会,省级政府部门;在有立法权的设区的市层面,主要包括主席团、市人大常务委员会、市人大专门委员会、市人民政府,设区的市政府部门。能够以个人或者一定数量的个人提出立法议案、建议和政协议案一般仅限于人大代表和政协委员,有的地方立法规定,社会组织和公民

---

① 这一措施受启发于潘维先生的著作。参见潘维:《信仰人民 中国共产党与中国政治传统》,中国人民大学出版社 2017 年版,第 166 页。

也可以向立法机关提出立法建议①。总体上而言,无论在中央和地方层面,能够提出立法议案或者建议的组织和个人,主要限于国家机构,或者国家机构的代表或者委员,在中央层面还不允许一般社会组织或者个人提出直接立法建议(当然,可以向中央、国务院直接上书的机构和人士除外)。如此导致的结果是,立法在一定程度上对社会存在的敏感问题、突出问题反映不及时,难以及时有效应对社会需求。

为了及时回应对于社会问题的立法需求,有必要在具有立法权的各级人民政府设立民间性质的立法咨询委员会,委员由熟悉行政管理、立法事务等领域的获得荣誉的退休官员担任。建立立法咨询委员制度的前提是要建立官员的荣誉功勋制,即对于因为上升渠道狭窄而不能获得足够上升空间和机会的官员,通过设立荣誉功勋,引导他们积极为国家、社会、人民服务。这种荣誉由国家设立,政府主导。在建立荣誉功勋制的基础上,立法咨询委员会的主席可以由获得荣誉功勋的退休官员担任主席。立法咨询委员会不设薪金,主席是荣誉职衔,主席可以任职至 80 岁,副主席可以任职至 75 岁。可由咨询委员会主席在各立法专业等领域和相关利益领域聘请 30 位立法咨询委员,委员每届任期 5 年。咨询委员不得任职于一个以上立法咨询委员会。

立法咨询委员会具有以下几种权力:(1)立法建议权。立法咨询委员会可以就社会关注或者其他重要问题,提出立法建议案。相关社会组织和群体也可以向立法咨询委员会提交立法建议。立法咨询委员会认为建议具有价值的,可以以自己名义将此建议作为立法建议提出。立法咨询委员会的主席可以将立法建议案直接提交本级政府主官和党的领导桌上。(2)立法调查权。立法咨询委员会可以就相关问题展开

---

① 《汕头市立法条例》第 11 条规定,社会团体、企事业单位和全体公民可以向市人大常委会提出立法建议。

立法调查，包括现场调查和调查相关资料档案。立法调查结果可以提交本级政府主官和党的领导。(3)立法听证权。立法咨询委员会可以就相关立法问题召开立法听证会，可以召唤相关官员进行说明。立法听证的结果和建议可以提交本级政府主官和党的领导。(4)新闻发布权。立法咨询委员可以就重大立法问题召开新闻发布会向社会发布相关调查结果。

通过设立立法咨询委员会，可以达到以下几个目的：(1)弥补目前立法体制和机制的不足。立法咨询委员会可以弥补目前主要由国家机构及其人员提出立法议案和建议的不足，通过积极行使其立法建议权、立法调查权、立法听证权和新闻发布权，及时回应社会关注和相关领域的重要立法问题，将相关问题引入立法论证和立法决策程序。(2)由退休的主官担任，有助于充分发挥其对立法事务和政府机构运作熟悉的长处，可以保证立法咨询委员会的有效性。(3)立法咨询委员会作为各级政府的立法方面的触角，保持高度敏感度，可以吸纳社会各级复杂的需求和要求，及时向本级政府提供反映社会各方面需求的立法建议和要求，保证立法对于社会需求和人民意愿的及时、有效和充分回应。

四、完善立法论证标准和规则

(一)完善立法论证的标准和要求

立法论证所应遵循的标准和要求，是立法论证理论的核心和精髓。目前，在我国立法论证过程中，虽然也有对立法合法性、可行性、必要性的要求，也有合理考量和平衡各方面利益的要求。但是，并无系统清晰明确的关于理性辩论要求。简·西克曼提出理性论辩包括的六个方面的要求，这六个方面的标准和要求，作为普遍性要求，具有普遍的适用性，对我国立法论证也有指导作用，可以为我国立法论证中的理性论辩的标准提供参考：

一是考量所有相关方面和利益。在立法论证过程中，考量所有相关利益方和其利益是立法正当性的要求，也是立法正义的要求。立法作为天下公器，不能被特殊利益所绑架，为特殊利益服务。为了实现立法的正义，就需要平衡考量所有与立法相关各方及其利益、需求，不能忽视或者疏漏相关利益方的正当利益。

二是逻辑上避免矛盾并包含唯一的确定结论。这是从形式逻辑上提出的要求。形式逻辑是正确思维的普遍要求，立法论证作为立法者或者立法参与者的思维过程，自然也不例外。在立法论证过程中，如果不遵循这一要求，立法论证将无法正常进行。凡是在立法论证中违反这一要求的，应当被视为非理性的论证，并应当予以排除，要求其作出符合形式逻辑的论证。

三是所宣称的前提在经验上是正确的。这条标准要求立法论证的事实前提，应当是符合实际的，与实际情况相吻合。任何参与立法辩论的人员均须对其宣称的事实前提，作出证明，提供相关数据和依据。其提供的依据和数据应当能够证明其宣称的事实前提。

四是正确确定论证基础，即与论证相关的方面和利益。这一标准要求立法论证的参与者要对与立法论证相关的方面和其利益诉求要正确确定，要排除与立法论证主题无关的方面和诉求，还要求参与者提出的主张不能针对特定事项和特定人。

五是充分衡量相关观点。这要求立法论证参与者要充分考虑其他参与者的观点，包括利益方面的冲突、关于好的生活观念的冲突以及规范性主张，都应当被考虑。这些方面，都不能被排除出去。立法论证参与者应当积极寻求能够被各方接受的方案。

六是无偏私并尽可能地吸收其他论者的观点。这要求立法论证参与者应当尽可能无偏私，必须能够尽可能站在其他参与者的立场以考虑可以合理接受的方案。但是,完全的无偏私、完美的角色互换,在现实中是无法完全实现的。

这些标准和要求都是规范性要求,在现实中并不能完全实现。但是,这些要求可以作为立法论证应当满足的要求。越趋近这些要求,立法论证的质量就越高。

(二)明晰影响立法论证的因素,完善相关制度和机制

影响论证质量的因素也是立法论证理论的重要问题。马克·斯丁伯格等提出了影响立法论证质量的六个因素。这些因素的提出,既融合了哈贝马斯的商谈理论,也融合了其他商谈模式的因素。哈贝马斯认为,上述六个方面抓住了有效商谈的根本方面。这六个因素是影响立法论证质量,尤其是公共辩论质量的具有普遍性的因素,也值得我们在我国立法公共辩论中借鉴,以评价公共辩论的质量。

一是证立水平。证立水平主要关注的问题是是否提出了立场和要求并给出理由,如果给出了理由,理由是否明智。这主要指涉立法论证的参与者是否提出主张,对其主张给出了明智合理的理由。理由越充分、越能支撑其主张,则其证立水平就越高,对其主张的论证质量就越高。这是对所有参与立法论证并提出主张的人员的普遍要求。

二是证立内容。证立内容主要关注论者以何种名义对其主张进行证立。论者可能以公共利益、团体利益或者是其代表的利益的名义进行证立。从论者宣称的利益,其他人可以推知其立场,是站在公共利益立场,还是站在某一团体立场,还是站在其代表的利益的立场。证立内容有助于了解和判定立法论证参与者的立场和所代表的利益。

三是对团体的态度。对团体的态度关涉论者对其他群体所持的态度。所持的态度可以分为对涉及群体的贬斥态度、中立态度,赞许或者同意的态度。从这些不同态度,可以判断论者对其他群体的主张可能会采取拒绝、中立或者支持立场。

四是对主张的态度。对主张的态度关涉论者对其他论者的态度。对其他论者所持态度可以分为贬斥、中立、赞许和同意四种态度。这四种不同的态度决定了论者与其他论者能否合作或者妥协。

五是对对立观点的态度。对对立观点的态度关涉论者对与其对立的观点的态度,可以分为贬斥、中立、赞许和同意四种态度。

六是建设性策略。建设性策略关涉论者是坚持其立场或者寻求替代性或者妥协意见。这表明论者是否愿意与他者达成妥协,还是固执己见。

以上六个因素是决定立法辩论的参与者能否达成妥协或者共识的重要因素。

如果说法律是人类经验与理性的结晶,那么,立法论证无疑就是人类理性在法律领域的重要体现。应当说,理性作为人的一种能力,在实现人对自身的控制、对社会的控制和对自然的控制方面,发挥了非常重要的作用,这一点,在西方社会发展中尤其如此,如思想家马克思·韦伯就将西方资本主义兴起和发展的过程归结为理性化的过程。在法律的领域,理性同样作出了巨大贡献:法律就是人类理性对于自身和社会实现理性约束和控制的体现。而立法论证则旨在通过理性的论证,追寻立法的合法性、正当性和合理性,试图通过理性的对话、辩论、协调和妥协,达成对于公共政策的正当、合理方案,从而提高人们对于立法的接受和认同度。

本书一方面肯定理性论证对于提高立法质量,证成立法的合法性、正当性和合理性,提高人们对于立法的接受和认同度的积极意义,另一方面也指出了局限和限度,那就是对于价值观冲突和零和博弈的利害冲突,理性的立法论证也无能为力。这也从一个方面说明了这个世界上没有包治百病的灵丹妙药。对于解决上述两类冲突,也许已经超出了人类理性的能力。而这里的人类理性恰恰指的是人类的工具理性或者经济理性,即试图将个人或者团体利益最大化的理性。在这种理性支配下,价值观和利害冲突几乎无解。如果有,也只是暴力更强者说了算,体现的是霸权和暴力逻辑。

如果要克服以上问题,也许就要打破对于理性的上述解释。人除了具有工具理性、经济理性外,还有道德理性和社会理性。人的道德理性旨在实现完善的人格,而社会理性旨在使人符合社会规范,成为对社会有所贡献的人。这两者均不追寻个人利益的最大化,反而在于追求超越于个人利益的东西,那就是对他人或者社会的关怀、友爱、义务或者责任。如鲁迅先生所说,无穷的远方、无数的人们都与我有关。这也许是人的工具和经济理性能力之外,使人类继续进步和发展的更为重要的能力。

从根本上而言,理性只是人的能力的重要组成部分,除了理性能力外,非理性的因素的重要作用也不可忽视。如人的情感因素就非常重要,如果没有情感上的接受和认同,再多的理性论证也是徒费口舌、无济于事。因此,在研究理性论证的作用的同时,也应当研究非理性因素对于立法论证的影响和作用。

立法论证是一个有前景的研究领域。囿于能力和水平,本人仅仅做了比较初步的研究。这一缺陷,唯有待将来的研究加以弥补。

附录:相关法律法规

一、北京市关于禁止燃放烟花爆竹的规定

(1993年10月12日北京市第十届人民代表大会常务委员会第六次会议通过,1993年12月1日起施行)

第一条 为了保障国家、集体财产和公民人身财产安全,防止环境污染,维护社会秩序,根据国家有关法律、法规,结合本市情况,制定本规定。

第二条 本规定由各级人民政府组织实施。

公安机关是禁止燃放烟花爆竹工作的主管机关。

第三条 各级人民政府、街道办事处和居民委员会、村民委员会,以及机关、团体、企业事业单位,应当在居民、村民、干部、职工和学生中广泛深入开展禁止燃放烟花爆竹的宣传教育。

第四条 本市东城区、西城区、崇文区、宣武区、朝阳区、海淀区、丰台区、石景山区为禁止燃放烟花爆竹地区。

朝阳区、海淀区、丰台区、石景山区远离市区的农村地区,经区人民政府报请市人民政府批准,可以暂不列为禁止燃放烟花爆竹地区。

其他远郊区、县的禁止燃放烟花爆竹地区,由区、县人民政府划定。

市人民政府应当采取措施,逐步在本市行政区域内全面禁止燃放烟花爆竹。

第五条 在禁止燃放烟花爆竹地区,任何单位或者个人,不准生产、运输、携带、储存、销售烟花爆竹。

在本市禁止燃放烟花爆竹地区以外的地区,生产、运输、储存、销售烟花爆竹,须经公安机关批准。

第六条 在禁止燃放烟花爆竹地区,违反本规定有下列行为之一的,由公安机关给予处罚:

(一)单位燃放烟花爆竹的,处 500 元以上 2000 元以下罚款;

(二)个人燃放烟花爆竹的,处 100 元以上 500 元以下罚款;

(三)携带烟花爆竹的,没收全部烟花爆竹,可以并处 100 元以上 500 元以下罚款。

第七条 违反本规定生产、运输、储存、销售烟花爆竹的,由公安机关没收全部烟花爆竹和非法所得,可以并处 5000 元以上 20000 元以下罚款。

第八条 个人或者单位直接责任人,违反本规定情节严重的,依照《中华人民共和国治安管理处罚条例》处以 15 日以下拘留;造成国家、集体、他人财产损失或者人身伤害的,依法承担经济赔偿责任;构成犯罪的,依法追究刑事责任。

第九条 违反本规定的行为人未满 18 周岁没有经济收入的,对他的罚款或者由他负责赔偿的损失,由其监护人依法承担。

第十条 国家及本市庆典活动燃放礼花,由市人民政府决定并发布公告。

第十一条 本规定具体应用中的问题,由市人民政府负责解释。

第十二条 本规定自 1993 年 12 月 1 日起施行。

二、北京市烟花爆竹安全管理规定

(2005年9月9日北京市第十二届人民代表大会常务委员会第二十二次会议通过,2005年9月9日北京市人民代表大会常务委员会公告第39号公布,自2005年12月1日起施行)

第一条 为了加强烟花爆竹安全管理,保障国家、集体财产和公民人身财产安全,维护社会秩序,根据国家有关法律、法规,结合本市实际情况,制定本规定。

第二条 在本市行政区域内生产、销售、储存、运输、燃放烟花爆竹的安全管理工作适用本规定。法律、法规另有规定的,从其规定。

第三条 本规定由本市各级人民政府组织实施。公安机关是烟花爆竹安全管理工作的主管机关。

市和区、县应当建立由公安、工商行政管理、安全生产监督管理、质量技术监督、交通、市政管理等行政部门和城市管理综合执法组织组成的烟花爆竹安全管理协调工作机制,按照职责分工,各负其责。

居民委员会、村民委员会和其他基层组织应当协助本市各级人民政府做好烟花爆竹的安全管理工作。

第四条 本市各级人民政府、街道办事处和居民委员会、村民委员会,以及机关、团体、企事业单位和其他组织,应当开展依法、文明、安全燃放烟花爆竹的宣传、教育活动。

中小学校应当对学生进行文明、安全燃放烟花爆竹的教育。

广播、电视、报刊等新闻媒体,应当做好烟花爆竹安全管理的宣传教育工作。

第五条 市和区、县人民政府对举报违法生产、销售、储存、运输烟花爆竹的人员予以奖励。

第六条 居民委员会、村民委员会和业主委员会可以召集居民会议、村民会议和业主会议,就本居住地区有关燃放烟花爆竹事项依法制定公约,并组织监督实施。居民、村民和业主应当遵守公约。

第七条 本市行政区域内禁止生产烟花爆竹。本市对销售、运输烟花爆竹依法实行许可制度。

第八条 在本市销售烟花爆竹应当取得安全生产监督管理部门的许可,未经许可,不得销售并储存。销售储存场所的设置应当符合规定的安全条件。

第九条 在本市行政区域内运输烟花爆竹,应当取得公安机关的运输许可,未经许可,不得运输。

承运单位运输烟花爆竹应当携带许可证件,按照核准载明的品种、数量、路线、有效期限等规定运输。

第十条 市质量技术监督、公安、安全生产监督管理、工商行政管理部门应当根据烟花爆竹安全质量国家标准,确定可以在本市销售、燃放的烟花爆竹的规格和品种,并予以公布。

不符合本市公布的规格和品种的烟花爆竹,禁止销售、储存、携带、燃放。

第十一条 禁止在下列地点及其周边销售、燃放烟花爆竹:

(一)文物保护单位;

(二)车站、机场等交通枢纽;

(三)油气罐、站等易燃、易爆危险物品储存场所和其他重点消防单位;

(四)输、变电设施;

(五)医疗机构、幼儿园、敬老院;

(六)山林、苗圃等重点防火区;

(七)重要军事设施;

(八)市和区、县人民政府根据维护正常工作、生活秩序的要求,确定和公布的其他禁止燃放烟花爆竹的地点。

前款规定禁止燃放烟花爆竹的地点及其周边具体范围,由有关单位设置明显的禁止燃放烟花爆竹警示标志,并负责看护。

第十二条　本市五环路以内的地区为限制燃放烟花爆竹地区,农历除夕至正月初一,正月初二至十五每日的七时至二十四时,可以燃放烟花爆竹,其他时间不得燃放烟花爆竹。

五环路以外地区,区、县人民政府可以根据维护公共安全和公共利益的需要划定限制燃放烟花爆竹的区域。

国家、本市在庆典活动和其他节日期间,需要在限制燃放烟花爆竹地区内燃放烟花爆竹的,由市人民政府决定并予以公告。

第十三条　市人民政府有关部门应当按照统筹规划、合理布局的原则设置烟花爆竹销售单位和在限制燃放烟花爆竹地区内的临时销售网点。

第十四条　本市对销售烟花爆竹实行专营。专营的具体办法由市人民政府制定。

烟花爆竹销售单位应当采购符合规定的生产企业的烟花爆竹。烟花爆竹销售单位和临时销售网点采购、销售的烟花爆竹,应当符合国家的安全质量标准和本市规定的规格、品种,并符合《中华人民共和国产品质量法》关于包装标识的规定;不符合规定的,不得采购、销售。

烟花爆竹销售单位和临时销售网点应当遵守安全管理规定,在销售场所明显位置悬挂销售许可证,并按照销售许可证规定的许可范围、时间和地点销售烟花爆竹。

第十五条　临时销售网点在许可的期限届满后,其经营者应当停止销售,并将未销售的烟花爆竹及时处理,不得继续存放。

第十六条　单位和个人燃放烟花爆竹的,应当从具有许可证的销售网点购买,燃放时应当按照燃放说明正确、安全地燃放,并应当遵守下列规定：

（一）不得向人群、车辆、建筑物抛掷点燃的烟花爆竹；

（二）不得在建筑物内、屋顶、阳台燃放或者向外抛掷烟花爆竹；

（三）不得妨碍行人、车辆安全通行；

（四）不得采用其他危害国家、集体和他人人身、财产安全的方式燃放烟花爆竹；

（五）不得存放超过一箱或者重量超过 30 公斤的烟花爆竹。

十四周岁以下未成年人燃放烟花爆竹的，应当由监护人或者其他成年人陪同看护。

第十七条 违反本规定，未经许可违法生产、销售、储存、运输烟花爆竹的，由安全生产监督管理、工商行政管理、公安、交通行政管理部门按照有关法律、法规的规定处罚。

第十八条 违反本规定，有下列情形之一的，由公安部门责令改正，收缴其烟花爆竹，对单位处 1000 元以上 5000 元以下罚款，对个人处 20 元以上 200 元以下罚款；情节严重的，对单位处 5000 元以上 3 万元以下罚款，对个人处 200 元以上 500 元以下罚款：

（一）违反第十条第二款规定，携带、燃放的烟花爆竹不符合本市公布的规格和品种的；

（二）违反第十一条第一款规定，在禁止燃放烟花爆竹的地点燃放的；

（三）违反第十二条第一款规定，在禁止燃放烟花爆竹的时间燃放的；

（四）违反第十六条第一款规定，燃放、存放烟花爆竹的。

第十九条 违反本规定第十四条第二款，烟花爆竹销售单位和临时销售网点采购、销售的烟花爆竹不符合本市规定的品种和规格的，由工商行政管理部门没收违法收入，收缴烟花爆竹，并可以处 1 万元以上 10 万元以下罚款；由有关行政主管部门吊销销售许可证。

第二十条 燃放烟花爆竹给国家、集体财产造成损失或者造成他人人身伤害、财产损失的,由行为人依法承担赔偿责任;属于违反治安管理的行为的,由公安机关依法处理;构成犯罪的,依法追究刑事责任。

  第二十一条 本规定自 2005 年 12 月 1 日起施行。1993 年 10 月 12 日北京市第十届人民代表大会常务委员会第六次会议通过的《北京市关于禁止燃放烟花爆竹的规定》同时废止。

三、上海市犬类管理办法

（1993年10月15日上海市人民政府令第48号发布，自1993年11月1日起实施。根据1997年12月19日上海市人民政府令第54号第一次修正并重新发布，根据2002年11月18日上海市人民政府令第128号第二次修正并重新发布）

第一条 为了进一步加强犬类管理，防止狂犬病发生，保障公民的人身安全与社会秩序安定，根据国家法律、法规的规定，结合本市实际情况，制定本办法。

第二条 本办法适用于本市范围内犬类的饲养、养殖、销售活动与管理。

第三条 本市成立由市公安局、市卫生局、市畜牧局参加的市犬类管理领导小组。本市犬类管理工作按照下列规定由有关部门分工负责：

（一）公安部门负责犬类养殖和市区、县城犬类饲养的审批，违章养犬的处理，狂犬、野犬的捕杀。

（二）畜牧兽医部门负责兽用狂犬病疫苗的研制、生产和供应，犬类的预防接种、登记，《犬类免疫证》的发放，犬类狂犬病疫情的监测，进出口犬类的检疫、免疫及管理。

（三）卫生部门负责人用狂犬病疫苗的供应、接种和病人的诊治。

（四）乡、镇人民政府负责本行政辖区内犬类饲养的管理，狂犬、野犬的捕杀。乡、镇人民政府有关部门参照公安、卫生、畜牧兽医部门的职责分工承担犬类管理的具体工作。

公安、卫生、畜牧兽医部门按各自职责与分工，对乡、镇人民政府犬类管理工作进行指导。

第四条 本市对饲养犬类实行数量控制。市区犬类饲养总量由市公安局提出，报市犬类管理领导小组批准后执行。县和区的乡、镇犬类饲养总量,根据近郊与远郊区别对待的原则,由市公安局会同市卫生局、市畜牧局确定,由县(区)人民政府下达到乡、镇人民政府执行。

第五条 本市对犬类的饲养、养殖、销售实行许可制度。未经许可,任何单位和个人不得饲养、养殖、销售犬类。

第六条 本市市区、县城范围内的单位和有常住户口的居民需饲养犬类的,必须符合下列条件:

(一)单位因警卫、表演等需要的;

(二)居民独户出入、居住面积为市区人均居住面积两倍以上的。

经批准饲养犬类的居民户只准饲养1条观赏犬。

第七条 除县城外,县和区的乡、镇范围内的单位和有常住户口的居民需饲养犬类的,必须符合下列条件:

(一)单位因警卫、表演等需要的;

(二)居民中属有证狩猎户、副业生产专业户、独居户的;

(三)县(区)人民政府规定的其他条件。

经批准饲养犬类的居民户只准饲养1条犬。

第八条 本市单位和居民需饲养犬类的,须向所在地的区、县公安部门或者乡、镇人民政府提出申请。区、县公安部门,乡、镇人民政府应当在接到养犬申请之日起10日内作出审批决定。对符合条件的,由区、县公安部门或者乡、镇人民政府发给《养犬许可证》;并对其中需购犬的,发给购犬证明。对不符合条件的,给予答复,并说明理由。

购犬证明和《养犬许可证》由市公安局统一印制。

第九条 市区公安部门应当在发出《养犬许可证》之日起7日内将发放《养犬许可证》的情况抄送市畜牧兽医站。县(区)公安部门和乡、镇人民政府应当在发出《养犬许可证》之日起7日内将发放《养犬许可证》的情况抄送所在地畜牧兽医站。

第十条 凡饲养犬类的单位和个人,必须遵守下列规定:

（一）在准养犬颈部佩戴由市公安局统一制作的圈、牌；

（二）除领证、检疫、免疫接种和诊疗外，禁止携带犬类进入道路、广场和其他公共场所；

（三）因犬类领证、检疫、免疫接种、诊疗，而携犬进入道路、广场和其他公共场所的，应当束以犬链，并采取防止犬类咬伤他人的措施；

（四）犬类在道路、广场和其他公共场所便溺的，由携犬者立即予以清除；

（五）禁止携犬乘坐公共交通工具；

（六）每年凭区、县公安部门或者乡、镇人民政府的通知限期办理验证手续；

（七）凡发生《养犬许可证》毁损、遗失的，饲养者在7日内向所在地的区、县公安部门或者乡、镇人民政府申请办理补证手续。

第十一条 饲养犬类的单位和个人变更住址、养犬条件的，须向区、县公安部门或者乡、镇人民政府申请办理变更《养犬许可证》手续。

第十二条 犬类死亡、宰杀的，饲养者应当在7日内向所在地的区、县公安部门或者乡、镇人民政府办理注销手续。犬类失踪的，饲养者应当在7日内向所在地的区、县公安部门或者乡、镇人民政府登记；犬类失踪时间超过1个月的，应当在超过之日起7日内向所在地的区、县公安部门或者乡、镇人民政府办理注销手续。

第十三条 除公园外，市区不得设置犬类养殖场。犬类养殖场的设置必须符合下列条件：

（一）与饮用水水源的距离在1000米以上，与居民居住点距离在500米以上；

（二）场舍结构牢固，外墙的高度在3米以上；

（三）具备冲洗、消毒和污水、污物无害处理等设施；

（四）配备符合条件的兽医人员。

第十四条 本市单位和个人需从事犬类养殖的,须向市公安局提出申请。市公安局应当会同市卫生局、市畜牧局在接到申请之日起10日内作出审批决定。对符合条件的,由市公安局发给《犬类养殖许可证》;对不符合条件的,由市公安局给予书面答复。养殖犬类的单位和个人变更养殖场所,须向市公安局申请办理变更《犬类养殖许可证》手续。

领取《犬类养殖许可证》的单位和个人,凭证向工商行政管理部门申请营业执照后,方可从事犬类养殖活动。

领取《犬类养殖许可证》的单位和个人可从事犬类销售活动;其他单位和个人不得从事犬类销售活动。

第十五条 养殖犬类的单位和个人,必须遵守下列规定:

(一)不得向无购犬证明的单位和个人出售犬类;犬类出售后,购犬证明应当妥善保存1年备查。

(二)每月向市公安局报告犬类繁殖和销售的情况。

(三)犬类出售前经市或者县(区)畜牧兽医站免疫接种,并取得检疫、免疫证明。

(四)按规定对养殖期间的犬类进行免疫接种。

第十六条 本市单位因实验需要养殖、饲养犬类的,须按《实验动物管理条例》的规定办理手续。

前款所列单位除向其他因实验需要的单位销售所养殖的犬类外,销售犬类须报市公安局批准。

第十七条 凡经许可饲养、养殖犬类的单位和个人,须凭畜牧兽医部门的通知,携犬到指定地点接受犬类狂犬病的预防接种。经预防接种后,由畜牧兽医部门发给《犬类免疫证》。

《犬类免疫证》由市畜牧局统一印制。

第十八条 凡需从外省市携带犬类进入本市的,须具有犬类所在地县级以上畜牧兽医部门出具的犬类狂犬病检疫、免疫证明,并须经市畜牧兽医站复核,方可携犬进入本市。

第十九条　凡需从境外携带犬类从本市入境的,必须符合《中华人民共和国进出境动植物检疫法》的规定。

第二十条　犬类咬伤他人,犬类饲养者应当立即将被害者送至医疗卫生机构接受诊治,医疗卫生机构须按规定程序进行伤口处理和免疫接种。饲养者须将犬类咬伤他人的情况报告所在地卫生防疫部门。

第二十一条　犬类咬伤他人,犬类饲养者必须将犬类送往指定地点限期留验。在留验期间发现系狂犬或者疑似狂犬,一律由留验单位击杀,犬尸深埋或者销毁。在其他情况下,发现疑似狂犬的,饲养者必须击杀犬类,并将犬头置于密闭容器中,在6小时内送指定单位检验;犬尸深埋或者销毁。

第二十二条　在发现狂犬病疫情的地区,区、县卫生防疫部门应当立即将疫情报告区、县卫生行政管理部门;区、县卫生行政管理部门须根据疫情划定疫点、疫区,报区、县人民政府批准后执行,并采取紧急灭犬等防治措施。

第二十三条　禁止冒用、涂改、伪造和买卖《犬类免疫证》、《养犬许可证》、《犬类养殖许可证》和购犬证明。

第二十四条　市和区、县公安部门应当每年进行《养犬许可证》、《犬类养殖许可证》的验证工作。

第二十五条　饲养、养殖犬类的单位和个人须按规定缴纳管理费。犬类接受预防接种时,饲养、养殖犬类的单位和个人须缴纳预防接种费。管理费、预防接种费的具体标准分别由市公安局、市畜牧局提出,由市物价局会同市财政局审批。

第二十六条　违反本办法有关条款规定的,由公安部门或者乡、镇人民政府按下列规定予以处罚:

（一）违反本办法第五条、第二十三条的，捕杀犬类，对饲养者处200元至1000元的罚款；对销售者处2万元以下罚款；对养殖者处3万元以下罚款。

（二）违反本办法第十条的，责令限期改正并处警告、200元以下罚款；情节严重的，处500元至1000元罚款。

（三）违反本办法第十一条、第十二条的，责令限期改正，并处200元以下罚款。

（四）违反本办法第十三条，犬类养殖者在经营期间擅自变更养殖场条件的，责令限期改正，并处1万元以下罚款。

（五）违反本办法第十五条第（一）项、第（二）项的，责令限期改正，并处200元以下罚款。

（六）违反本办法第二十条、第二十一条规定的，对饲养者处500元至1000元的罚款。

第二十七条　违反本办法第十五条第（三）项、第（四）项、第十七条的，由畜牧兽医部门责令限期改正，并处1000元以下罚款。

第二十八条　违章养犬或者拒绝、阻挠捕杀违章犬，导致人群中发生狂犬病的，由卫生行政管理部门按《中华人民共和国传染病防治法实施办法》处罚。

第二十九条　拒绝、阻挠犬类管理执法人员执行公务，违反《中华人民共和国治安管理处罚条例》有关规定的，按《中华人民共和国治安管理处罚条例》处罚；构成犯罪的，由司法机关依法追究刑事责任。

第三十条　罚没收入按规定上缴国库。捕杀的犬类统一送缴市公安局指定的部门处理。

第三十一条　当事人对行政机关的具体行政行为不服的，可以按照《中华人民共和国行政复议法》、《中华人民共和国行政诉讼法》的规定申请行政复议，或者向人民法院起诉。

第三十二条 本办法由市公安局、市卫生局、市畜牧局根据各自的职责分工负责解释。

第三十三条 本办法自1993年11月1日起实施。原上海市人民政府1985年2月5日批准发布的《上海市犬类管理办法》同时废止。

四、上海市养犬管理条例

(2011年2月23日上海市第十三届人民代表大会常务委员会第二十五次会议通过,自2011年5月15日起施行。)

要 目

第一章 总则
第二章 养犬登记
第三章 养犬行为规范
第四章 犬只的收容、认领和领养
第五章 犬只的经营
第六章 法律责任
第七章 附则

第一章 总则

第一条 为了规范养犬行为,保障公民健康和人身安全,维护养犬人的合法权利,维护市容环境卫生和社会秩序,根据有关法律、行政法规,结合本市实际,制定本条例。

第二条 本市行政区域内犬只的饲养、经营以及相关管理活动,适用本条例。

第三条 养犬管理实行政府部门监管、养犬人自律、基层组织参与、社会公众监督相结合的原则。

第四条 市和区、县人民政府应当加强对养犬管理工作的领导。市和区、县人民政府建立由公安、兽医、城管执法、工商行政、住房保障房屋管理、卫生等部门参加的养犬管理工作协调机构,组织、指导和监督养犬管理工作,协调解决养犬管理工作中的重大问题。

第五条　市公安部门是本市养犬管理的主管部门。区、县公安部门负责本辖区内的养犬管理以及相关处罚。市公安部门设立的犬只收容所负责犬只的收容、认领和领养工作。

兽医主管部门负责犬只的狂犬病防疫，指导动物卫生监督机构实施相关管理以及处罚。

城管执法部门负责查处城市化地区饲养、经营犬只过程中影响市容环境卫生的行为。

工商行政管理部门负责对从事犬类经营活动的监督管理。

住房保障房屋管理、卫生、财政、物价等相关行政管理部门按照各自职责，共同做好养犬管理工作。

乡、镇人民政府和街道办事处应当配合有关行政管理部门做好养犬管理工作。

第六条　养犬人应当依法养犬、文明养犬，不得损害他人的合法权益。

第七条　各级人民政府和相关部门应当通过多种形式，开展依法养犬、文明养犬、防治狂犬病和人与动物和谐相处的宣传教育。

广播、电视、报刊、网站等新闻媒体应当加强社会公德教育和养犬知识宣传，引导养犬人形成良好的养犬习惯。

第八条　居民委员会、村民委员会、业主委员会和物业服务企业协助相关管理部门开展依法养犬、文明养犬的宣传，引导、督促养犬人遵守养犬的行为规范。

第九条　鼓励相关行业协会、动物保护组织等社会团体参与养犬管理活动。

第二章　养犬登记

第十条　本市依法对饲养的犬只实施狂犬病强制免疫。犬只出生满三个月的，养犬人应当按照本条例规定，将饲养的犬只送至兽医主管部门指定地点接受狂犬病免疫接种,植入电子标识。

兽医主管部门应当按照合理布局、方便接种的原则设置狂犬病免疫点。经兽医主管部门认定的宠物诊疗机构可以开展狂犬病免疫接种工作,并应当在其经营场所的显著位置悬挂兽医主管部门的认定书。

犬只在兽医主管部门指定地点接受狂犬病免疫接种的,兽医主管部门应当向养犬人发放狂犬病免疫证明。

第十一条 本市实行养犬登记制度和年检制度。饲养犬龄满三个月的犬只,养犬人应当办理养犬登记。

未经登记,不得饲养犬龄满三个月的犬只。

本市应当采取措施,逐步实现犬只的狂犬病免疫接种与养犬登记、年检在同一场所办理。

第十二条 饲养犬只的个人应当具有完全民事行为能力,在本市有固定居住场所。

个人在城市化地区内饲养犬只的,每户限养一条。

禁止个人饲养烈性犬只。

第十三条 单位因工作需要饲养犬只的,应当具备下列条件:

(一)有犬笼、犬舍和围墙等圈养设施;

(二)有看管犬只的专门人员;

(三)有健全的养犬安全管理制度;

(四)单位所在地在办公楼、居民小区以外。

第十四条 养犬人应当到居住地或者单位住所地的区、县公安部门指定机构申请办理养犬登记和年检。

个人饲养犬只的,应当提供下列材料:

(一)个人身份证明;

(二)房产证明或者房屋租赁证明;

(三)犬只的狂犬病免疫证明。

单位饲养犬只的,应当提供下列材料:

(一)单位的组织机构代码证;

(二)单位法定代表人的身份证明;

(三)养犬安全管理制度;

(四)看管犬只的专门人员的身份证明;

(五)单位饲养犬只的场所证明;

(六)犬只的狂犬病免疫证明。

第十五条　区、县公安部门应当自收到养犬登记申办材料之日起十个工作日内进行审核。符合条件的,准予登记,发放《养犬登记证》和犬牌;不符合条件的,不予登记并说明理由。

第十六条　养犬人的居住地或者单位住所地变更的,应当自变更之日起十五日内持《养犬登记证》到现居住地或者单位住所地的区、县公安部门指定机构办理变更手续。

第十七条　有下列情形之一的,养犬人应当持《养犬登记证》到原办证机构办理注销手续:

(一)饲养的犬只死亡或者失踪的,应当自犬只死亡或者失踪之日起十五日内办理;

(二)放弃饲养犬只的,应当自送交他人饲养或者送交犬只收容所之日起十五日内办理。

犬只免疫有效期已满,养犬人未将犬只送至兽医主管部门指定地点接受狂犬病免疫接种的,由公安部门注销《养犬登记证》。

第十八条　《养犬登记证》、犬牌损毁或者遗失的,养犬人可以到办证机构申请补发。

犬只电子标识损毁或者遗失的,养犬人可以到植入地点申请补植。

第十九条　公安部门应当建立养犬管理信息系统和养犬管理电子档案,与兽医主管、城管执法、工商行政管理、卫生等部门实行登记、免疫和监管等信息共享,为公众提供相关管理和服务信息。

养犬管理电子档案记载下列信息:

(一)养犬人的姓名、居住地或者单位名称、住所地;

(二)犬只的免疫接种、品种、出生时间、主要体貌特征和照片;

(三)养犬人因违反养犬管理规定受到的行政处罚记录;

(四)养犬登记相关证照的发放、变更、注销和收回信息;

(五)其他需要记载的信息。

第二十条 养犬人应当承担犬只狂犬病免疫、电子标识、相关证件和管理服务费用。狂犬病免疫、电子标识的具体费用标准由市物价部门核定,相关证件和管理服务费的具体费用标准由市物价部门会同市财政部门核定,并向社会公布。

管理服务费的收取和使用情况应当定期向社会公布。

第三章 养犬行为规范

第二十一条 养犬人饲养犬只应当遵守有关法律、法规和规章,尊重社会公德,遵守公共秩序,不得干扰他人正常生活,不得破坏环境卫生和公共设施,不得虐待饲养的犬只。

第二十二条 养犬人携带犬只外出应当遵守下列规定:

(一)为犬只挂犬牌;

(二)为犬只束牵引带,牵引带长度不得超过两米,在拥挤场合自觉收紧牵引带;

(三)为大型犬只戴嘴套;

(四)乘坐电梯或者上下楼梯的,避开高峰时间并主动避让他人;

(五)单位饲养的烈性犬只因免疫、诊疗等原因需要离开饲养场所的,将其装入犬笼;

(六)即时清除犬只排泄的粪便。

第二十三条 禁止携带犬只进入办公楼、学校、医院、体育场馆、博物馆、图书馆、文化娱乐场所、候车(机、船)室、餐饮场所、商场、宾馆等场所或者乘坐公共汽车、电车、轨道交通等公共交通工具。

　　前款以外其他场所的管理者可以决定其管理场所是否允许携带犬只进入。禁止犬只进入的,应当设置明显的禁入标识。

　　携带犬只乘坐出租车的,应当征得出租车驾驶员的同意。

　　居民委员会、村民委员会、业主委员会可以根据相关公约或者规约,划定本居住区禁止犬只进入的公共区域。

　　盲人携带导盲犬的,不受本条规定的限制。

　　第二十四条 犬吠影响他人正常生活的,养犬人应当采取措施予以制止。

　　第二十五条 养犬人不得驱使或者放任犬只恐吓、伤害他人。

　　犬只伤害他人的,养犬人应当立即将被伤害人送至医疗机构诊治,并先行支付医疗费用。

　　鼓励养犬人投保犬只责任保险。

　　第二十六条 城市化地区的犬只生育幼犬的,养犬人应当在幼犬出生后三个月内,将超过限养数量的犬只送交符合本条例第十二条、第十三条规定条件的其他个人、单位饲养或者送交犬只收容所。

　　鼓励养犬人对饲养的犬只实施绝育措施。养犬人对饲养的犬只实施绝育的,凭犬只实施绝育的手术证明,减半收取管理服务费。

　　第二十七条 养犬人放弃饲养犬只或者因不符合条件无法办理养犬登记的,应当将犬只送交符合本条例第十二条、第十三条规定条件的其他个人、单位饲养或者送交犬只收容所。

　　养犬人不得遗弃饲养的犬只。

　　第二十八条 养犬人发现饲养的犬只感染或者疑似感染狂犬病的,应当立即采取隔离等控制措施,并向兽医主管部门、动物卫生监督机构或者动物疫病预防控制机构报告，由动物疫病预防控制机构依照国家有关规定处理。

第二十九条 犬只在饲养过程中死亡的，养犬人应当按照动物防疫相关规定，将犬只尸体送至指定的无害化处理场所。

犬只在动物诊疗机构死亡的，动物诊疗机构应当按照动物防疫相关规定，将犬只尸体送至指定的无害化处理场所。

养犬人、动物诊疗机构不得自行掩埋或者乱扔犬只尸体。

第三十条 居民委员会、村民委员会、业主委员会可以通过居民会议、村民会议、业主大会，就本居住地区有关养犬管理事项制定公约或者规约，并组织监督实施。养犬人应当遵守公约或者规约。

第三十一条 鼓励与养犬相关的行业协会、动物保护组织等社会团体制定行业规范，开展宣传教育，协助相关管理部门开展养犬管理活动。

鼓励志愿者组织和志愿者参与养犬管理活动。

任何单位和个人有权对违法养犬行为进行批评、劝阻、举报、投诉。相关管理部门对单位和个人的举报、投诉应当及时处理。

第四章 犬只的收容、认领和领养

第三十二条 本市设立的犬只收容所，负责收容下列犬只：

（一）走失犬只；

（二）流浪犬只；

（三）养犬人送交的犬只；

（四）因养犬人违反本条例规定被收容的犬只。

第三十三条 经依法登记的走失犬只，犬只收容所应当自犬只被收容之日起三个工作日内通知养犬人认领。

养犬人应当自收到通知之日起五日内到犬只收容所认领。

第三十四条 流浪犬只、养犬人送交的犬只、因养犬人违反本条例规定被收容的犬只或者超过期限无人认领的犬只,经兽医主管部门指定机构检疫合格的,可以由符合本条例第十二条、第十三条规定条件的个人或者单位领养。

被确认领养的犬只未接受狂犬病免疫接种的,按照本条例第十条规定接受狂犬病免疫接种、植入电子标识。

确认领养犬只的,犬只领养人应当在犬只收容所办理养犬登记。

第三十五条 收容的犬只自被收容之日起三十日内无人领养的,视为无主犬只,由犬只收容所按照国家和本市有关规定处理。

第三十六条 相关行业协会、动物保护组织等社会团体经市公安部门认可,可以开展犬只的收容、领养工作,收容、领养的犬只不得用于经营活动。公安部门可以通过购买服务等形式予以支持,并履行监督职责。

第五章 犬只的经营

第三十七条 开设犬只养殖场所、从事犬只诊疗活动的,应当按照动物防疫相关规定向住所地的农业主管部门提出申请,分别取得动物防疫条件合格证、动物诊疗许可证,并凭动物防疫条件合格证、动物诊疗许可证向工商行政管理部门申请办理登记注册手续。

未经许可,不得开展犬只养殖、诊疗活动。

第三十八条 从事犬只销售经营活动的,应当依法办理工商登记注册手续,并于领取营业执照后五日内到住所地的区、县动物卫生监督机构备案。

犬只销售前,应当凭动物防疫条件合格证、工商登记证明和相关免疫证明向动物卫生监督机构报检,经检疫合格取得检疫证明后方可销售。

犬龄满三个月但未接受狂犬病免疫接种的犬只禁止销售。

第三十九条 从事经营性犬只寄养、美容等活动的,经营者应当采取措施,防止犬只扰民、破坏环境卫生。

第四十条 举办犬只展览展示、表演、比赛等大型活动的,举办者应当按照国家和本市有关规定办理相关手续,并于活动举办前到区、县动物卫生监督机构备案,提供犬只检疫证明。

第六章 法律责任

第四十一条 违反本条例第十条规定,对犬龄满三个月的犬只未进行狂犬病免疫接种的,由动物卫生监督机构责令改正,给予警告;拒不改正的,由动物卫生监督机构代作处理,所需处理费用由违法行为人承担,可以处一千元以下罚款。

第四十二条 违反本条例第十一条规定,饲养未登记、年检犬只的,由公安部门责令限期改正;逾期不改正的,对单位处一千元以上五千元以下罚款,对个人处二百元以上一千元以下罚款,并督促养犬人在规定的期限内进行登记、年检。逾期仍不登记、年检的,收容犬只。

违反本条例第二十六条第一款、第二十七条第一款规定,未将犬只送交其他个人、单位饲养或者犬只收容所的,由公安部门责令改正,拒不改正的收容犬只。

违反本条例第十二条第三款规定,个人饲养烈性犬只的,由公安部门收容犬只。

第四十三条 违反本条例第二十二条第一、二、三项规定的,由公安部门责令改正,可以处二十元以上二百元以下罚款。

违反本条例第二十二条第四项规定的,由物业服务企业予以劝阻,居民委员会、村民委员会、业主委员会可以对其批评教育。

违反本条例第二十二条第五项规定的,由公安部门责令改正,可以处五百元以上二千元以下罚款。

违反本条例第二十二条第六项规定的,由城管执法部门责令改正;拒不改正的,处二十元以上二百元以下罚款。

第四十四条 违反本条例第二十三条第一款规定,携带犬只进入禁止进入的场所或者公共交通工具且不听劝阻的,由公安部门责令改正,可以处二十元以上二百元以下罚款。

第四十五条 违反本条例第二十四条规定,犬吠影响他人正常生活的,由公安部门处警告;警告后不改正的,处二百元以上五百元以下罚款。

第四十六条 违反本条例第二十五条第一款规定,养犬人放任犬只恐吓他人的,由公安部门处二百元以上五百元以下罚款。养犬人驱使犬只伤害他人的,由公安部门处五日以上十日以下拘留,并处二百元以上五百元以下罚款;情节较轻的,处五日以下拘留或者五百元以下罚款;情节严重构成犯罪的,依法追究刑事责任。

违反本条例第二十五条第二款规定,不立即将被伤害人送至医疗机构诊治并先行支付医疗费用的,由公安部门吊销《养犬登记证》,收容犬只,对单位处一千元以上五千元以下罚款,对个人处五百元以上一千元以下罚款。

犬只两次以上伤害他人或者一次伤害两人以上的,由公安部门吊销《养犬登记证》,收容犬只。

第四十七条 违反本条例第二十七条第二款规定,遗弃犬只的,由公安部门处五百元以上二千元以下罚款,并吊销《养犬登记证》,收容犬只。养犬人五年内不得申请办理《养犬登记证》。

第四十八条 违反本条例第二十八条规定的,由动物卫生监督机构责令改正,并依法处理,所需处理费用由违法行为人承担,可以处三百元以上三千元以下罚款。

第四十九条 违反本条例第二十九条规定,未将需要无害化处理的死亡犬只送至指定的无害化处理场所进行处理的,由动物卫生监督机构责令无害化处理;拒不进行无害化处理的,由动物卫生监督机构代作处理,所需处理费用由违法行为人承担,可以处三百元以上三千元以下罚款。

乱扔犬只尸体的,由城管执法部门责令改正,对个人处二十元以上二百元以下罚款,对单位处五千元以上五万元以下的罚款。

第五十条 违反本条例第三十七条规定,未取得动物防疫条件合格证开设犬只养殖场所的,由动物卫生监督机构责令改正,处一千元以上一万元以下罚款;情节严重的,处一万元以上十万元以下罚款。

未取得动物诊疗许可证从事犬只诊疗活动的,由动物卫生监督机构责令停止诊疗活动,没收违法所得;违法所得在三万元以上的,并处违法所得一倍以上三倍以下罚款;违法所得一万元以上不足三万元的,并处一万元以上三万元以下罚款;没有违法所得或者违法所得不足一万元的,并处三千元以上一万元以下罚款。

第五十一条 违反本条例第三十八条第二款规定,销售未取得检疫证明的犬只的,由动物卫生监督机构责令改正,每销售一只未取得检疫证明的犬只,处五百元罚款。

第五十二条 违反本条例第三十九条规定,在从事犬只寄养、美容等经营性活动中,犬只扰民的,由公安部门责令改正,拒不改正的,处二百元以上五百元以下罚款。

违反本条例第三十九条规定,在从事犬只寄养、美容等经营性活动中,乱倒垃圾、污水、粪便等废弃物,破坏环境卫生的,由城管执法部门责令改正,处五千元以上五万元以下罚款。

第五十三条 违反本条例第三十八条第一款和第四十条规定,不按照规定办理备案的,由动物卫生监督机构对单位处一千元以上三千元以下罚款,对个人处五百元以上一千元以下罚款。

第五十四条 违反本条例第四十条规定,参加展览、表演和比赛的犬只未附有检疫证明的,由动物卫生监督机构责令改正,处一千元以上三千元以下罚款。

第五十五条 饲养犬只影响他人生活、造成他人损害的,被侵权人可以依法向调解组织申请调解或者向人民法院提起诉讼。

第五十六条 负有养犬管理职责的行政管理部门及其工作人员滥用职权、玩忽职守、徇私舞弊或者未按照本条例规定履行职责的,依法给予行政处分;构成犯罪的,依法追究刑事责任。

第七章 附则

第五十七条 本条例所称的养犬人,是指饲养犬只的个人或者单位。

本条例所称的城市化地区,是指《上海市城乡规划条例》确定的中心城、新城和新市镇。

第五十八条 烈性犬只的目录由市公安部门会同市兽医主管部门、相关行业协会确定,并向社会公布。

第五十九条 军用、警用犬只以及动物园、科研机构等单位特定用途犬只的管理,按照国家相关规定执行。

第六十条 本条例施行前已依法为犬只办理养犬登记的,继续有效。

第六十一条 本条例自 2011 年 5 月 15 日起施行。

五、城乡个体工商户管理暂行条例

(1987年8月5日国务院发布,1987年9月1日起施行)

第一条 为了指导、帮助城乡劳动者个体经济的发展,加强对个体工商户的监督、管理,保护其合法权益,根据国家法律规定,制定本条例。

第二条 有经营能力的城镇待业人员、农村村民以及国家政策允许的其他人员,可以申请从事个体工商业经营,依法经核准登记后为个体工商户。

第三条 个体工商户可以在国家法律和政策允许的范围内,经营工业、手工业、建筑业、交通运输业、商业、饮食业、服务业、修理业及其他行业。

第四条 个体工商户,可以个人经营,也可以家庭经营。个人经营的,以个人全部财产承担民事责任;家庭经营的,以家庭全部财产承担民事责任。

个体工商户可以根据经营情况请一二个帮手;有技术的个体工商户可以带三五个学徒。

第五条 个体工商户的合法权益受国家法律保护,任何单位和个人不得侵害。

第六条 国家工商行政管理局和地方各级工商行政管理局对个体工商户履行下列行政管理职责:

(一)对从事个体工商业经营的申请进行审核、登记,颁发营业执照;

(二)依照法律和本条例的规定,对个体工商户的经营活动进行管理和监督,保护合法经营,查处违法经营活动,维护城乡市场秩序;

(三)对个体劳动者协会的工作给予指导;

(四)国家授予的其他管理权限。

各有关行业主管部门应当按照国家规定,对个体工商户进行业务管理、指导、帮助。

第七条 申请从事个体工商业经营的个人或者家庭,应当持所在地户籍证明及其他有关证明,向所在地工商行政管理机关申请登记,经县级工商行政管理机关核准领取营业执照后,方可营业。

国家规定经营者需要具备特定条件或者需经行业主管部门批准的,应当在申请登记时提交有关批准文件。

申请经营旅店业、刻字业、信托寄卖业、印刷业,应当经所在地公安机关审查同意。

第八条 个体工商户应当登记的主要项目如下:字号名称、经营者姓名和住所、从业人数、资金数额、组成形式、经营范围、经营方式、经营场所。

第九条 个体工商户改变字号名称、经营者住所、组成形式、经营范围、经营方式、经营场所等项内容,以及家庭经营的个体工商户改变家庭经营者姓名时,应当向原登记的工商行政管理机关办理变更登记。未经批准,不得擅自改变。

个人经营的个体工商户改变经营者时,应当重新申请登记。

第十条 个体工商户应当每年在规定时间内,向所在地工商行政管理机关办理验照手续。逾期不办理且无正当理由的,工商行政管理机关有权收缴营业执照。

第十一条 个体工商户歇业时,应当办理歇业手续,缴销营业执照。自行停业超过六个月的,由原登记的工商行政管理机关收缴营业执照。

第十二条 个体工商户缴销、被收缴或者吊销营业执照时,应当向债权人清偿债务。

第十三条 个体工商户应当按照规定缴纳登记费和管理费。登记费和管理费的收费标准及管理办法,由国家工商行政管理局和财政部共同制定。

第十四条 个体工商户所需生产经营场地，当地人民政府应当纳入城乡建设规划，统筹安排。经批准使用的经营场地，任何单位和个人不得随意侵占。

第十五条 个体工商户生产经营所需原材料、燃料以及货源，需要由国营批发单位供应的，供应单位应当合理安排，不得歧视。

第十六条 个体工商户可以凭营业执照在银行或者其他金融机构按有关规定，开立账户，申请贷款。

第十七条 个体工商户营业执照是国家授权工商行政管理机关核发的合法凭证，除工商行政管理机关依照法定程序可以扣缴或者吊销外，任何单位和个人不得扣缴或者吊销。

第十八条 除法律、法规和省级人民政府另有规定者外，任何单位和个人不得向个体工商户收取费用。

对擅自向个体工商户收取费用的，个体工商户有权拒付，各级工商行政管理机关有权予以制止。

第十九条 个体工商户应当遵守国家法律和政策的规定，自觉维护市场秩序，遵守职业道德，从事正当经营，不得从事下列活动：

（一）投机诈骗，走私贩私；

（二）欺行霸市，哄抬物价，强买强卖；

（三）偷工减料，以次充好，短尺少秤，掺杂使假；

（四）出售不符合卫生标准的、有害人身健康的食品；

（五）生产或者销售毒品、假商品、冒牌商品；

（六）出售反动、荒诞、诲淫诲盗的书刊、画片、音像制品；

（七）法律和政策不允许的其他生产经营活动。

第二十条 个体工商户应当按照税务机关的规定办理税务登记、建立账簿和申报纳税，不得漏税、偷税、抗税。

第二十一条 个体工商户按规定请帮手、带学徒应当签订书面合同,约定双方的权利和义务,规定劳动报酬、劳动保护、福利待遇、合同期限等事项。所签合同受国家法律保护,不得随意违反。

从事关系到人身健康、生命安全等行业的个体工商户,必须为其帮手、学徒向中国人民保险公司投保。

第二十二条 个体工商户违反本条例第七条、第九条、第十条、第十一条、第十三条、第十九条的规定,由工商行政管理机关根据不同情况分别给予下列处罚:

(一)警告;

(二)罚款;

(三)没收非法所得;

(四)责令停止营业;

(五)扣缴或者吊销营业执照。

以上处罚,可以并处。

违反治安管理的,由公安机关依照有关规定处罚;触犯刑律的,依法追究刑事责任。

第二十三条 个体工商户及其从业人员拒绝、阻挠工商行政管理人员及其他管理人员依法执行职务,尚不够刑事处罚的,由公安机关依照有关规定处罚;触犯刑律的,依法追究刑事责任。

第二十四条 工商行政管理机关的工作人员或者其他管理人员违反本条例规定,严重失职、营私舞弊、收受贿赂或者侵害个体工商户合法权益的,有关主管机关应当根据情节给予行政处分和经济处罚;造成经济损失的,责令赔偿;触犯刑律的,依法追究刑事责任。

第二十五条 个体工商户对管理机关作出的违章处理不服时,应当首先按照处理决定执行,然后在收到处理决定通知之日起十五日内向作出处理的机关的上级机关申请复议。上级机关应当在接到申请之日起三十日内作出答复。对答复不服的,可以在接到答复之日起三十日内,向人民法院起诉。

第二十六条　依照国家有关规定,个人经营或者家庭经营营利性的文化教育、体育娱乐、信息传播、科技交流、咨询服务,以及各种技术培训等项业务的,参照本条例规定执行。

第二十七条　本条例由国家工商行政管理局负责解释;实施细则由国家工商行政管理局制定。

第二十八条　本条例自一九八七年九月一日起施行。

六、个体工商户条例

（2011年3月30日国务院第149次常务会议通过，2011年4月16日中华人民共和国国务院令第596号公布，自2011年11月1日起施行）

第一条　为了保护个体工商户的合法权益，鼓励、支持和引导个体工商户健康发展，加强对个体工商户的监督、管理，发挥其在经济社会发展和扩大就业中的重要作用，制定本条例。

第二条　有经营能力的公民，依照本条例规定经工商行政管理部门登记，从事工商业经营的，为个体工商户。

个体工商户可以个人经营，也可以家庭经营。

个体工商户的合法权益受法律保护，任何单位和个人不得侵害。

第三条　县、自治县、不设区的市、市辖区工商行政管理部门为个体工商户的登记机关（以下简称登记机关）。登记机关按照国务院工商行政管理部门的规定，可以委托其下属工商行政管理所办理个体工商户登记。

第四条　国家对个体工商户实行市场平等准入、公平待遇的原则。

申请办理个体工商户登记，申请登记的经营范围不属于法律、行政法规禁止进入的行业的，登记机关应当依法予以登记。

第五条　工商行政管理部门和县级以上人民政府其他有关部门应当依法对个体工商户实行监督和管理。

个体工商户从事经营活动，应当遵守法律、法规，遵守社会公德、商业道德，诚实守信，接受政府及其有关部门依法实施的监督。

第六条　地方各级人民政府和县级以上人民政府有关部门应当采取措施，在经营场所、创业和职业技能培训、职业技能鉴定、技术创新、参加社会保险等方面，为个体工商户提供支持、便利和信息咨询等服务。

第七条 依法成立的个体劳动者协会在工商行政管理部门指导下,为个体工商户提供服务,维护个体工商户合法权益,引导个体工商户诚信自律。

个体工商户自愿加入个体劳动者协会。

第八条 申请登记为个体工商户,应当向经营场所所在地登记机关申请注册登记。申请人应当提交登记申请书、身份证明和经营场所证明。

个体工商户登记事项包括经营者姓名和住所、组成形式、经营范围、经营场所。个体工商户使用名称的,名称作为登记事项。

第九条 登记机关对申请材料依法审查后,按照下列规定办理:

(一)申请材料齐全、符合法定形式的,当场予以登记;申请材料不齐全或者不符合法定形式要求的,当场告知申请人需要补正的全部内容;

(二)需要对申请材料的实质性内容进行核实的,依法进行核查,并自受理申请之日起15日内作出是否予以登记的决定;

(三)不符合个体工商户登记条件的,不予登记并书面告知申请人,说明理由,告知申请人有权依法申请行政复议、提起行政诉讼。

予以注册登记的,登记机关应当自登记之日起10日内发给营业执照。

第十条 个体工商户登记事项变更的,应当向登记机关申请办理变更登记。

个体工商户变更经营者的,应当在办理注销登记后,由新的经营者重新申请办理注册登记。家庭经营的个体工商户在家庭成员间变更经营者的,依照前款规定办理变更手续。

第十一条 申请注册登记或者变更登记的登记事项属于依法须取得行政许可的,应当向登记机关提交许可证明。

第十二条　个体工商户不再从事经营活动的，应当到登记机关办理注销登记。

第十三条　个体工商户办理登记，应当按照国家有关规定缴纳登记费。

第十四条　个体工商户应当在每年规定的时间内向登记机关申请办理年度验照，由登记机关依法对个体工商户的登记事项和上一年度经营情况进行审验。

登记机关办理年度验照不得收取任何费用。

第十五条　登记机关和有关行政机关应当在其政府网站和办公场所，以便于公众知晓的方式公布个体工商户申请登记和行政许可的条件、程序、期限、需要提交的全部材料目录和收费标准等事项。

登记机关和有关行政机关应当为申请人申请行政许可和办理登记提供指导和查询服务。

第十六条　个体工商户在领取营业执照后，应当依法办理税务登记。

个体工商户税务登记内容发生变化的，应当依法办理变更或者注销税务登记。

第十七条　任何部门和单位不得向个体工商户集资、摊派，不得强行要求个体工商户提供赞助或者接受有偿服务。

第十八条　地方各级人民政府应当将个体工商户所需生产经营场地纳入城乡建设规划，统筹安排。

个体工商户经批准使用的经营场地，任何单位和个人不得侵占。

第十九条　个体工商户可以凭营业执照及税务登记证明，依法在银行或者其他金融机构开立账户，申请贷款。

金融机构应当改进和完善金融服务，为个体工商户申请贷款提供便利。

第二十条　个体工商户可以根据经营需要招用从业人员。

个体工商户应当依法与招用的从业人员订立劳动合同,履行法律、行政法规规定和合同约定的义务,不得侵害从业人员的合法权益。

第二十一条 个体工商户提交虚假材料骗取注册登记,或者伪造、涂改、出租、出借、转让营业执照的,由登记机关责令改正,处4000元以下的罚款;情节严重的,撤销注册登记或者吊销营业执照。

第二十二条 个体工商户登记事项变更,未办理变更登记的,由登记机关责令改正,处1500元以下的罚款;情节严重的,吊销营业执照。

个体工商户未办理税务登记的,由税务机关责令限期改正;逾期未改正的,经税务机关提请,由登记机关吊销营业执照。

第二十三条 个体工商户未在规定期限内申请办理年度验照的,由登记机关责令限期改正;逾期未改正的,吊销营业执照。

第二十四条 在个体工商户营业执照有效期内,有关行政机关依法吊销、撤销个体工商户的行政许可,或者行政许可有效期届满的,应当自吊销、撤销行政许可或者行政许可有效期届满之日起5个工作日内通知登记机关,由登记机关撤销注册登记或者吊销营业执照,或者责令当事人依法办理变更登记。

第二十五条 工商行政管理部门以及其他有关部门应当加强个体工商户管理工作的信息交流,逐步建立个体工商户管理信息系统。

第二十六条 工商行政管理部门以及其他有关部门的工作人员,滥用职权、徇私舞弊、收受贿赂或者侵害个体工商户合法权益的,依法给予处分;构成犯罪的,依法追究刑事责任。

第二十七条 香港特别行政区、澳门特别行政区永久性居民中的中国公民,台湾地区居民可以按照国家有关规定,申请登记为个体工商户。

第二十八条 个体工商户申请转变为企业组织形式,符合法定条件的,登记机关和有关行政机关应当为其提供便利。

第二十九条 无固定经营场所摊贩的管理办法,由省、自治区、直辖市人民政府根据当地实际情况规定。

第三十条 本条例自2011年11月1日起施行。1987年8月5日国务院发布的《城乡个体工商户管理暂行条例》同时废止。

七、军工关键设备设施管理条例

（2011年6月24日中华人民共和国国务院、中华人民共和国中央军事委员会令第598号公布，自2011年10月1日起施行）

第一条 为了保持和提高国防科研生产能力，加强军工关键设备设施的管理，保障军工关键设备设施的安全、完整和有效使用，制定本条例。

第二条 本条例所称军工关键设备设施，是指直接用于武器装备科研生产的重要的实验设施、工艺设备、试验及测试设备等专用的军工设备设施。

军工关键设备设施的目录，由国务院国防科技工业主管部门会同军队武器装备主管部门、国务院国有资产监督管理机构和国务院有关部门制定。

第三条 国家对军工关键设备设施实行登记管理，对使用国家财政资金购建的用于武器装备总体、关键分系统、核心配套产品科研生产的军工关键设备设施的处置实行审批管理。

第四条 国务院国防科技工业主管部门会同国务院有关部门依照本条例规定，对全国军工关键设备设施进行管理。

省、自治区、直辖市人民政府负责国防科技工业管理的部门会同同级有关部门依照本条例规定，对有关军工关键设备设施进行管理。

第五条 军工关键设备设施管理，应当遵循严格责任、分工负责、方便有效的原则。

第六条 占有、使用军工关键设备设施的企业、事业单位（以下简称企业、事业单位）及其工作人员，负责军工关键设备设施管理的部门、单位及其工作人员，对知悉的国家秘密和商业秘密负有保密义务。

第七条 中央管理的企业负责办理所属单位军工关键设备设施的

登记。国务院教育主管部门负责办理所属高等学校军工关键设备设施的登记。中国科学院负责办理所属科研机构军工关键设备设施的登记。

省、自治区、直辖市人民政府负责国防科技工业管理的部门负责办理本行政区域内前款规定以外的企业、事业单位军工关键设备设施的登记。

第八条 企业、事业单位应当自军工关键设备设施投入使用之日起30日内向负责登记的部门、单位提交载明下列内容的文件材料,办理登记手续:

(一)企业、事业单位的名称、住所等基本情况;

(二)军工关键设备设施的名称、产地、价值、性能、状态、资金来源、权属等基本情况。

企业、事业单位应当对其提交的文件材料的真实性负责。

第九条 负责登记的部门、单位应当自收到提交的文件材料之日起30日内办结登记,并对军工关键设备设施赋予专用代码。

第十条 军工关键设备设施登记的具体内容和专用代码,由国务院国防科技工业主管部门统一规定和分配。

第十一条 企业、事业单位占有、使用的军工关键设备设施损毁、报废、灭失或者权属发生变更的,应当自上述事实发生之日起30日内向负责登记的部门、单位报告。负责登记的部门、单位应当及时变更登记信息。

第十二条 负责登记的部门、单位应当按照国务院国防科技工业主管部门的规定将登记信息报送国务院国防科技工业主管部门。

国务院国防科技工业主管部门和负责登记的部门、单位可以根据需要,对登记信息进行核查。

第十三条 企业、事业单位应当建立健全军工关键设备设施使用管理制度,保证军工关键设备设施的安全、完整和有效使用,并对其占有、使用的军工关键设备设施的名称、规格、性能、状态、数量、权属等基本情况作完整记录。

第十四条 企业、事业单位应当按照国务院国防科技工业主管部门的规定,在需要特殊管控的军工关键设施外围划定安全控制范围,并在其外沿设置安全警戒标志。

第十五条 企业、事业单位改变其占有、使用的军工关键设备设施的用途的,应当向负责登记的部门、单位提交有关文件材料,办理补充登记。负责登记的部门、单位应当按照国务院国防科技工业主管部门的规定向国务院国防科技工业主管部门报送补充登记信息。

企业、事业单位改变使用国家财政资金购建的军工关键设备设施的用途,影响武器装备科研生产任务完成的,国务院国防科技工业主管部门应当及时予以纠正。

第十六条 企业、事业单位拟通过转让、租赁等方式处置使用国家财政资金购建的用于武器装备总体、关键分系统、核心配套产品科研生产的军工关键设备设施,应当经国务院国防科技工业主管部门批准。申请批准应当提交载明下列内容的文件材料:

(一)军工关键设备设施的名称、数量、价值、性能、使用等情况;

(二)不影响承担武器装备科研生产任务的情况说明;

(三)处置的原因及方式;

(四)受让人或者承租人的基本情况。

第十七条 国务院国防科技工业主管部门应当自收到处置申请之日起30日内,作出批准或者不予批准的决定。作出批准决定的,国务院国防科技工业主管部门应当向申请人颁发批准文件;作出不予批准决定的,国务院国防科技工业主管部门应当书面通知申请人,并说明理由。

国务院国防科技工业主管部门作出批准或者不予批准的决定,应当征求军队武器装备主管部门、国务院国有资产监督管理机构和国务院有关部门的意见。涉及国防科研生产能力、结构和布局调整的,应当按照国家有关规定会同军队武器装备主管部门、国务院国有资产监督管理机构和国务院有关部门,作出批准或者不予批准的决定。

企业、事业单位取得批准文件后,应当依照本条例第十一条的规定及时向负责登记的部门、单位报告。

第十八条 国有资产监督管理机构等有关部门依照法定职责和程序决定企业、事业单位合并、分立、改制、解散、申请破产等重大事项,涉及使用国家财政资金购建的用于武器装备总体、关键分系统、核心配套产品科研生产的军工关键设备设施权属变更的,应当征求国防科技工业主管部门的意见。

第十九条 企业、事业单位未依照本条例规定办理军工关键设备设施登记,或者其占有、使用的军工关键设备设施损毁、报废、灭失或者权属发生变更未及时向负责登记的部门、单位报告的,责令限期改正;逾期未改正的,处以1万元以上2万元以下罚款。

第二十条 企业、事业单位提交虚假文件材料办理登记的,责令改正,处以1万元以上2万元以下罚款。

第二十一条 企业、事业单位违反本条例规定,未经批准处置使用国家财政资金购建的用于武器装备总体、关键分系统、核心配套产品科研生产的军工关键设备设施的,责令限期改正,处以50万元以上100万元以下罚款,对直接负责的主管人员和其他直接责任人员处以5000元以上2万元以下罚款;有违法所得的,没收违法所得。

第二十二条 企业、事业单位以欺骗、贿赂等不正当手段取得有关军工关键设备设施处置的批准文件的,处以5万元以上20万元以下罚款;对违法取得的批准文件依法予以撤销。

第二十三条 本条例规定的行政处罚,由国务院国防科技工业主管部门决定。但是,对本条例第七条第二款规定的企业、事业单位有本条例第十九条规定的违法行为的行政处罚,由省、自治区、直辖市人民政府负责国防科技工业管理的部门决定。

第二十四条 负责军工关键设备设施登记管理、处置审批管理的部门、单位的工作人员滥用职权、玩忽职守、徇私舞弊的,依法给予处分;构成犯罪的,依法追究刑事责任。

第二十五条 本条例自 2011 年 10 月 1 日起施行。

参考书目

一、中文著作

马克思、恩格斯:《马克思恩格斯全集》,人民出版社
马克思、恩格斯:《马克思恩格斯选集》,人民出版社
马克思:《1844年经济学—哲学手稿》,人民出版社1979年版
马克思:《资本论》,人民出版社1975年版
毛泽东:《毛泽东选集》,人民出版社1991年版
周恩来:《周恩来选集》(下卷),北京人民出版社1984年版
[古希腊]亚里士多德:《政治学》,吴寿彭译,中国人民大学出版社2003年版
杨国荣:《哲学的视域》,三联书店2014年版
杨国荣:《人类行动与实践智慧》,三联书店2014年版
张保生:《法律推理的理论与方法》,中国政法大学出版社2000年版
俞吾金:《问题域外的问题》,上海人民出版社1988年版
黄维辛:《法律与社会理论批判》,台湾时报文化出版企业有限公司1991年版
[德]罗伯特·阿列克西:《法律论证理论——作为法律证立理论的理性论辩理论》,舒国滢译,中国法制出版社2002年版
[荷]伊芙琳·T. 菲特丽丝:《法律论证原理——司法裁决之证立理论概览》,张启山、焦宝乾、夏征鹏译,戚渊校,商务印书馆2005年版
[德]哈贝马斯:《交往行动理论——行动的合理性和社会合理化》,洪佩郁、蔺青译,重庆出版社1994年版
[德]哈贝马斯:《合法化危机》,刘北成、曹卫东译,上海人民出版社2000年版
[德]哈贝马斯:《事实与规范之间——民主与法律一个话语理论》,童世骏译,三联出版社2011年第2版
颜厥安:《法与实践理性》,台湾允晨文化出版社实业股份有限公司1999年版
颜厥安:《说明与理解——对GH. von Wright的方法论观点》,载《规范、论证与行

动——法认识论论文集》,元照出版有限公司 2004 年版
焦宝乾:《法律论证导论》,山东人民出版社 2005 年版
焦宝乾:《法律论证:思维与方法》,北京大学出版社 2010 年版
周世中:《法的合理性研究》,山东人民出版社 2004 年版
[美]格拉斯·沃尔著:《法律论证与证据》,梁庆寅、熊明辉等译,中国政法大学出版社 2010 年版
[美]富勒:《法律的道德性》,郑戈译,商务印书馆 2005 年版
戚渊等:《法律论证与法学方法》,山东人民出版社 2005 年版
张钰光:《"法律论证"构造与程序之研究》(海外学位论文,邱聪智指导)
[德]拉伦兹:《法学方法论》,陈爱娥译,台湾五南图书出版公司 1998 年版
[法]狄骥:《公法的变迁》,郑戈译,中国法制出版社 2010 年版
周濂:《现代政治的正当性基础》,三联书店 2008 年版
[美]罗伯特·A.达尔:《多元主义民主的困境:自治与控制》,周军华译,吉林人民出版社 2011 年版
[德]黑格尔:《历史哲学》,王造时译,上海世纪出版集团、上海书店出版社 2001 年版
吴冠军:《现时代的群学》,中国法制出版社 2011 年版
吴冠军:《第十一论纲:介入日常生活的学术》,商务印书馆 2015 年版
陈俊:《政党与立法问题研究——借鉴与超越》,人民出版社 2008 年版
梯利:《伦理学导论》,何意译,广西师大出版社 2002 年版
武宏志、周建武、唐坚:《非形式逻辑导论》,人民出版社 2009 年版
陈波:《逻辑学是什么》,北京大学出版社 2002 年版
苏国勋:《理性化及其限制——韦伯思想引论》,上海人民出版社 1988 年版
苏国勋:《社会理论与当代现实》,北京大学出版社 2005 年版
蔡定剑:《历史与变革——新中国法制建设的历程》,中国政法大学出版社 1999 年版
[美]亨利·罗伯特:《议事规则》,王宏昌译,商务印书馆 2005 年版
曹卫东:《交往理性与诗性话语》,天津社会科学院出版社 2001 年版
[美]希拉里·普特南:《理性、真理与历史》,童世骏、李光程译,上海译文出版社 2005 年版
[美]希拉里·普特南:《事实与价值二分法的崩溃》,应奇译,东方出版社 2006 年版
高鸿均等:《商谈法哲学与民主法治国——事实与规范之间阅读》,清华大学出版

社 2007 年版

[美]汤姆·J. 彼彻姆:《哲学的伦理学》,雷克勤、郭夏娟、李兰芬、沈玉译,中国社会科学出版社 1990 年版

吴家国等:《普通逻辑》,上海人民出版社 1993 年版

王绍光:《安邦之道国家转型的目标与途径》,三联书店 2007 年版

王绍光:《民主四讲》,三联书店 2008 年版

王绍光:《祛魅与超越》,中信出版社 2010 年版

王绍光、樊鹏:《中国式共识型决策"开门"与"磨合"》,中国人民大学出版社 2013 年版

王绍光:《中国政道》,中国人民大学出版社 2014 年版

汪全胜:《立法效益研究》,中国法制出版社 2003 年版

童世骏:《批判与实践——论哈贝马斯的批判理论》,三联书店 2007 年版

汪晖:《去政治化的政治》,三联书店 2008 年版

沈宗灵:《现代西方法理学》,北京大学出版社 1992 年版

强世功:《立法者的法理学》,三联书店 2007 年版

赵汀阳:《每个人的政治》,社会科学文献出版社 2010 年版

赵汀阳:《天下体系—世界制度哲学导论》,中国人民大学出版社 2011 年版

[美]德沃金:《法律帝国》,李常青译,徐宗英校,中国大百科全书出版社 1996 年版

[美]斯通:《苏格拉底的审判》,董乐山译,三联书店 1998 年版

[德]罗伯特·阿列克西:《法理性商谈——法哲学研究》,朱光、雷磊译,中国法制出版社 2011 年版

[美]博登海默:《法理学——法哲学及其方法》,邓正来等译,中国政法大学出版社 1999 年版

[德]魏德士:《法理学》,丁晓春、吴越译,法律出版社 2005 年版

[德]阿图尔·考夫曼、温弗里德·哈斯默尔主编:《当代法哲学与法律理论导论》,郑永流译,中国政法大学出版社社 2002 年版

孙伟平:《事实与价值——休谟问题及其解决尝试》,中国社会科学出版社 2000 年版

[德]康德:《历史理性批判文集》,何兆武译,商务印书馆 2013 年版

[德]亚图·考夫曼:《类推与事物本质——兼论类型理论》,吴从周译,颜厥安校,台湾学林文化事业有限公司 1999 年版

赵树凯:《乡镇治理与政府制度化》,商务印书馆 2010 年版

赵树凯:《农民的政治》,商务印书馆 2011 年版

阮新邦:《批判诠释与知识重建——哈贝马斯视野下的社会研究》,社会科学文献出版社 1999 年版
[意大利]吉奥乔·阿甘本:《无目的的手段》,赵文译,河南大学出版社 2015 年版
曹海晶:《中外立法制度比较》,商务印书馆 2004 年版
[美]科恩:《论民主》,聂崇信、朱秀贤译,商务印书馆 2005 年版
[美]罗伯特·诺齐克:《合理性的本质》,葛四友、陈昉译,上海译文出版社 2012 年版
王保民:《政府在现代议会立法中的角色研究》,陕西人民出版社 2009 年版
李林:《立法机关比较研究》,人民日报出版社 1991 年版
[美]伯纳德·施瓦茨:《行政法》,徐炳译,群众出版社 1992 年版
北京市人大常委会、新华社国际部:《百国议会概览》,北京出版社 2000 年版
本书编写组:《中共中央关于全面推进依法治国若干重大问题的决定》辅导读本,人民出版社 2014 年版
易有禄:《立法权正当行使的控制机制研究》,中国人民大学出版社 2011 年版
寇延丁、袁天鹏:《可操作的民主——罗伯特议事规则下乡全纪录》,浙江大学出版社 2012 年版
温铁军等:《八次危机 1949—2009 中国的真实经验》,东方出版社 2013 年版
吕途:《中国新工人的迷失与崛起》,法律出版社 2013 年版
祝东力:《文明走到十字路口》,华中科技大学出版社 2013 年版
[比]马克·范·胡克:《法律的沟通之维》,孙国东译,刘坤轮校,法律出版社 2008 年版

二、中文论文

汪全胜:《立法论证探讨》,载《政治与法律》2001 年第 3 期
汪全胜:《行政立法的部门利益倾向及制度防范》,载《中国行政管理》2002 年第 5 期
汪全胜:《立法的合理性评估》,载《上海行政学院学报》2008 年第 4 期
李晓辉:《立法论证:走向民主立法的新阶段》,载《学习与探索》2010 年第 3 期(总第 188 期)
孙立:《政治正确与部门利益一种泛政治化现象的分析》,载《中国改革》2006 年第 8 期
江龙:《新论辩术背景下立法论证博弈分析》(中山大学博士论文,2010 年)
熊明辉:《非形式逻辑视野下的论证评价理论》,载《自然辩证法研究》2006 年 12 期
朱明皓:《城市交通拥堵的社会经济影响分析》(北京交通大学博士学位论文,指导

老师李学伟)

严从生:《法的合理性研究》,载《法制与社会发展》2002 年第 4 期

严存生:《法律的人性基础论纲》,载《中国高校社会科学》2014 年第 5 期

王绍光:《代表型民主与代议型民主》,载《开放时代》2014 年第 2 期

文综:《美国的民主》,载《天涯》2013 年第 6 期

王锋:《由司法论证转向立法论证》,载《烟台大学学报》2015 年第 5 期

鲁来顺:《施行"三限"严管理,确保祥和安全》,载《中国人大》

陈其文:《西方知识分子对"占领运动"的反应》,载《天涯》2002 年第 2 期

毛泽东:《中国共产党在民族战争中的地位》,《毛泽东选集》,人民出版社 1991 年版

毛泽东:《在省市自治区党委书记会议上的讲话》(1957 年 1 月 27 日),《毛泽东文集》,人民出版社 1999 年版

韩丽:《中国立法过程中的非正式规则》,载《战略与管理》2001 年第 5 期

汪晖:《当代中国的思想状况与现代性问题》,载《去政治化的政治》,三联书店 2008 年版

张文木:《重温毛泽东的战略思想》,载《政治经济学评论》2013 年第 4 期

三、英文著作和论文

Luc J. Wintgens,"Strong Legalism or the Absence of the Theory of Legislation"in Luc J. Wintgens, *Legisprudence*: *PracticalReason in Legislation*, Burlington: Ashgate Publishing Company,2012

Luc J Wintgens,"Rationality in Legislation:Legal Theory as Legisprudence:An Introduction", in Luc J. Wintgens (eds), Legisprudence: A New theoretical Approach to Legislation. London:Oxford,2002

Jenemy Waldnon,*The Dignity of Legislation*,Cambridge University press,1999

Manual Atiezna,"Reasoning and Legislation",in Luc J. Wintgens(eds),*The Theory and Practice of Legislation*,Burlington:Ash-gate Publishing Company,2005

Legisprudence:(2010 May),Volume 4,Number1

法学文库已出书目

《法律文化史谭》
《律学考》
《出土法律文献研究》
《日耳曼法研究》
《20世纪比较法学》
《夏商西周法制史》
《权利表象及其私法处置规则
　　　　——以善意取得和表见代理制度为中心考察》
《法的"一体"和"多元"》
《民法的起源
　　　　——对古代西亚地区民事规范的解读》
《明清讼学研究》
《法律文化理论》
《香港特别行政区法院研究》
《英国早期衡平法概论
　　　　——以大法官法院为中心》
《社会变迁的法律解释》
《教会法研究》
《普通法令状制度研究》
《伊斯兰法：传统与衍新》
《中国法学史纲》
《法治的观念与体制
　　　　——法治国家与政党政治》
《法律人类学的困境
　　　　——格卢克曼与博安南之争》
《法律文化的数学解释》
《古埃及法研究》
《法律篇》(第二版)
《西方法学史纲》(第三版)
《刑法解释的语言论研究》
《〈威斯特伐利亚和约〉与近代国际法》
《立法论证研究》